"本书为国家社会科学基金青年项目
(项目编号:07CZX004)结项成果"

任 洁 著

On Culture and Institutional Change:
FROM THE POINT
OF VIEW OF
HISTORICAL
MATERIALISM

唯物史观视野中的
文化与制度变迁关系研究

中国社会科学出版社

图书在版编目(CIP)数据

唯物史观视野中的文化与制度变迁关系研究/任洁著.
—北京:中国社会科学出版社,2010.8
ISBN 978-7-5004-9181-1

Ⅰ.①唯…　Ⅱ.①任…　Ⅲ.①文化史－研究－中国
Ⅳ.①K203

中国版本图书馆 CIP 数据核字(2010)第 195183 号

责任编辑　喻　苗
责任校对　王雪梅
封面设计　李尘工作室
技术编辑　王炳图

出版发行　**中国社会科学出版社**
社　　址　北京鼓楼西大街甲 158 号　　邮　编　100720
电　　话　010－84029450(邮购)
网　　址　http://www.csspw.cn
经　　销　新华书店
印　　刷　北京君升印刷有限公司　　　装　订　广增装订厂
版　　次　2010 年 8 月第 1 版　　　　　印　次　2010 年 8 月第 1 次印刷
开　　本　710×1000　1/16
印　　张　18.25　　　　　　　　　　　插　页　2
字　　数　266 千字
定　　价　38.00 元

目　录

导论……………………………………………………………………（1）

　一　国内外研究现状概述……………………………………………（1）

　二　历史经验和中国现实……………………………………………（8）

　三　文化和制度概念的界定…………………………………………（14）

第一章　文化对制度形成的作用及其实践基础……………………（23）

　第一节　文化对制度形成的作用……………………………………（24）

　　一　制度在自然演进和理性建构的合力中形成……………………（24）

　　二　文化孕育自然演进制度…………………………………………（27）

　　三　文化导引理性建构制度的生成…………………………………（32）

　第二节　文化对制度形成作用的实践基础…………………………（36）

　　一　制度对文化的固化作用…………………………………………（37）

　　二　扬弃文化和制度的循环论证……………………………………（40）

　　三　文化对制度形成作用的实践根基………………………………（42）

第二章　文化对制度变迁的作用及其限度…………………………（51）

　第一节　文化作用于制度变迁的具体机制…………………………（53）

　　一　文化濡化与制度变迁……………………………………………（53）

　　二　文化涵化与制度变迁……………………………………………（57）

　第二节　文化作用于制度变迁的两种方式…………………………（60）

　　一　文化作为制度变迁的动力因 ……………………………（60）

　　二　文化作为制度变迁的阻力因 ……………………………（72）

　　三　动力因和阻力因矛盾的解决 ……………………………（76）

　第三节　文化作用于制度变迁的限度 ……………………………（83）

　　一　制度变迁的实践原因与文化依据 ………………………（83）

　　二　唯物史观与文化史观的对立 ……………………………（86）

　　三　文化作为社会有机系统的一个变量 ……………………（89）

第三章　文化对近现代中国制度变迁的作用 ……………………（93）

　第一节　从传统到现代:中国制度变迁的现实情境 ……………（96）

　　一　现代化与西方文化的亲缘关系 …………………………（96）

　　二　现代化的模式与制度变迁的模式 ………………………（113）

　　三　制度变迁与文化滞后矛盾的凸显 ………………………（120）

　第二节　中国近现代制度变迁的文化基因分析

　　　　　——以西方为参照 ………………………………………（128）

　　一　社群主义与个人主义 ……………………………………（129）

　　二　价值理性与工具理性 ……………………………………（140）

　　三　性善论与性恶论 …………………………………………（145）

第四章　中国制度变迁的现实与趋势 ……………………………（153）

　第一节　中国经济制度变迁的现实与趋势:社会主义

　　　　　市场经济制度的不断完善 ……………………………（153）

　　一　市场经济制度和社会主义的历时性关系 ………………（154）

　　二　市场经济制度和社会主义的共时性关系 ………………（155）

　　三　对社会主义和市场经济本质与关系的认识 ……………（157）

　第二节　中国政治制度变迁的现实与趋势:中国特色

　　　　　社会主义民主政治制度的不断完善 …………………（165）

　　一　社会主义民主是社会主义制度的内在属性 ……………（166）

　　二　中国特色社会主义民主政治制度是发展和完善

　　　　社会主义市场经济制度的客观要求 ……………………（169）

三　破除"普世民主"的理论幻象与实践陷阱 ················ (173)

四　中国特色社会主义民主政治制度的坚持与完善 ·········· (188)

第五章　全球化与中国制度变迁的文化理念创新 ··············· (198)

第一节　全球化时代人类文化发展的新境遇：

机遇与挑战并存 ······························ (198)

一　全球化时代民族文化发展的机遇 ················· (199)

二　全球化时代人类文化发展面临的挑战 ············· (202)

第二节　文化自觉问题的缘起及其实现路径 ··············· (212)

一　文化自觉问题的缘起 ························· (213)

二　世界各民族文化自觉的实现路径 ················· (217)

三　中国文化自觉的实现路径 ····················· (219)

四　综合创新的中国特色社会主义文化 ··············· (223)

第三节　顺应中国制度变迁的中国特色社会主义文化建设 ······ (229)

一　顺应社会主义市场经济制度的中国特色

社会主义文化 ····························· (229)

二　顺应中国特色社会主义民主政治制度的

中国特色社会主义文化 ····················· (238)

第四节　中国特色社会主义文化对中国制度变迁的作用 ········ (244)

一　思想导引 ································· (245)

二　文化认同 ································· (248)

三　制度评价 ································· (254)

结语 ··· (261)

参考文献 ·· (266)

后记 ··· (286)

导　论

一　国内外研究现状概述

　　文化与制度问题分别是学术界研究的两大热门话题，学界对中国制度变迁、传统文化转型与文化建设问题的关注与讨论始终是在中国现代化进程的大背景下进行的。诚然，1840 年之后，民族的救亡图存成为压倒一切的时代主题，但是，中国人民在面临鸦片战争之后的民族存亡问题时，关于如何看待中国封建体制与西方资本主义入侵后的政治态势，各种政治主张和中国向何处去的问题，都离不开对文化与制度关系问题的探讨，离不开对文化在制度变迁过程中的地位和作用的阐释。制度变迁与文化建设成为民族民主革命进程中，中国走向现代化的两条主线。戊戌变法、辛亥革命、新中国的建立及至今天的改革，一方面围绕构建适应现代化发展的制度展开；另一方面是伴随西方文化冲击而来的对传统文化的反思，"全盘西化论"、"国粹论"、"折中调和论"是主要的文化思潮。"中体西用"、"西体中用"等的争论实际上探讨的就是文化在制度变迁中的地位和作用问题。人们习惯上将中国的现代化进程划分为器物、制度、文化三个阶段，且速度、难易程度呈递增关系，但现实实践往往比理论分析复杂得多。在文化与制度关系上，有学者撰文《文

化变迁是制度变迁之根？》① 引发了人们关于文化与制度关系的思考
和讨论：文化变迁与制度变迁孰先孰后？文化变迁一定在制度变迁之
后吗？《文化与制序》② 一书从文化与制度相互关联和相互作用的视角
比较和分析了传统中国的制度化和制度变迁路径，主张文化与制度密
不可分，文化为制度的形成和变迁提供"拟子模板"（文化基因），制
度承载和保存着文化。中国 1978 年以来的经济改革正是在制度变迁
和文化演进的互动中激励着中国经济的快速增长。《制度与发展关系
研究》③ 一书中的"制度与文化"一节分析了文化与制度的相互关系：
文化观念规定制度，制度强化文化观念，制度强化的文化观念赋予制
度以特色。同时，该书强调指出，说文化观念规定制度，不意味着说
文化观念是制度的发生论根据，而是说文化观念是制度的直接依据，
制度的发生论根据在实践，主要是物质生产实践。

　　此外，还有学者从社会基本制度的视角，阐明对于社会主义基本
制度而言，仅有对社会主义的文化价值追求是不足以实现社会主义的
目标的。学者认为，现实中存在"制度社会主义"和"价值社会主
义"两种社会主义，主张建立社会主义制度，以全面践履社会主义宏
伟蓝图的社会主义被称为"制度社会主义"，而其他诸如市场社会主
义、民主社会主义、生态社会主义、后工业社会主义等社会主义流派
或是限于空想，或是只追求某一方面或某些方面的社会主义性质的价
值目标，并没有首先考虑实现或者无力实现社会主义的政治制度。这
些社会主义流派被称为"价值社会主义"。由于缺乏基本政治制度的
保障，所以，"价值社会主义"对社会主义某一方面或某些方面的价
值追求是飘忽不定的，而要在资本主义制度下追求社会主义价值目标
的实现更是举步维艰。瑞典从"职能社会主义"向"基金社会主义"
（即建立雇员投资基金以保障工人有更多权利参与企业管理与决策）

---

　　① 参见萧功勤、朱学勤《文化转型是制度变迁之根？》，载《社会科学报》
2004 年 9 月 2 日。

　　② 韦森：《文化与制序》，上海人民出版社 2003 年版。

　　③ 鲁鹏：《制度与发展关系研究》，人民出版社 2001 年版。

的转变过程以及瑞典民主社会主义道路的发展历程都说明了这一点：
社会主义基本制度对于社会主义文化价值目标的实现具有重要保障
作用。①

　　从一定意义上说，苏联东欧剧变从反面印证了人们的文化信仰与
价值认同对于社会主义制度的存续和发展都具有重要意义。毛泽东也
早在 1964 年 9 月 21 日与阿尔巴尼亚党政代表团的谈话中指出，社会
主义的"可能失败"并不在于其经济基础首先被动摇，而在于其"文
化合法性"率先丧失，而这正是苏联东欧剧变的实际情形。②

　　中国特色社会主义制度同样面临某种程度的文化信仰和价值认同
问题。改革开放以来，中国的发展取得了举世瞩目的成就。③ 然而，
对于中国取得的伟大成就，并不是所有人都将之归于中国特色社会主
义制度的名下，而是存在着某种程度的社会主义制度认同问题。

---

　　①　参见余文烈主编《当代国外社会主义流派》，安徽人民出版社 2000 年版，
第 6—7 页。

　　②　参见韩毓海《"漫长的革命"——毛泽东与文化领导权问题》，见 ht-
tp://www.wyzxsx.com/Article/Class17/200802/32133.html。

　　③　胡锦涛在《纪念党的十一届三中全会召开 30 周年大会上的讲话》中指
出，我国的对外开放不断扩大，利用国际国内两个市场、两种资源水平显著提
高，国际竞争力不断增强。从 1978 年到 2007 年，我国进出口总额从 206 亿美元
提高到 21737 亿美元，跃居世界第三，外汇储备跃居世界第一，对外投资大幅增
长，实际使用外资额累计近 10000 亿美元；我国的综合国力迈上新台阶，从 1978
年到 2007 年，我国国内生产总值由 3645 亿元增长到 24.95 万亿元，年均实际增
长 9.8%，是同期世界经济年均增长率的 3 倍多，我国经济总量上升为世界第四。
我们依靠自己的力量稳定解决了 13 亿人口吃饭问题；我国在保障和改善民生方
面，使人民生活总体上达到了小康水平。这 30 年是我国城乡居民收入增长最快、
得到实惠最多的时期。从 1978 年到 2007 年，全国城镇居民人均可支配收入由
343 元增加到 13786 元，实际增长 6.5 倍；农民人均纯收入由 134 元增加到 4140
元，实际增长 6.3 倍；农村贫困人口从 2.5 亿减少到 1400 多万；在发展和完善
社会主义民主政治制度，保障人民当家做主权利方面；在发展社会主义先进文
化，满足人民日益增长的精神文化需求方面；在发展社会事业，巩固和发展社会
和谐稳定方面；在外交和祖国和平统一大业方面以及党的建设等各领域都取得了
举世瞩目的成就。

　　当然，导致社会主义理想信念弱化与中国特色社会主义制度价值认同问题的原因是多方面的。苏联东欧解体、资本主义的自我完善和发展、中国特色社会主义事业面临的问题以及新自由主义、民主社会主义、历史虚无主义等思潮的影响等，都在某种程度上干扰了人们的文化信仰与价值认同，然而，也恰恰是由于这些问题的存在，才更凸显出建设中国特色社会主义文化、构建社会主义核心价值体系的极端重要性与必要性。至少前者是后者的原因之一。中国特色社会主义伟大事业欲稳定、健康地向前发展，文化信仰和价值认同问题是必须要解决的。这从另外一个角度说明，文化对于制度变迁的作用的确重大。

　　由此可以概括出国内学界关于文化与制度形成、变迁关系研究已取得的基本结论：第一，在中国现代化进程中，文化变迁与制度变迁不是人们简单认为的制度变迁在先、文化变迁在后，实际上文化变迁与制度变迁之间的关系错综复杂；第二，文化与制度之间是互动的，文化为制度的形成与变迁提供基因支持，制度作为文化的载体保存文化，二者之间的互动和相互作用构成了社会历史变迁的动态过程；第三，文化对制度形成、变迁有作用，但是文化不构成制度的发生论根据，制度形成、变迁的根本原因在于物质生产实践。

　　国外探讨文化与制度形成、变迁的关系问题始于马克斯·韦伯的《新教伦理与资本主义精神》。韦伯最先从文化、宗教意义上探究了资本主义制度兴起的原因，认为新兴的资本主义制度必然有一种与之相应的资本主义精神。在韦伯看来，"资本主义精神"是催生资本主义制度诞生的文化因素。由此，韦伯开启了文化精神、文化价值观与制度变迁关系研究的一系列讨论。

　　当然，韦伯的思想也并非横空出世，在他之前也有学者探讨过文化与制度之间的关系，只不过关注的焦点在于民主这一具体制度安排与文化观念之间的关系上。托克维尔在《论美国的民主》一书中详细分析了美国民主共和制度得以维护和延续的三项主要因素，即美国特殊的地理环境、法制（联邦制和乡镇自治制度等）以及美国的民情。托克维尔认为，这三项因素对维护美国民主制度的重要性是不等同的，其中，美国特殊的民情对于美国民主制度的建立以及正常运转具有决定作用。托克维尔写道："只有美国人特有的民情，才是使全美国人能够维护民主制度的独特因素。英裔美国人在各州建立的民主制度之所以在细节和发展程度上有所不同，也正是这个因素使然。我确信，最佳的地理位置和最好的法制，没有民情的支持也不能维护一个政体，但民情却能够减缓最不利的地理环境和最坏的法制的影响。民情的这种重要性，是研究和经验不断提醒我们注意的一项普遍真理。我觉得应当把它视为我的观察的焦点，我也把它看做我的全部想法的终点。"① 托克维尔发现，对于美国民众来说，普遍信奉自由主义的观念便是最大的民情，即个体和自我是分析和观察一切社会政治问题的出发点和基本视角，同时，个体和自我的权利是最重要的。也就是说，美国人民普遍认同、遵循并将之运用到社会生活中的基本原则是人民主权原则。对此，托克维尔说："在美国，人民主权学说，并不是一项与人民习惯和一切占有统治地位的观念没有联系的孤立学说；相反，可以把它看成是维系通行于整个英裔美国人世界观的链条的最后一环。每一个人，不管他是什么人，上帝都赋予他以能够自行处理与己最有密切关系的事务所必要的一定理性，这是美国的市民社会和政治社会据以建立的伟大箴言；家长把它用于子女，主人将它用于奴仆，乡镇将它用于官员，县将它用于乡镇，州将它用于县，联邦将它用于各州，这个箴言扩大用于全国，便成为人民主权学说。"② 这种以人民主权为核心的自由主义观念渗透到美国社会生活的方方面面，才支撑美国建立起了民主制度，并使得民主制度顺利运行。

　　托克维尔还对美国民情作了宗教的追溯，认为英格兰移民的清教教义是美国特殊民情的来源，因为清教教义不仅仅是一种宗教教义，还具有许多民主与共和的思想因子。托克维尔关于美国民主与民情关系的分析，显然对之后的韦伯从文化精神角度分析资本主义制度的起

---

　　① ［法］托克维尔：《论美国的民主》，董果良译，商务印书馆1996年版，第358页。

　　② 同上书，第463页。

源具有一定的思想启发意义。

20世纪80年代"东亚四小龙"现代化模式的成功，引发一些学者对韦伯的新教伦理催生资本主义制度的观点提出质疑，他们主张儒家文化和资本主义制度不存在根本对立的关系，由此将文化与发展、制度变迁关系问题的讨论引向了深入。西方学者关于文化与制度形成、变迁关系的研究主要有这样几种观点：

第一，系统论的观点。制度与文化同属于社会这个大系统，制度的形成、变迁与文化因素密切相关，有什么样的文化就会有什么样的制度，制度的变迁也必然受文化因素的影响。

第二，新自由主义学派的观点。以哈耶克为代表的新自由主义学派认为制度的形成和变迁遵循"自生自发"的模式，制度既不是发明的结果也不是设计的结果，而是产生于诸多并未明确意识到其所作所为会有如此结果的人的各自行为。当然，作为行动者的个体根植于社会文化传统之中，无法脱离社会文化传统对个体的约束和塑造。

第三，制度经济学派的观点。首先，老制度经济学派代表人物凡勃伦认为制度就是惯例，就是个人或社会对有关的某些关系或某些作用的一般思想习惯，认为今天的制度也就是当前公认的生活方式；新制度经济学派代表人物诺思则认为制度既包括正式规则（政治司法规则、经济规则和合约），也包括非正式规则（习惯习俗、伦理道德、文化传统、价值观念、意识形态等人们通常称为文化的因素）。从制度的定义可以看出文化与制度形成、制度变迁之间的密切联系。更重要的是，诺思开创性地指出：非正式制度对实际的制度变迁过程具有重要影响，实际的制度变迁过程总是正式制度变化与非正式制度变化的统一和互动的过程。即使一个经济体的正式制度有了改变，其实际结果也要取决于新建立的正式制度同只能逐渐改变的非正式制度之间的互动关系的变化。在《经济史中的结构与变迁》①一书中，诺思确立了其制度变迁理论的基本框架。在这一分析框架中，他指出了意识

---

① ［美］道格拉斯·C.诺思：《经济史中的结构与变迁》，陈郁、罗华平等译，上海三联书店、上海人民出版社1994年版。

形态对制度变迁的作用。在诺思看来，虽然成本收益的大小是影响制度变迁的诱因，人口变化、技术变化、资本存量以及相对价格的变化都是导致制度发生变迁的原因，但是除此之外的习俗惯例、思想认识、价值观念、意识形态等文化因素也会影响制度变迁。其中，诺思着力分析了意识形态对于制度变迁的作用。现实的制度变迁，即使经济发展已经为制度变迁提供了条件，制度变迁也不必然发生，因为制度变迁还受制于统治者的利益、一般民众的搭便车心理和交易费用的大小。国家可以借助强制力确定制度，并为此项制度的实施提供保障，维护社会的基本稳定，但是却无力于人类行为的进一步提升。"个人劳动的数量和质量由于考核问题只能通过规则不完全地加以控制。……考核劳动产出的其他检查、监督办法同样是不完全的。'勤勉的'、'努力工作的'和'凭良心做事的'工人与'懒惰的'、'工作上懒汉式的'和'得过且过混日子的'工人之间的差别，乃是产出上的差别，它取决于用以减少逃避责任的意识形态观念在多大程度上是成功的。""新古典经济学家由于缺乏远见，故看不到，尽管有一套不变的规则、检查程序和惩罚措施，在限制个人行为程度上仍存在着相当的可变性。社会强有力的道德和伦理法则是使经济体制可行的社会稳定的要素。"①

意识形态还可以有效地解释制度变迁过程中人们的搭便车行为。现实生活中之所以存在搭便车行为，人们对现存社会制度的合理性、公正性的认同是一个重要原因。当人们认同现存社会制度的合理性、公正性时，那么，人们就倾向于在制度发生变迁时采取搭便车行为；反之，人们会赞成改变现存制度，以建立新的、更合理、更公正的制度，从而推动制度变迁。这说明了人们的思想观念、价值认同对制度变迁具有重要作用。② 在诺思的制度分析框架中，他意识到了文化传

---

① ［美］道格拉斯·C.诺思：《经济史中的结构与变迁》，陈郁、罗华平等译，上海三联书店、上海人民出版社1994年版，第51页。
② 参见鲁鹏《实践与理论——制度变迁主要流派》，山东人民出版社2008年版，第247页。

统和意识形态对制度变迁的重要作用，但是他没有找到合适的理论架构和分析工具去解释文化传统和意识形态这些非经济因素对制度选择和制度变迁存在的路径依赖问题。这成为诺思之后的制度经济学家实现理论创新和发展的空间。

美国历史制度分析学派代表人物艾夫纳·格瑞夫在20世纪80年代开始研究中世纪末期商业革命中的制度与经济增长的关系问题。在研究这一问题的过程中，格瑞夫发现了诺思的新制度经济学分析尚未解决的问题。他使用历史—比较制度分析框架实现了对新制度经济学的创新和发展。他的历史—比较制度分析框架强调了诸多因素的共同作用对制度变迁的内在制约。他指出不同的文化传统对两个社会经济、政治制度的选择和社会经济发展产生了深刻而持久的影响，并在很大程度上决定了它们的长期制度变迁轨迹和社会经济发展道路。格瑞夫以中世纪晚期具有个人主义文化传统的热那亚和具有集体主义文化传统的马格里布的制度变迁过程为例，证明不同的文化传统影响制度的选择和变迁过程。可见，新自由主义学派、西方新制度经济学派已经认识到文化对制度变迁起重要作用，但对如何起作用、在何种程度上起作用给出的论述还较少。

二　历史经验和中国现实

围绕文化与制度，理论界进行了多角度、多层次研究。关于文化的讨论已经几起几落。就国内而言，中国自入近代以来，关于中华民族救亡图存，中国传统文化转型的问题就一直是萦绕中国知识分子心头，引起他们焦虑和关注的重大学术和现实问题。这种对文化的关注与中国的现代化进程紧密相关。概括起来有这样三次大的文化讨论：一次是20世纪上半叶的文化运动即"五四"时期的新文化运动；一次是20世纪80年代后期的文化讨论；一次是伴随全球化进程而展开的文化多元与一元、相对性与绝对性、趋同与趋异矛盾关系的讨论。

就国外研究而言，文化最初出现在社会人类学领域，人种学家、民俗学家、人类语言学家、考古学家和社会人类学家把文化作为一个民族的风俗、习惯和信仰进行实证性和经验性的研究，开拓了人们的视野，丰富了人们对各民族和原始部落状况的了解。20 世纪四五十年代，西方学者如玛格丽特·米德、鲁思·本尼迪克特等又把文化作为理解社会的一个重要因素，他们从文化的角度理解各种社会，分析它们之间的差别，解释它们的经济和政治发展状况。20 世纪 80 年代以后，人们越来越倾向于把文化作为分析社会政治和经济状况的重要因素，这是和世界范围的现代化进程紧密相关的。各国现代化的发展模式及发展水平的差异迫使人们作出反思，其中劳伦斯·哈里森撰写的《不发达是一种心态——拉丁美洲事例》引发了学界关于文化与发展关系的大讨论。文化因素究竟是否对社会发展具有影响作用？如果具有影响作用，又是何种程度的影响作用？对这些问题的思考使得"社会科学界越来越多的学者把目光转向文化因素，用它解释各国的现代化、政治民主化、军事战略、种族和民族群体的行为以及国与国之间的联合和对抗"①。

就国际范围而言，"文化热"的再次升温与全球化浪潮息息相关。伴随着经济全球化的拓展，文化问题也成为全球化进程中的一个重要问题。一方面，文化已经成为衡量一个国家综合国力的重要因素，文化产业在发达国家已然是一个重要部门，文化成为发达国家进行全球经济、政治和军事扩张的重要手段。发达国家的政治家和理论家们积极行动，大胆地把文化战略的研究同世界格局、国际形势的变化结合起来，倍加重视对文化的研究，提出一些文化战略理论，如"后殖民主义论"、"历史终结论"、"文明冲突论"等，以期为新时期提供谋求霸权的工具。可以说，文化战略作为国家战略的重要组成部分，已经成为西方国家领导世界的一个重要方面。在国际政治范围内，信息与文化的优势成为当今国际关系的主宰力量。美国著名的富布赖特基金创始人富布赖特在《外交政策的第四方面》中说："当今世界外交政

---

① ［美］塞缪尔·亨廷顿、劳伦斯·哈里森主编：《文化的重要作用——价值观如何影响人类进步》，程克雄译，新华出版社 2002 年版，第 2 页。

策不能仅仅依靠军事力量和外交活动，我们必须向其他国家传播我们社会的价值观，影响其下一代。这对世界格局产生的作用要远远胜过军事和外交上的作用。"① 另一方面，经济政治处于弱势地位的发展中国家也加大了对本国传统文化的保护力度，增强了文化安全意识，防范和警惕西方发达国家的意识形态和价值观的渗透，力争在这场无硝烟的战争（文化战争）中固守自己的最后阵地，加固自己的心理防线，避免成为"文化帝国主义"的附庸。

"制度"是中国学界的另一热门话题。近年来关于制度变迁、制度伦理、制度创新、制度与发展等的语词和论题频繁见于公共视听领域。20 世纪 90 年代中期以来在理论界兴起的"制度热"是伴随中国经济学界对"新制度经济学"的学术观点和理论学说的引进而逐渐兴起的，并且大有继续走红、蔓延之势。"制度"问题研究始于经济学领域却早已突破单纯的经济学领域而波及社会、政治、文化等各个学科领域，呈现出跨学科发展之势。制度似乎已经成为当今时代探讨其他理论问题无法逃避的理论视阈。制度研究的重要性与迫切性可见一斑。

分析文化在制度变迁过程中所起的作用，绝非为了追赶学术时髦，实是意识到对这一问题进行研究具有重大的理论意义和现实意义。就理论意义而言，分析文化在制度变迁过程中所起的作用，打破了传统意义上把文化作为"剩余变量"排除在制度分析框架之外的做法，从而有利于人们对制度有更深刻和更全面的把握。因为对任何一个社会现象和社会理论问题而言，文化都是深层次的不可不深究的根源。对文化在制度变迁过程中的作用分析无疑为人们打开了看待制度演化、变迁问题的一个崭新视角。

分析文化在制度变迁过程中所起的作用，主要立足于中国等后发现代化国家面临的现实。历史发展的经验证明：现代化是人类历史发展进程的必经阶段，不管人们是否承认，以市场化、城市化、民主

---

① 转引自杜丁丁《对文化国际化趋势的思考——浅析文化国际化趋势对国际关系的影响》，载《国际观察》（哲社版）1998 年第 5 期。

化、法制化、世俗化等为表征的现代化进程是人类发展的趋势和必经历史环节。然而问题在于，现代化作为人类历史发展的必经阶段，肇始于西方，现代化根植于西方的历史文化传统之中，是一种西方"文化的承诺"①。对西方国家而言，现代化是一个自然而然的生长、发育和成熟过程，尽管在其自身的历史发展中也伴随着传统和现代的种种矛盾、对立、冲突和选择，但这是单一的、正常的历史发展过程中必须面临的矛盾、对立、冲突和选择。而对于后发现代化国家而言，问题变得复杂起来，后发国家要实现现代化，必须按照历史发展规律完成这样一个线性的历史发展过程，弥补缺失的历史发展环节。但是由于现代化肇始于西方，所以西方国家的现代化必然会对后发国家的现代化进程产生示范效应，后发国家往往会以西方国家的现代化为模本进行本国的现代化建设。正如马克思早就指出的："工业较发达的国家向工业较不发达的国家所显示的，只是后者未来的景象。"②"资产阶级……它迫使一切民族——如果它们不想灭亡的话——采用资产阶级的生产方式；它迫使它们在自己那里推行所谓的文明，即变成资产者。一句话，它按照自己的面貌为自己创造出一个世界。"③从这个意义上讲，西方国家的现代化模式与既得成果无疑构成了后发国家现代化的参照系。

　　此外，这种参照模仿效应的产生还源于西方文化和社会科学家的塑造和引导。现代化始于西方，与西方文化有着无法分割的亲缘关系，或者说，西方文化是现代化得以在西方首发的文化因子。然而，问题远没有这样简单，现代化作为原发于西方的历史过程，本身是一种文化意识形态，是西方国家为推动本国自身的现代化配套而生的"文化工程"。发展主义、现代化理论都是这种文化工程的产物和理论形态。在发展主义和现代化理论的塑造过程中，社会科学凭借自身具

---

　　① 何中华：《"现代化"观念与西方文化传统》，载《学习与探索》1996 年第 1 期。

　　② 《马克思恩格斯选集》第 2 卷，人民出版社 1995 年版，第 100 页。

　　③ 《马克思恩格斯选集》第 1 卷，人民出版社 1995 年版，第 276 页。

有的那种为社会的孕育、发展、变迁和治理提供合法性依据和阐释的地位和作用，成为这项"文化工程"中不可或缺的一环。现代化理论作为发展的一种模式是社会科学家们在总结西欧发展规律基础上得出的一套关于经济、社会发展的理论阐释，并赋予这种理论以普遍性的特色。发展主义和现代化理论在 20 世纪 60 年代已经成为一种关于进步的幻象。发展主义和现代化理论对后发展国家的许诺是：按照西方的模式进行现代化，就一定能够发展、强大起来。其实，这个许诺背后是西方国家自身的利益在作祟：第一，为了摆脱革命范式；第二，为了将非西方国家纳入现代化历史进程之中，进而纳入资本主义的统一体系之中进行剥削。西方国家现代化的过程和非西方国家的非现代、落后在逻辑和历史上是统一的。① 依附论、中心——边缘、世界体系论都是在这个意义上对现代化理论的反思与批判。

因后发性与对西方现代化的参照和模仿，加之西方文化的有意塑造和引导，引发了后发国家在实现现代化过程中的一系列问题。中国作为典型的后发现代化国家在这一历史发展过程中所遭遇的问题颇具代表性。由鸦片战争开启的中国近现代史使中国遭遇到"两千年来未有之变局"（康有为语）。1840 年鸦片战争的坚船利炮撞开了清王朝紧闭的国门，惊醒了没落王朝"天朝大国"的迷梦，堂堂大一统的华夏民族被"蛮夷之邦"打得一败涂地。旷古未闻的奇耻大辱，使统治阶级内部的爱国志士开始放眼环球，直面从未有过的不平等条约、直面战争与赔款、直面"万马齐喑"的局面，他们开始思索"夷"与"夏"、先进与落后、生存与死亡这些尖锐对立的现实问题。于是，他们穷研外国史地，总结失败教训，"尽收外国之羽翼为中国之羽翼，尽转外国之长技为中国之长技"②，形成了"师夷长技"的社会发展思想。虽然"师夷长技"的呐喊具有启蒙与救亡的双重文化视角与价值判断，具有感人的忧患意识与务实倾向，但是却囿于"习其器"的层

---

① 黄平：《误导与发展》，前言"全球化时代社会科学面临的挑战"，中国人民大学出版社 2006 年版，第 5 页。

② 《魏源集》，中华书局 1976 年版，第 206 页。

次。直至专重船坚炮利的"洋务运动"遭受挫折后，方才转为朝向政治制度的变革，于是有了"戊戌变法"，即 1898 年的"百日维新"。然而这场政治层面的变革依然没能让中国走上预期的文明与富强之路。及至此后的辛亥革命依然是对中国发展之路的摸索，虽然仍以失败而告终，却让人们意识到现代化是一个总体性的过程，在经历了器物、制度的变革阶段之后，改造国民性，提高国民的人格和素质，学习西方先进的科学、民主的文化理念及在此基础上实现中国传统文化的现代转型才是解决问题的根本所在。围绕这一主题，学术界展开了关于中西文化比较、科玄论战等大的学术争论。

　　由于历史的原因，鸦片战争以后，中国面临的是救亡图存的反帝反封建斗争。不改变中国半殖民地半封建的社会性质，不争得民族独立和人民解放，国家的富强、人民的富裕与中国的现代化只能是一句空话。① 直到中国人民革命胜利之后，才为中国的现代化创造了必要条件，中国才真正开始步入现代化的正轨。而其中 1978 年开始的改革开放是具有重大意义的转折。而今，我们的经济体制和政治体制改革已经进行到了一定阶段，对前一阶段的改革发展经验进行总结与反思十分必要。而如何进一步调整发展模式和改革思路有赖于思想解放，有赖于新的文化建设，历史再一次向中国人民提出了文化建设的问题。

---

　　① 关于革命和现代化何者为中国近现代史的主线，存在两种对立的思想主张：一种思想主张现代化是贯穿中国近代史的主线，整个中国近现代史就是围绕中国如何实现现代化这个主题展开的，而中国自近代以来所进行的轰轰烈烈的推翻封建帝制、探索建设民主、文明中国的旧民主主义革命、新民主主义革命不过是为了实现中国的现代化，换言之，现代化的话语完全置换了革命的话语，成为近现代史的核心话语。至于革命的原因，有些甚至主张"正是因为中国如何如何的不发达，所以才会爆发革命"，"革命是现代化失败的一个结果"（参见［美］阿里夫·德里克《全球化、现代性与中国》，载《读书》2007 年第 7 期）。另一种思想主张不能以现代化作为中国近现代史的主线，现代化的实现不是中国革命成功的前提，恰恰相反，没有中国革命的成功，在中华民族面临亡国灭种危机的历史时期，是不可能成功实现现代化的。笔者同意后一种思想主张。

中国改革的现实证明：文化作为社会深层次的发展动因，深刻影响着该社会和民族的思维方式、行为方式及民众的基本素质，中华民族传统文化的转型及如何转型，如何建设新的，能激发全民族的创造活力、保持人民精神风貌昂扬向上、不断丰富人的精神世界、增强人的精神力量，面向现代化、面向世界、面向未来的，民族的、科学的、大众的中国特色社会主义文化，依然是制约现代化能否顺利进行的重要因素。历史发展的相似性说明文化是人类社会发展不容回避的深层次的制约因素。这从一个侧面反映了历史发展的规律性特征。中国古代"南橘北枳"的寓言故事就很好地印证了中国两次大的社会转型时期文化的重要作用。然而文化观念的惰性很强，积重难返，极具稳定性和持久性，不是一朝一夕能加以改变的。文化的这种特性造成了制度形成与变迁过程中的种种问题：考察社会制度的变迁过程，总是被这样一种现象所困惑：为什么同样的制度在不同的国家、不同的文化背景中会具有不同的特色？文化在整个社会的制度变迁过程中究竟起何作用？又是如何起作用的？作用限度又如何？一系列的问题要求人们对文化与制度的关系进行反思，要求人们从文化的视角审视制度形成与变迁的过程。这种分析视角打破了传统意义上把文化作为"剩余变量"排除在制度分析框架之外的做法，从而有利于人们对制度有更深刻和更全面的把握。

三　文化和制度概念的界定

分析文化在制度变迁过程中所起的作用，必须分别对文化和制度加以界定，这是分析得以展开的理论前提。本书的文化是指观念层次的文化。这种界定有其自身的合理性，因为文化的核心不在于人化的物，而在于物中所凝聚的意义和观念。我们追寻酒、茶、服饰、建筑等的文化意蕴，就是透过物追寻人的精神观念、价值观念、人的内心世界。人化物是文化观念的承载体，文化离不开物，然而却又不能归结为物，没有文化观念意蕴的物不能称其为文化。观念文化的界定更能凸显文化的核心和本质。

　　将文化理解为观念文化除了具有其自身合理性之外，客观上也避免了因其外延过宽而导致内涵不够清晰以致不利于分析、解决问题的麻烦。因为从根本上讲，只有狭义的文化概念才能使许多与文化相关的研究得以具体展开，从而才能获得较高的使用价值。广义的文化将一切物质现象和精神现象都含括在内，导致文化与经济、文化与政治相互关系的讨论失去了必要的逻辑清晰度。对文化作狭义的理解，将文化与经济、政治并列起来使用，已经成为一种相当普遍的文化事实和理论趋势。已有学者指出，"对文化作狭义的理解具有更广泛的趋势，而且从文化理论和文化建设来讲，应该使用狭义的理解；狭义的文化是严格意义的文化"①。毛泽东在《新民主主义论》中，就将文化看做是与经济和政治并列的社会构成因素，并规定了三者之间的关系："一定的文化（当做观念形态的文化）是一定社会的政治和经济的反映，又给予伟大影响和作用于一定社会的政治和经济；而经济是基础，政治则是经济的集中的表现。这是我们对于文化和政治、经济的关系及政治和经济的关系的基本观点。"② 毛泽东坚持"我们讨论中国文化问题，不能忘记这个基本观点"③。就与制度的相关性而言，若采取文化即人化的大文化观，不仅印证了"文化是个筐，什么都能装"④ 的说法，而且也出现了文化、制度之间的交叉混乱，无法再从文化视角对制度变迁问题作进一步讨论。

　　在对文化的概念有了基本的界定之后，还需对制度的含义作一番考察。制度是本书的另一个关键概念。论及文化对制度变迁所产生的影响无法回避对制度进行概念的界定和梳理。

　　"制度"一词对应的英文词是"institution"。然而就该词的翻译而言，国内学术界意见不一，中国经济学界将其译为"制度"，英语学

　　① 黄楠森：《论文化的内涵与外延》，载《北京社会科学》1997 年第 4 期。
　　② 《毛泽东选集》第 2 卷，人民出版社 1991 年版，第 663—664 页。
　　③ 同上书，第 664 页。
　　④ 秦晖：《问题与主义》，长春出版社 1999 年版，第 260 页。

界（如姚小平、顾曰国教授）和哲学界（特别是研究语言哲学的中国著名中青年哲学家陈嘉映教授等）一般将其译为"建制"，另有学者将其译为"体制"、"制序"①等，仅在"institution"一词的译法上就出现如此多的分歧，这恰应了西方当代著名哲学家卡尔·曼海姆（K. Mannheim）在《意识形态与乌托邦》一书中曾指出的："我们应当首先意识到这样一个事实：同一术语或同一概念，在大多数情况下，由不同境势中的人来使用时，所表示的往往是完全不同的东西。"②本书无意对"institution"一词的翻译纠缠过多，所以选取一个大家基本上认可的"制度"的译法来对应"institution"。

制度一词不仅在翻译上见仁见智，而且对"制度"所指涉的含义，社会学、政治学、文化人类学、制度经济学、哲学等学科都根据各自的理论需要和研究偏好给出了自己的规定。结合各学科对制度的多层次、多角度、多侧面的界定，不难总结出纷繁复杂的制度定义掩盖下的制度的真正意蕴。我们不妨围绕制度的内涵和外延两个维度阐发制度的内在意蕴。

首先，从内涵角度而言，制度是行动规则或活动规范，是调整交往活动主体之间以及社会关系的规则或规范。从人的交往活动考察制度，制度只不过是个人之间迄今为止所存在的交往的产物。生产本身是以个人之间的交往为前提的，生产者在生产过程中以生产资料为媒介形成彼此之间特定的关系，首先是所有权关系，继而派生出人们在生产中的社会地位以及产品的分配关系。生产关系是生产得以进行的社会形式。以生产关系为基础又衍生出社会生活领域中的交往关系。社会生活领域的交往是生产之外的交往，与社会生活其他领域的活动同一。交往过程是人为达到某种目的而建立和处理彼此相互联系的活动过程，称之为关系形态的交往。这一层次的交往活动更加充分地体

---

①　参见韦森《文化与制序》，上海人民出版社 2003 年版，第 1 页，注释（1）。

②　K. Mannheim, *Ideology and Utopia*, London: Routledge & Kegan Paul, 1960, p. 245.

现了人是一种社会存在物，社会关系指的是"许多个人的共同活动"。不论是在生产交往活动中抑或是在社会交往活动中，人作为关系存在物必然与他人发生各式各样的关系，这种种关系有合作有冲突，为了使社会有机体有效运行，必须人为设定或博弈商定一系列规范关系的行为规则系统，制度由是形成。作为行为规则或活动规范的制度体现在人的行为和活动中，形成于人的行为互动的历史过程之中，其本质内蕴也唯有在人的交往活动之中才能被深刻理解。

　　制度作为行为规则或行为规范无疑是标志人们社会关系的范畴，然而社会关系本身却并不就是制度。制度是用来调节社会关系的规则却不能因此将制度等同于社会关系，或者把社会关系等同于制度。如果将社会关系和制度作一派生与被派生的划分，那么无疑社会关系具有优先性，有什么样的社会关系就会有什么样的制度，社会关系的存在样态和发展决定着调节此种关系的制度的具体样态和发展。诚然，社会关系本身也不是最终决定因素，其本身也是需要由权力、地位、利益的实际占有和分布情况及特定的历史传统来加以说明的东西。但是就社会关系和制度二者的关系而言，社会关系是第一位的，具有优先决定性的因素；制度是第二位的，是被决定的因素。

　　其次，制度作为规则系统，有自身的构成要素。这些构成要素也是制度内涵的一部分。有学者认为，制度主要由六要素构成，即制度意识、制度目标、制度机关、制度技术、制度条文和制度载体。[①] 也有学者认为，制度作为一个体系"主要由目标系统、规则系统、组织系统和设备系统四个方面构成"[②]。在笔者看来，两种对制度构成要素的看法并不矛盾，制度意识和制度目标可看做制度体系的目标系统；制度条文可看做制度体系的规则系统；制度机关可看做组织系统；制度技术和制度载体可看做设备系统。制度体系的目标系统是制度的灵魂所在，它规定了制度的性质及运动和发展的方向；规则系统是制度

　　① 参见肖斌《制度论》，中国政法大学出版社 1989 年版，第 84—88 页。
　　② 贺培育：《制度学：走向文明与理性的必然审视》，湖南人民出版社 2004 年版，第 17 页。

得以运行和发挥作用的实体部分，实际地调节、控制、激励、稳定着实践中人们之间的关系样态；组织系统具体贯彻执行制度的规则，是实现制度目标的主体系统；设备系统是制度发挥作用的条件和基础。四个系统要素有机联系，互相补充、协调，确保制度体系的功能发挥。

再次，从制度的外延来看，制度作为规则系统究竟涵盖了哪些规则？对此，澄清两点看法对准确了解制度的外延有助益。

第一，制度不仅仅指"社会形态"意义上的宏观社会基本制度，还指微观意义上的各种规则体系。① 社会基本制度只是庞大制度系统的一个层次，在制度系统内部，不仅可以划分为社会经济制度、政治制度、文化制度、教育制度等多方面的制度，而且从不同地位、作用上看，还可以划分为社会基本制度和非基本的具体制度两大层次。基本制度是指反映某一关系方面的本质内容和根本特征，是体现关系它内在的、本质的、一般的规定。社会基本制度是社会制度系统的基础和核心。它可以成为社会制度系统的主要标志和代表者。②

马克思、恩格斯在其著作中提及的"制度"基本上是在社会基本制度含义上使用的，是宏观意义上的制度。这是由马克思、恩格斯当时所处的时代背景与面临的理论实践问题所决定的。当时资本主义社会的主要矛盾以及围绕此问题出现的各种理论使得马克思、恩格斯的理论和实践始终围绕阐述资本主义主要矛盾的根源、社会历史发展的规律等问题展开，形成了之后被恩格斯称为马克思一生中两大发现的剩余价值学说和唯物史观。围绕这一理论和实践主题，马克思、恩格斯关心更多的是如何推翻资本主义，建立社会主义（共产主义），即宏观层面上的社会主义基本制度的变迁问题，而无暇关注微观层面的

---

① "社会形态"意义上的制度常对应英文单词"system"，而具体和微观意义上的制度对应"institution"。

② 参见辛鸣《制度论——关于制度哲学的理论建构》，人民出版社 2005 年版，第 98 页。

具体制度的变革和完善。然而我们不能局限于此。其一，马克思主义本身是开放的、不断发展的理论，具有向未来敞开的无限可能性。马克思主义不自诩自足完备，不以颁布绝对真理为其使命，而是一切以实践为出发点，这就使马克思主义具有了开放的、生成的、发展的特性。这种开放性、生成性和发展性要求马克思主义在面对不同时代问题、不同思考对象、不同理论困难时，不断作出新的回应、批判和反思，从而不断开拓新的理论视野和空间实现自我创新。基于马克思主义的这种理论特性，我们在研究制度问题时，不应当止步于马克思、恩格斯限于时代条件和理论实践主题而着重研究的宏观社会基本制度的变革层面，而应该更多地挖掘马克思、恩格斯探讨较少的微观层面的具体制度变革层面。这是对马克思主义的继承和发展，真正符合马克思主义开放、发展的理论特性。其二，研究宏观层面上社会基本制度的变迁，是从制度角度对唯物史观理论的再阐释，但是仅探讨宏观"社会形态"意义上的制度及制度变迁不能代替具体微观层面上的大量作为规则存在的制度现象。其三，作为"社会形态"意义上的社会基本制度在马克思、恩格斯那里有充分的阐述，社会形态更替的历史发展规律早在一个世纪前已被揭示。虽然马克思发现的历史发展的"铁的必然性"有这样那样的限制条件以至于他们反对把此当做教条、模式加以套用，但作为历史发展的必然逻辑其"最大长处就在于它是超历史的"①。其四，仅从"社会形态"意义上理解制度容易将一切具体而微的制度问题上升到社会基本制度的层次，而仅仅从社会基本制度的层面讨论制度问题是不充分、不全面的。大量微观层次上的制度问题，需要人们放开眼界、解放思想，充分利用种种完善自身制度建构的有利机会，大胆批判、借鉴、吸收人类文明包括资本主义文明创造的种种优秀制度成果。

　　第二，非正式规则不应被看做制度的外延组成部分。制度经济学派的经济学家们把制度看做是规则、惯例和生活习惯等。美国制度学派的先驱之一凡勃伦把制度看成是"由社会和团体认可的风俗习惯，

————————

① 《马克思恩格斯全集》第19卷，人民出版社1963年版，第131页。

在体制上，制度就是惯例。在习惯和普遍被接受的情况下，它成为不言自明和不可缺少的"①。"制度实质上就是个人或社会对有关的某些关系或某些作用的一般思想习惯"；"人们是生活在制度——也就是说，思想习惯——的指导下的，而这些制度是早期遗留下来的"；"今天的制度——也就是当前公认的生活方式"②。康芒斯说："我们可以把制度解释为'集体行动控制个体行动'。"③ 新制度经济学家道格拉斯·C. 诺思的定义颇具代表性："制度是一个社会的游戏规则，更规范地说，它们是为决定人们的相互关系而人为设定的一些制约。"④ 另外还有一些学者如刘易斯、舒尔茨等也把制度看做规则。由此，将制度定义为规则是为大家所普遍接受的。诺思将制度进一步划分为正式规则和非正式规则。"正式规则包括政治（及司法）规则、经济规则和合约。这些规则可以作如下排序：从宪法到成文法与普通法，再到明确的细则，最终到确定制约的单个合约，从一般规则到特定的说明书。……政治规则可广义地定义为政治团体的等级结构，以及它的基本决策结构和支配议事日程的明晰特征。经济规则用于界定产权，即关于财产使用，从中获取收入的权利束，以及转让一种资产或资源的能力。合约则包含着对一个交换中一个具体决议的特定条款。"⑤ 非正式规则是指人们在长期的社会生活中逐步形成的习惯习俗、伦理道德、文化传统、价值观念、意识形态等对人们行为产生非正式约束的规则。

　　正式规则和非正式规则又可被称为正式制度和非正式制度。还有

---

　　① 转引自〔美〕刘易斯·A. 科瑟《社会学思想启蒙》，中国社会科学出版社 1990 年版，第 288 页。

　　② 〔美〕凡勃伦：《有闲阶级论》，蔡受百译，商务印书馆 1964 年版，第 139—140 页。

　　③ 〔美〕康芒斯：《制度经济学》（上），于树生译，商务印书馆 1962 年版，第 87 页。

　　④ 〔美〕道格拉斯·C. 诺思：《制度、制度变迁与经济绩效》，刘瑞华译，上海三联书店 1994 年版，第 93 页。

　　⑤ 同上书，第 64 页。

学者依据制度对人的约束方式的不同将制度分为外在制度和内在制度①，实质上也就是诺思所说的正式规则和非正式规则。笔者以为，应该将制度的外延再缩小一些，非正式规则、内在制度不应该被包括在制度的外延之内。因为这一部分，即伦理道德、价值观念等是和文化观念出现交叉的部分，可以说，非正式制度构成了文化的一部分。和将文化界定为观念文化的初衷相同，为了方便讨论问题，更重要的是为了制度概念本身的明晰性，将制度界定为正式规则更为恰当。即使抛开这一层外在理由不论，非正式规则尽管和正式规则有着这样那样紧密的联系，甚至于非正式规则就是正式规则的前身，然而二者还是不能画等号，这是将制度定义为正式规则的主要原因。其一，若将非正式规则也纳入制度范畴，则混淆了文化和制度的界限，不利于制度概念的明晰性，同时也无法从文化角度对制度及其变迁做出说明，因为一旦模糊文化与制度的界限，用文化说明制度无异于同语反复；其二，作为一种调整手段，制度建设的目的在于打破分散的、各异的习俗和惯例，建立统一的社会行动体系。形式化、明确化是其要求，约定俗成、心照不宣及依靠个人良心发现不是制度扬善罚恶的运行方式；其三，非正式规则尽管是正式规则的"素材"，甚至于是正式规则的前身，其本身却不等同于制度。②

　　在对文化和制度有了基本的界定之后，还有必要对学界常提的制度文化与文化制度进行说明，以求更清晰地把握文化和制度的内在意蕴。

　　对制度文化的理解依赖于对文化的界定，若立足于广义文化观，那么，制度文化是和物质文化、精神文化平行的文化概念的一个构成部分；若立足于狭义文化观，将文化理解为文化观念，那么，制度文化实际上就应当是与制度相关联的文化观念。就此意义上讲，将制度

文化视为制度和文化的中介，视为沟通二者的桥梁比较合理。所谓中介，顾名思义，理应处于"两端之间"并能将处于两端的事物加以沟通，然而这只是中介之为中介的必要条件，还不充分。"中介之为中介的根本原因，在于它有二重性，即一方面与主体、主观、目的相联系，一方面与客体、客观、结果相联系，既是主体、主观、目的的环节，又是客体、客观、结果的环节，既带有双方的特性，又不等于双方各自的特性。"① 制度文化显然与制度相关联，是体现在制度中的人的观念、目的、文化价值观等，有丰富的文化内涵；制度文化显然也与制度相关联，是蕴涵于制度中的文化观念，而不是蕴涵于器物之中的文化观念。由此可见制度文化与制度、文化的区别。

对文化制度的理解同样依赖于对文化的界定。若立足于广义文化观，那么，文化制度和制度文化基本是同义的，都是指与物质文化、精神文化平行的文化的一个组成部分；若立足于狭义文化观，那么，文化制度指称体现文化观念的，具有文化内涵的制度，文化制度的提法突出了制度与人的文化观念不可分离的特性。实际上，任何一种制度必然包含文化的内涵，没有文化意蕴的制度是不存在的，从这个意义上而言，文化制度就是制度，二者是同义语。

---

① 鲁鹏：《制度与发展关系研究》，人民出版社2002年版，第31页。

第一章

文化对制度形成的作用及其实践基础

概括起来，制度的形成具有两种基本的方式，即自然演进和理性建构两种方式。然而不管是通过何种方式形成的制度，都有其深厚的文化根基。制度或是从特定的文化传统中孕育、衍生出来，是习俗、惯例、传统等的正式化、规则化、条文化、法制化，由前规则、潜规则、非正式规则自然演化转变而成；或是受着某种文化观念的导引，由领导阶层自上而下地直接建构而成。从一定意义上而言，文化是制度的精神之根，离开文化，制度的认同性将无从获得。当然，文化和制度作为互相联系、互相依存的两个方面，其作用也是相互的。制度的建构及其认同性的获得有赖于文化，同样，制度一旦形成对文化也具有反作用。制度本身通过鼓励、压制、奖励、惩罚等方式向人们传达行为信息，调整和改变人们的文化观念，久而久之，制度传达的行为信息便内化为人们的心理，积淀为人们的文化观念，进而成为文化的一个组成部分，为文化添加新质，促进文化的更新和发展。显然，制度和文化是相互作用的，分别对这两种作用加以概括便是所谓的"文化是体制之母"和"制度决定文化"。然而仅仅停留在文化和制度的相互作用还不能从根本上解决问题，找到沟通二者的中介并追溯二者形成的实践根基才是解决问题的根本所在，也才能避免陷入"鸡生蛋，蛋生鸡"的循环怪圈。

第一节 文化对制度形成的作用

任何一种制度的形成及形成方式都无法脱离文化。文化对制度的形成产生着重大影响，制度或是直接从文化传统中衍生出来，即以"自生自发的"方式自然演进形成，或是由领导者受某种文化观念导引直接构建出来，即通过"建构的"方式形成。当然，现实中制度的形成既不可能是单纯的自然演进，也不可能是纯粹的理性建构，制度正是在自然演进和理性建构的共同作用中形成的。然而不管采取何种方式，文化始终在制度生成过程中扮演着重要角色。并且，制度合法性和认同性的获得也依赖于文化的支撑。

一 制度在自然演进和理性建构的合力中形成

概括起来，制度的形成具有两种基本方式，一种是自生自发的自然演进方式，一种是依靠理性自觉建构的方式。所谓制度的自然演进方式是指制度的形成不是通过人为设计而完成的，而是随着历史的自然演进自发完成的。而制度的理性建构是指制度的形成依靠主体的理性设计，通过发挥主体的能动性和创造性建构而成。

在人类社会发展的初期，制度多是在人类自然生活经验基础上自然演进形成。人类社会之初，人与人之间的交往现实客观上需要某种规则对人们的行为进行规范，进而对人们之间的关系进行调节。这种职责最初是由道德、习俗、习惯法、宗教等来承担的，只是到了后来，这些非正式规则才逐渐被确立为正式制度，以强制性的方式对人们的行为进行规约。

随着人类历史的演进，社会关系日益复杂化，仅仅依靠制度的自生自发已无法满足人类生活的需要，从习俗、惯例、道德的产生到制度的最终确立要经历漫长的历史时期，所以人们不得不以理性的方式自觉地建构制度以满足现实生活的需要。而制度的理性建构不仅具有历史必然性，而且具有现实可能性。因为人类社会不同于自然界，自然界的本然结构和联系构成其自身存在和发展的根据、条件和运行机制，自然界的运动过程是在没有人参与的情况下形成和展开的。社会历史的发展与自然界不同，它不是一些盲目力量自发作用的结果，而是人有目的有意识的活动的产物。恩格斯指出："在自然界中（如果我们把人对自然界的反作用撇开不谈）全是没有意识的、盲目的动力，这些动力彼此发生作用，而一般规律就表现在这些动力的相互作用中。……相反，在社会历史领域内进行活动的，是具有意识的、经过思虑或凭激情行动的、追求某种目的的人；任何事情的发生都不是没有自觉的意图，没有预期的目的的。"① 社会历史的发展依赖于具有主体性、创造性、能动性的人的实践活动。制度的形成作为人的活动的结果当然也离不开人的意识、目的、愿望和理性活动，即使现实已经提出了建立新制度的客观要求，如果没有人的理性建构和设计，制度的形成就仍然只是一种可能性，正如门格尔所说的："没有公共意志的引导，为公共福利服务并对改进公共服务至关重要的制度怎样才能建立起来？"② 正是通过人的理性建构，制度的形成才由可能性转变为现实性。

但西方有的学者反对人们运用理性建构制度，其中以波普尔和哈耶克为典型代表。尽管他们也对一些有用的社会制度持赞赏态度，但认为这些制度只能是人的自发行动的后果，而不能是人设计的后果。波普尔指出："只有少数社会制度是自觉地设计的，而大多数却只是作为非人类行为所设计的结果而成长的。"③

对制度的这种看法根源于他们的理性观。在他们看来，理性是有限的。波普尔认为，"在任何条件下理性规划的结果不可能成为稳定

① 《马克思恩格斯选集》第4卷，人民出版社1995年版，第247页。
② ［英］马尔科姆·卢瑟福：《经济学中的制度》，陈建波、郁仲莉译，中国社会科学出版社1999年版，第100页。
③ ［英］卡·波普尔：《历史主义贫困论》，何林、赵平等译，中国社会科学出版社1998年版，第58页。

的结构，因为力量的平衡必然发生变化，所有的社会工程，不管它如何以它的现实主义和科学性自豪，注定是一种乌托邦梦想"①。

哈耶克也主张理性是有限度的，他认为个人理性因其受制于特定的社会生活过程，"只有在累积性进化的框架内，个人的理性才能得到发展并成功地发挥作用"②，他"反对任何形式的对理性的滥用"③。个人理性之所以是有限的，是因为："其一，它永远无法离开自己去检视自己，这是其逻辑上的局限；其二，个人理性根植于特定的社会系统之中，无法脱离生成、发展它的传统和社会，从而也无法跳出传统和社会的约束对它们做出评价和审视。"④ 虽然每个人生而具有智识与善，都倾向于理性行动，但是个人不可能凭借个人理性构建出社会制度所必需的所有细节。⑤ 基于对个人理性有限性的认识，哈耶克认为通过理性建构制度是一种"致命的自负"⑥。

显然，根据哈耶克的理性观，他主张制度形成的"自生自发"模式。"在各种人际关系中，一系列具有明确目的的制度的形成，是极其复杂但却条理井然的，然而这既不是设计的结果，也不是发明的结果，而是产生于诸多并未明确意识到其所作所为会有如此结果的人的各自行为。"⑦ 哈耶克提出"自生自发的秩序"是为解决一个具体的经济学难题，亦即为了解释整个经济活动的秩序是如何实现的，他力图阐明一个市场社会是如何可能发挥作用的，并以市场逻辑为基本逻辑

---

① 〔英〕卡尔·波普：《历史决定论的贫困》，杜汝楫、邱仁宗译，华夏出版社 1987 年版，第 37 页。

② 〔英〕弗里德利希·冯·哈耶克：《自由秩序原理》，邓正来译，生活·读书·新知三联书店 1997 年版，代译序，第 13 页。

③ 同上。

④ 同上书，第 14 页。

⑤ 参见〔英〕弗里德利希·冯·哈耶克《自由秩序原理》，邓正来译，生活·读书·新知三联书店 1997 年版，代译序，第 13 页。

⑥ 参见〔英〕弗里德利希·冯·哈耶克《致命的自负》，刘戟锋等译，东方出版社 1991 年版，第 71 页。

⑦ 〔英〕弗里德利希·冯·哈耶克：《自由秩序原理》，邓正来译，生活·读书·新知三联书店 1997 年版，第 58—59 页。

达到为资本主义辩护的目的。

实际上，现实中的制度既不存在完全的自然演进状态也不存在纯粹的理性建构，因为即使人类的自然生活经验为某种制度的产生提供了现实基础，但是如果没有主体以理性的方式最终确立起制度，那么现实基础及种种的制度萌芽仍不能够形成制度；另一方面，如果人们只是一相情愿地运用理性设计制度而无视制度自然演进的现实情形，那么建构出来的制度也只能是乌托邦，最终会以失败而告终。现实生活中的制度形成是自然演进与理性建构的统一，正如门格尔所讲：“看不见的手与设计过程会在制度的历史中相互影响并发挥某种作用。”①

制度的形成过程既不是单纯的自然演进也不是纯粹的理性建构，而是二者的统一。但是不管是哪一种方式，制度的形成都有其深厚的文化根源。自然演进的制度直接由习俗、惯例、道德、宗教等文化传统演化而来，理性建构的制度则由领导阶层根据现实需求受某种文化观念的导引直接构建而成。并且，理性建构制度的有效运行依托于一定的文化土壤，需要整个社会从情感、意识到思维方式上对它认同和支持。这是制度有效性的文化支撑。

二　文化孕育自然演进制度

传统文化是制度的直接来源。正因为如此，所以制度变迁受到传统文化的制约，在制度变迁过程中，传统文化不仅仅扮演着消极、阻碍因素的角色，它本身也是制度变迁的直接来源。

自然演进形成的制度直接从特定的文化传统中孕育、演化而来。文化对制度的这种孕育功能突出体现在人类早期制度的形成过程中。人类社会发展初期，自然生存环境对各民族文化观念的形成以及制度演进起着决定性的作用。

---

① ［英］马尔科姆·卢瑟福：《经济学中的制度》，陈建波、郁仲莉译，中国社会科学出版社 1999 年版，第 107 页。

　　人类社会发展初期，自然环境在人的物质生产实践中居于重要地位。生产力水平即人改造自然能力的低下决定人类的物质生产实践很大程度上受自然环境制约。奉天运、顺天时是人类社会发展初期物质生产状况的恰当写照。这种很大程度上受自然环境制约的物质生产实践状况又决定了在实践基础上产生的各民族文化观念也与自然环境直接相关。也就是说，人类社会发展早期阶段，人类赖以生存发展的物质自然环境、变革自然的物质生产实践以及在此基础上产生的人的文化观念存在以下相互关系：物质自然环境决定早期人类的物质生产实践水平及生产方式；受物质自然环境决定和制约，不同的物质生产实践方式决定不同民族、地域人们的文化观念。关于物质自然环境对早期人类文化观念的直接决定作用，马克思曾说道："思想、观念、意识的生产最初是直接与人们的物质活动，与人们的物质交往，与现实生活的语言交织在一起的。观念、思维、人们的精神交往在这里还是人们物质关系的直接产物。"[①] 孟德斯鸠也曾对气候等物质自然条件对民族精神形成的作用做过分析，他说："许多'帝国'影响着一个民族的总精神，其中第一个是气候。他说的气候很广义，指其他物质原因的物质原因，或者，一个与其他物质原因相互作用的物质原因。"[②] 黑格尔在《历史哲学》中通过对希腊与东方地理环境的比较，分析了两者的"精神"差异。他说："希腊全境满是千形万态的海湾。这地方普遍的特质便是划分为许多小的区域，同时各区域间的关系和联系又靠大海来沟通。我们在这个地方碰见的是山岭、狭窄的平原、小小的山谷和河流；这里并没有大江巨川，没有简单的'平原流域'；这里山岭纵横，河流交错，结果没有一个伟大的整块。这里看不到东方所表达的物质权力——没有恒河、印度河等等江流，在这些大江流域上的种族，因为它的天边永远显出一个不变的形态，因此习于单调，激不起什么变化；相反的，希腊到处都是错综分裂的性质，正同希腊

---

　　① 《马克思恩格斯全集》第 3 卷，人民出版社 1960 年版，第 29 页。

　　② ［美］约翰·麦克里兰：《西方政治思想史》，彭淮栋等译，海南出版社 2003 年版，第 364 页。

各民族多方面的生活和希腊'精神'善变化的特征相吻合。"①

那么由文化观念孕育的制度是沿着何种路径形成的呢？文化观念孕育制度并不意味着制度直接就能从文化演化而来，制度形成也遵循一定的路径。简言之，制度来源于习俗惯例，今天作为正式制度确立下来的正式规则只是非正式规则的冰山一角。社会学、人类学、经济学、法学等许多学科的学者从各自学科的角度作了论述。

美国著名社会学家萨姆纳认为，制度的历史演变大致经历了风俗→民俗→民德→制度的历史过程。在他看来，当风俗（folkways）成为特定社会成员的行为习惯时，风俗就变为民俗（customs）。民俗是为了满足个人需要而形成的一种自然而便利的方法与惯例，虽然无形却具有很大的约束力，是人类社会维持和趋向于安定的重要条件。既然民俗构成人们行为的约束，那就必然会有人有意无意地要违反它，当有人真正违反了民俗，并因而妨害了群体利益时，公众会对他的行为进行谴责和制裁，这就标志着民俗变成了民德（mores）。当民德被公众承认并以法律形式予以保护时，民德就变成社会制度。②

美国制度经济学家康芒斯认为习俗不等同于习惯，习惯是个人的，习俗是社会的，习俗是"社会的习惯"，"习俗不只是习惯。它是造成个人习惯的社会习惯"③。德国制度经济学家在对内在制度④的演化进行描述时也表达了类似的思想。他们认为当一种规则及整个规则体系在人们的长期经验中被发现是有价值的时候，并且这种有用性被足够多的人认识到，从而有足够多的人采用，且大众的数目达到了一

---

① ［德］黑格尔：《历史哲学》，王造时译，上海书店出版社1999年版，第233页。

② 参见程继隆主编《社会学大辞典》，中国人事出版社1995年版，第28页。

③ ［美］康芒斯：《制度经济学》（上），于树生译，商务印书馆1962年版，第58页。

④ 柯武刚根据制度的起源将制度划分为内在制度和外在制度。概而言之，内在制度是从人类经验中演化而来，如习惯、伦理规范、良好礼貌等；外在制度是被自上而下地强加和执行的。它们由一批代理人设计和确立，如司法制度等。

定数量（临界点）以上，那么，该规则就会变成一种传统并被保持下去，通行于整个共同体。当规则逐渐产生并且被整个共同体所了解时，规则会被自发地执行并模仿。于是，规则通过在社会生活中的渐进式反馈和调整而演化为一种制度或制度体系。①

德国社会学家马克斯·韦伯阐述了习惯对于法的形成具有重要意义。他首先对习俗和惯例进行了概念区分。他把习俗理解为"一种在类型上衡稳的行为的情况，这种行为仅仅由于它的'习惯'和不假思索的'模仿'，在传统的常轨中得以保持，亦即一种'群众性行为'，没有任何人在任何意义上'强求'个人继续进行这种行为"。而惯例却是这样一种情况，"即对一种特定的行为，虽然存在着某一种影响，但是并不是由于任何有形的或心理的强迫，而且至少在正常的情况下，甚至也不是直接由于构成行为者特殊'环境'的某些人的仅仅是赞同或不赞同的反应"②。惯例和习惯法的区别在于习惯法的强制性，"即为了实现一种不是依据章程而是仅仅依据默契而适用的准则，将会使用一种强制机器"。

由单纯的习俗向惯例过渡，界限是极为模糊的。习惯一经形成便具有惰性，克服习惯惰性的影响从心理学上讲主要通过两种形式。一是"直觉"，即突然唤起受影响着的一种行为的观念作为一种应该的行为，这是一种迅速发挥作用的手段；另一种是"移情"，即通过被影响者一起感受影响者自己内心的态度。通过这两种途径产生的革新将产生持之以恒的"默契"，即惯例，或者在某些情况下创造着直接默契的强制行为，来对付某些越轨的偏差。久而久之，由于反复不断地保持对某一种特定的行为方式的褒奖或惩罚的观念，并通过个人或团体的强制机器反映出这种褒奖或惩罚，从而产生出具体的制度保障者的观念，"即认为现在谈的已经不再仅仅是一种习俗或惯例，而是

① ［德］柯武刚、史漫飞：《制度经济学——社会秩序与公共政策》，韩朝华译，商务印书馆 2003 年版，第 35—36 页。
② ［德］马克斯·韦伯：《经济与社会》（上），林荣远译，商务印书馆 1997年版，第 356 页。

一个强加于人的、法的义务；这样一种在实际上适用的准则，人们称之为习惯法"。最后，利益相关者把惯例的或者习惯法的义务置于一个强制机器的保障之下，使之正式确立为有章程的"法"。① 用简单的公式可以将这个过程描述为：

$$习俗 \xrightarrow{模糊界限} 惯例 \longrightarrow 习惯法 \longrightarrow 法$$

　　美国人类学家普洛格和贝茨以文化人类学家的视角，阐述了文化观念对习俗、制度形成的影响。他们认为文化观念成为习俗是通过社会化过程完成的。人们在孩提时期便被教导什么是社会崇尚的法规与价值观。这些法规和价值观深深根植于人们心中，人们很少去违反，一是因为违反这些会受到惩罚；二是因为社会上绝大多数人憎恶这些违反法规和传统价值观的行为，违背者会有羞耻感或窘迫感；三是因为违背者要承受巨大的社会压力。"社会压力可表现为回避和排斥或者不理不睬、甚至犯怒。没人理睬是个非常令人痛苦的体验。"批评、讽刺、诽谤都是社会压力的表现形式。社会化过程和社会压力成为非正规的社会控制机构的两种形式。人们的价值观念以及对行为的判别标准通过社会化过程代代相传，有的已经演变成正式的法规制约人们的行为，有的却仍然以非正式的方式约束着人们，而后者甚至在规范人们行为、维持社会秩序方面发挥着更广泛的作用。②

　　经济学家哈耶克在《自由秩序原理》中追溯了法治的渊源，他通过考察中世纪、古希腊以及 17、18 世纪的自由传统和法律精神，阐述了所有这些观念在英国、美国和欧洲大陆产生的决定性影响。法治在这些国家的确立经历了这样一个过程：公众舆论接受法治理想、法治理想渗透进人们的日常生活实践之中、法治理想体现为政策。当

---

① ［德］马克斯·韦伯：《经济与社会》（上），林荣远译，商务印书馆 1997年版，第 359—360 页。

② ［美］F. 普洛格、D. G. 贝茨：《文化演进与人类行为》，吴爱明、邓勇译，辽宁人民出版社 1988 年版，第 539—543 页。

然，法治理想最终变为法律政策确定下来需要很长的时间，并且其间的曲折甚至倒退也在所难免。①

美国法学家伯尔曼的《法律与革命：西方法律传统的形成》② 一书的主题就是讨论现代法律与传统的关系。

恩格斯从不同的角度得出了相似的结论。他指出："在社会发展某个很早的阶段，产生了这样一种需要：把每天重复着的产品生产、分配和交换用一个共同规则约束起来，借以使个人服从生产和交换的共同条件。这个规则首先表现为习惯，不久便成了**法律**。"③ 也有学者将此一过程称之为"制序化"④ 过程，即理解为从个人的习惯到群体的习俗（自发社会秩序）、从习俗到惯例（非正式约束）、从惯例到制度（正式约束）这样内在于社会过程中的动态逻辑发展进程。⑤

三　文化导引理性建构制度的生成

"建构的"制度由领导者依据一定的文化观念理性地建构（即制定）出来。以这种理性方式建构的制度是文化观念的外化、固化、显化和对象化。如果把制度看做是一种社会实存的话，那么制度无疑是对文化观念的一种表达，表征着制度建构者的理想、兴趣、愿望、目的、倾向、价值观等精神世界的构想，反映出制度设计者追求什么、捍卫什么、贬斥什么、接受什么的理性思索和道德基线。从这个意义

---

① 详见［英］弗里德利希·冯·哈耶克：《自由秩序原理》，邓正来译，生活·读书·新知三联书店1997年版，第203—220页。

② ［美］哈罗德·丁·伯尔曼：《法律与革命：西方法律传统的形成》，贺卫方等译，中国大百科全书出版社1993年版。

③ 《马克思恩格斯选集》第3卷，人民出版社1995年版，第211页。

④ 笔者无意于过多地阐发制度与制序的区别，本书将制度等同于制序。学者韦森将制度化与制序化也作了区分，认为"制度化"是社会或社群内部正式约束规则（尤其是其中的法律规则）的确立与制定过程，是一个组织、社群或社会内部运作程序的规则化以及约束规则的构成化、体系化和程式化。

⑤ 参见韦森《文化与制序》，上海人民出版社2003年版，第7页，注①。

上讲，制度成为文化观念的主要载体之一，文化是制度的灵魂。此处的文化最好不应再被"看作是具体行为模式的复合体——一系列风俗、惯例、传统、习惯——总的说来就像直到现在都是如此的状况一样，而是看作一套控制机制——计划、食谱、规则、命令（电脑工程师称'程序'）——用以控制行为"①。

"建构的"制度尽管依赖于领导者的文化观念，且文化观念的获得显然无法割裂与文化传统的亲缘关系，但是由于这种人为设计的制度是自上而下由领导者发起建构的，其合法化和认同性之间存在这样的一种关系：制度的合法化并不必然依赖它的认同性。一种制度是合法的并不意味着此种制度已经获得了人们的心理认同，换言之，制度的合法化不构成制度认同性的充分条件。许多人认为制度合法性及认同性的获得是通过被管理者的代表实现的②；另一些人认为制度是否合法很大程度上依赖于制度产生的方式：是群体创造的还是强加的，前者更合法虽然并不必然更具有认同性③；另有一些人认为知识、专家和既有制度能很大程度地影响制度的认同性④。此处暂且不论影响制度认同性的具体因素有哪些，也暂且把群体创造制度还是领导者强加而建构制度何者更合法的讨论搁置一旁。实际上，我们在探讨"建构的"或人为设计的制度建构方式时，已经暗含着"制度是合法的"这样一个前提，在这个前提下，制度认同性的获得受多个因素的制约，文化是其中一个非常重要的因素。

领导者以某种文化观念为导引，形成一定的制度理念，然后将此种理念现实对象化为特定的制度，然而制度的确立（制度是合法的）并不必然意味着其制约人类行为、规范社会和谐有序运行的功能能够有效地发挥。它们的规导作用依赖于人类群体或民族成员的接受与否

---

① ［美］克利福德·格尔兹：《文化的解释》，纳日碧力戈等译，上海人民出版社1999年版，第51页。

② See Fei-ling Wang, *Institutions and Institutional Change in China*, Pre-modernity and Modernization, Macmillan Press Ltd., 1998, p. 18.

③ Ibid., p. 19.

④ Ibid..

及接受程度如何，依赖于信赖其价值和适当性（propriety）的成员的认可。换言之，制度的有效运行既离不开制度设计者——有什么样的制度设计者和制度设计理念就会有什么样的制度建构，同时也离不开制度遵守者的文化状况。社会广大成员认可、接受某种"自上而下"建构而成的制度，除了有其对自身利益的考虑，包括对符不符合个体的愿望、兴趣、动机等的考虑之外，更多地来自文化传统长期对人的心理、价值观、思维方式、行为方式的形塑和潜移默化的作用。如果"建构的"制度与广大社会成员生于其中、长于其中的文化传统是内在相契的，那么它就会更具有认同性，比单纯依靠制度的强制性力量规约人们的行为要有效得多。

从制度本身的性质来看，制度毕竟是外在于人的，以否定的方式规定人们不能做什么，只是达到了惩恶的功效，而不具有扬善的功能。如果制度对人的行为的规约作用能演化为人的一种习惯，制度运行的成本就会节约许多，其认同性也会大大提高。以日常生活中人们早已习以为常的"红灯停，绿灯行"的交通法则为例，如果人们未从内心认可这项法规，就很可能产生投机心理，管理不严时会生出闯红灯的念头和举动，这种状况迫使监督部门加大监控的力度，由此造成制度运行成本的大大提高，制度的有效性也大打折扣。而一旦遵守此项法规的行为内化为人的一种心理习惯，实现"不得不为"到"应当为"的心理转换之后，制度运行成本就会降低，其有效性也会大大提高。恰如梁漱溟所说："当习惯未成时，即不够落实巩固时，每要随时用心揣量而行，效率甚低；及至熟练后，不须劳神照顾，便自敏捷而显著成绩。"① 所谓"习与性成"便是此意。

与制度不同，习惯摆脱了任何外在制裁的规则，不论行动者的动机是否在于他只是没有想到，或无论其他各种可能的理由，他总是使其自由意志遵从自己熟识的风俗习惯，因为遵守它们更加方便。布罗代尔也表达过类似的观点："我起步于日常生活，起步于那些生活中

---

① 梁漱溟：《人心与人生》，见刘梦溪主编《梁漱溟卷》，河北教育出版社1996年版，第691页。

对我们尽责、而我们竟不知晓的东西：习惯——称为老套数更好——即那些千般万种的自发自止的行为。对于这些行为，任何人都不用事先决定是干还是不干，它们确实是在我们充分的意识之外进行的。我认为人的生活一大半淹没在日常琐事中。无数的行为都是自古继承下来的，无章无序积累的，无穷无尽重复的，直至我辈。它们帮助我们生活，同时禁锢着我们，在我们整整一生中为我们作出决定，指令我们做什么或不做什么。这里所说的有外因的挑动与诱动，有内因的冲动与搏动，有模式的照搬，有采取行动的各种方式或者不得不采取行动的情况。这些东西有时候，甚至常常超出人们的估想，可以被追溯到久远的混沌年代。积年累世的、非常古老并依然存活的往昔注入了当今的时代，就像亚马逊河将其混浊的洪流泄入大西洋一样。"① 布罗代尔其实表达了文化对人行为的"无意识"的影响作用，文化一旦内化为社会成员的心理，就会不自觉地、无条件地、默默地起作用，而人们对此却浑然不觉，甚至达到了无意识的状态。"文化在人类生活中所起的作用具有无意识特征。"② "整个文化领域对绝大多数普通人，甚至对许多社会科学家来说都是一个'无意识'的领域。"③

美国学者拉里·A.萨姆瓦也指出："文化环境对我们生活的影响，在很大程度上都没有被认识。我们在自己文化的环境里成长起来的过程中，文化对我们产生的许多影响都被埋入大脑的原初部位，在很大程度上处于我们的意识层面之下了。"④ 美国学者费丽莫和辛金克借用规范（制度）的"生命周期"的说法，实际上也表达了制度内化成为文化和自我认同的一部分的有效性，她们认为规范的形成要经过一个发展过程，这个发展过程有三个阶段：兴起阶段、普及阶段和内

---

① ［法］费尔南·布罗代尔：《资本主义的动力》，杨起译，生活·读书·新知三联书店1997年版，第5页。

② ［美］莱斯利·A.怀特：《文化科学》，曹锦清等译，浙江人民出版社1988年版，第151页。

③ 同上书，第150页。

④ ［美］拉里·A.萨姆瓦、雷米·C.简恩、理查德·E.波特：《跨文化传通》，陈南、龚光明译，三联书店1988年版，第28—29页。

化阶段。"规范兴起阶段主要靠规范倡导者的宣传鼓动和规范倡导机构的促进并得到国家的支持，将规范推至临界点；规范普及阶段主要是广大行动者对规范的接受，一旦规范超越了临界点，就会迅速扩展；规范内化阶段是行动者对规范的内化，使之成为自我身份和认同的一部分。"①

当然，制度欲内化为人的观念、心理，与文化传统合辙，直至变为文化传统的一部分从而获得其认同性，是需要时间的。时间是制度获得认同性的一个关键因素。其实，制度的合法化也要经历一个过程，只不过本书为了讨论问题的方便，为了集中讨论制度的认同性，假定了"合法化"是人为设计制度的已然具备的特性。就我们所知，现代制度构架的固化在英国用了 183 年，在美国用了 89 年，大部分欧洲国家平均用了 72 年。可见时间对于一种制度的合法化是举足轻重的。同样，制度欲获得其认同性，时间也是一个关键因素。随着时间的推移，正在形成和起作用的制度通过在起作用而逐渐积累起人们对它的信心，即使它没有那么有效。人们需要时间和经验去体验一种制度的价值和有用性，并因此接受和保护它。人们也需要时间和经验去学习如何在此种制度中行为并将此种行为发展成为习惯和文化。②

不论制度是从文化传统中"自生自发"自然演进形成的，抑或是领导者以文化观念为导引建构起来的，制度的形成都有其深厚的文化底蕴。从某种意义上讲，离开文化，制度便是无源之水、无根之木；离开文化，制度的认同性和有效性将无从获得。

第二节　文化对制度形成作用的实践基础

文化在制度形成及其有效性发挥的过程中无疑起着重要作用，并

---

① 参见秦亚青《权力·制度·文化》，北京大学出版社 2005 年版，第 178 页。

② See Fei-ling Wang, *Institutions and Institutional Change in China*, Pre-modernity and Modernization, Macmillan Press Ltd., 1998, p.19.

且制度也维护、巩固、强化着既定文化观念和文化传统，并以自己的方式为新文化观念的形成和积淀输入新质。然而对制度和文化之间关系的分析不能仅停留于此，仅仅指出二者的相互作用还是空洞的，不具有实际意义。为避免陷入二者互相决定的循环论证怪圈，还需找出二者相互作用的中介，并追溯文化作用于制度形成的实践根源。

一　制度对文化的固化作用

探究制度形成的文化成因虽是本书需要着力加以研究的环节和方面，然而就文化、制度双方而言，不仅文化对制度的形成有着重要作用，即不管制度是"自生自发"从文化传统中自然而然衍生出来，还是人为设计受文化观念的导引直接建构而成，文化与制度的形成皆有无法剥离的作用，而且制度还以自己的方式对特定的文化传统、文化观念起着巩固、维护和加强的作用，对一种新文化的形成有所助益。这样，一方面，种种制度本身承载和保持着文化；另一方面，文化作为种种制度的观念内核，又成为制度沿存、演化和变迁中的连续性的"基因"。并且，从文化传统中自发演化和人们理性制定出来的制度规则又必定在人们的心智和观念及人的行为模式中反映出来，在人类的知识存量中增加着新的知识。或许正是意识到文化与制度间的复杂双向作用，格尔兹说："与基因和其他非象征性符号信息源不同（它们只是'目的'的模型，而非'归属'模型），文化模式具有本有的双重特性：既按照现实来塑造自身，也按照自身来塑造现实，它们以此把意义即客观的概念形式，赋予社会和心理的现实。"①

从文化传统中直接生发形成的制度和人为设计的制度，反过来都以自己现实的存在方式将自己所体现的文化传统或所依据的文化观念继续加以推广，渗透在社会生活的各个领域，从而起到固化原有文化传统、强化所依文化观念并内化为每个人的心理的作用。

---

① Geertz, *The Interpretation of Cultures*, New York: Basic Books, 1973, p. 93.

　　制度对文化的强化作用在中国表现得颇为突出。提及中国文化，虽则儒、释、道是中国文化的三大主要传统，且到宋代时出现了三家互释互融的合流状态，并形成了宋明时期的理学思想。然而不可否认的是，儒家思想在中国居统治地位，是中国文化的"主流"。中国几千年的封建社会统治秩序的维持离不开儒家思想对人们思想、行为的规约、范导作用。公元前140年，"罢黜百家，独尊儒术"确立了儒家思想的至尊统治地位，统治阶级的认可和将其制度化的举措强化了这种至尊地位的延续和不可动摇。儒家思想的制度落实使这种思想不再是主观设定，不再是偶然易逝的思想范导，而成为一种客观的、持久的、稳定的行为规约。有学者将自汉代之后、在帝国体系下的儒家，称之为"制度化儒学"（Institutional Confucianism），认为传统中国亦可称之为"国家儒学体制"（State-Confucianism）（金耀基语）。

　　儒家思想之所以能被制度化，根本原因在于它所倡导的思想符合统治阶级进行统治的目的，对维护封建等级制度非常有效。当孔子答齐景公问政而言"君君，臣臣，父父，子子"时，齐景公大喜曰："善哉！信而君不君，臣不臣，父不父，子不子，虽有粟，吾岂而得食诸？"此言可谓封建统治者尊儒、崇儒、倡儒的根本原因所在。几千年的行为规约作用，使这种制度早已固化为人的观念，内化为人的心理，融化在人的行为模式之中。作为中国传统文化主流的儒家文化正是通过制度来体现的。以儒学三纲六纪为代表的中国文化已经具体化为社会制度。"吾中国文化之定义，具于《白虎通》三纲六纪之说，其意义为抽象理想最高之境……其所依托以表现者，实为有形之社会制度。"陈寅恪指出："夫政治社会一切公私行动，莫不与法典相关，而法典为儒家学说具体之实现。故两千年来华夏民族所受儒家学说之影响，最深最巨者，实在制度法律公私生活之方面，而关于学说思想之方面，或转有不如佛道二教者。"①

　　儒家思想的核心是"礼"。"礼，经国家，定社稷，序民人，利后

---

　　① 陈寅恪：《冯友兰中国哲学史下册审查报告》，见《金明馆丛稿二编》，上海古籍出版社1980年版，第251页。

嗣者也。"具体来讲，礼是以"礼义"为思想依托和精神价值追求，以一系列"礼制"为现实制度体现，通过"礼教"（《辞源》释"礼教"为"礼仪教化"）将礼的思想贯彻于婚姻、家族、宗族、继承、身份等社会生活的各个领域。以"君君，臣臣，父父，子子"和"亲亲，尊尊，长长，男女有别"为精神价值核心的礼义思想成为儒家等级制度的灵魂。几千年的封建制度不可谓不变，但万变不会离其"宗"，其中的"宗"即是上述的礼义观念。《礼记·大传》在讲制度、礼义与时代发展的关系时这样写道："立权度量，考文章，改正朔，易服色，殊徽号，异器械，别衣服。此其所得与民变革者也。其不可得变革者则有矣，亲亲也，尊尊也，长长也，男女有别。此其不可得与民变革也。""夫礼者，所以定亲疏、决嫌疑、别异同、明是非也。"基于不可易的"礼义"思想建构起来的封建等级制度严格规定着人的行为、举止，不仅教导人们知晓制度规范，而且通过国家、社会、宗教、家庭等各种教育手段，以礼义来统一人们的思想，指导人们的言行，且这种"礼"观念的推广自孔子倡导"有教无类"以来更是深入到广大民众，成为被中华民众认可的一种制度和思想，并演化为中国文化传统的一部分。

再看西方制度对其所依建立的文化观念的强化作用。"自由、平等、民权"一向被奉为西方人心目中神圣不可侵犯的原则和理念。这些思想经启蒙运动的倡发已在人们心中生根。启蒙思想家系统地论述了人的自然权利，提出了"天赋人权论"、"社会契约论"、"人民主权论"。"契约论"的集大成者卢梭提出了"社会契约论"；"三权分立"学说的奠基人洛克确立了"人民主权论"，主张依法治理国家，法律面前人人平等，反对任何组织和个人享有法律之外的特权。在人们自愿进入政治社会以前他们只服从自然法的指引，自然法规定和保护人的生命、自由和财产权利，并授权他们惩治违法。孟德斯鸠第一次系统地阐述和论证了"三权分立"学说。他认为，国家有三种权力：立法权、行政权、司法权，并主张这三种权力应分属于三个不同的政府部门，三种权力不仅要分立，而且要互相制约，达到权力的平衡，惟其如此才能保障人的自由。基于卢梭、洛克、孟德斯鸠、伏尔泰、狄德罗、爱尔维修等启蒙思想家所倡导的"人民主权"、"天赋人权"的信念，法国和美国都以宣言的形式确立了此种观念的合法性，法国《人权宣言》说："在权利方面，人们生来是而且始终是自由平等的。只有在公共利用上面才显出社会上的差别。任何政治结合的目的都在于保存人的自然的和不可动摇的权利。这些权利就是自由、财产、安全和反抗压迫。"美国的《独立宣言》更为明确地表达了同样的观点："人人生而平等，他们都从他们的造物主那边被赋予了某些不可能转让的权利，其中包括生命权、自由权和追求幸福的权利。为了保障这些权利，所以才在人们中间成立政府。"

此后，一些西方国家以宣言为立国原则建立相应的政治、法律制度。试想，如果自由、平等、人权的观念不以宣言的形式加以明确化，未被确立为制度安排和建构所应依据的观念原则，那么，自由、平等、民主这些光辉的字眼还能否成为今天西方人的重要文化理念和价值原则就颇值得怀疑了。

二　扬弃文化和制度的循环论证

现实中，文化对制度的形成确实产生着重大的影响。制度或是从文化传统之中自然演进而成，或是由领导者以文化观念为导引直接建构而成，文化实实在在地在制度的形成过程中发挥着自己的作用。当然，应当重申的是，文化本身受地理位置、气候、政治、历史等因素的影响，因而也是一个因变量，这增加了探讨文化与制度之间关系的难度。然而无论如何，文化对制度的形成具有举足轻重的作用；另一方面，某种规则一旦作为制度确定下来，又会对人们的思维模式、行为方式、交往方式产生影响，它通过鼓励什么、压制什么、奖励什么、惩罚什么向人们传达行为信息，规范人们的行为，进而调整和改变人们的习俗、道德观念和价值观念，久而久之，制度所传达的信息便内化为人们的心理，积淀为人们的文化观念，成为文化的一部分。就这一方面而言，制度对文化是有决定性和先在性意义的。如果将制度看做某种现实的社会实存，那么，制度对文化的决定作用，就同存在决定观念的唯物主义观点具有了同样的哲学含义。

上述两种情形一旦被加以抽象概括，便形成两种截然相反的观念，即"文化是体制之母"和"制度决定文化"。文化和制度的互动作用前文已作阐述，在此不赘述。尽管"文化是体制之母"和"制度决定文化"都从各自一方的角度阐发了对另一方的影响和作用，然而却似乎陷入了"鸡生蛋，蛋生鸡"的循环论证怪圈。

文化和制度的相互作用是毋庸置疑的，"相互作用表现为互为前提和互相制约的两个实体的相互因果性；每一个实体对于另一个实体说来，同时既是主动的又是被动的"①。仅仅指出事物之间的"相互作用"，对于描述事物之间的关系来讲，还过于简单，有其缺陷和漏洞。正如黑格尔指出的："尽管相互作用无疑是因果关系的最切近的真理，而且可以说它正站在概念的门口，但是正因为如此，就不应当满足于只应用这种关系，因为问题是要获得概念的认识。如果只从相互作用的观点去考察某一内容，那么这实际上是完全缺乏概念的考察方法；我们就会只同枯燥的事实打交道，而在应用因果关系时的关键问题，即对于中介的要求，仍然得不到满足。"②列宁对黑格尔的这段话作了评价："仅仅'相互作用'＝空洞无物，需要有中介（联系），这就是在应用因果关系时所涉及的问题。"③为了说明中介在解释因果关系时的重要作用，黑格尔还以斯巴达人的风尚和制度为例进行了说明。他说："比方说，如果我们把斯巴达人的风尚看做他们的制度的结果，或者反过来，把斯巴达人的制度看做他们的风尚的结果，那么这种看法即使可能不错，但毕竟不能使人最终满足，因为事实上我们既不能理解斯巴达人的制度，也不能理解其风尚。只有当这两个方面，以及表现斯巴达人的生活和历史的其他各特殊方面以概念为基础时，才能有这样的理解。"④

---

①　列宁：《哲学笔记》，中共中央党校出版社1990年版，第178页。

②　同上书，第180页。

③　同上。

④　同上书，第181页。

　　显然，要扬弃文化和制度互相决定的循环论证，关键在于找到文化和制度相互作用的中介。找到中介，便找到了沟通二者的桥梁，找到了由文化达至制度、由制度达至文化的中间环节。于是，"相互作用"和"互相决定"不再是空洞、抽象、不具实际意义的口号，文化和制度的互动变得丰满、具体、实际和更有意义。文化是人创造的文化，是为人的、属人的，作为一种传统、行为模式、思维模式和观念存在，唯有通过人、通过人的行为才能得到对象化的显现和表征；制度作为调整人与人之间关系的规则系统，本来就是用来规范、调节人的行为的，更与人的行为息息相关。于是，人的行为可以作为中介来沟通文化和制度。文化、制度与人的行为的关系，可简单表示为：文化←→人的行为←→制度，其基本含义可解释为：人的行为活动受一定文化观念支配，而由于人的文化观念存在分歧，这种分歧由人所处的社会地位、社会关系、社会立场以及所追求利益的差异造成，不同的文化观念赋予人的行为以不同的目的、动机、理想，并通过人的行为活动表征、外化出来。怀着不同目的、动机、理想，追求不同利益的人的行为在现实中互动必然会产生冲突，制度即是为减少冲突并将冲突限制在一定范围内而产生的确定性的规则。当然，人的行为在互动冲突中有合作，冲突使制度的产生成为必要，合作使制度的产生成为可能；制度通过鼓励什么、压制什么、激励什么、惩罚什么的方式向人们传达行为信息，实现对人的行为的规约和引导作用。通过对人的行为的强制性规约，制度改变着人的行为方式，进而改变人的思维方式、价值观念等，此种信息的长期积淀内化为人的文化观念，成为文化的一部分。

三　文化对制度形成作用的实践根基

　　找到"人的行为"这个中介来解释文化和制度的互动关系尽管避免了"鸡生蛋，蛋生鸡"的循环论证，然而问题却并未到此结束。哲学的本性便是穷根究底之学问，仍需寻找原因背后之原因，这才真正符合哲学之真精神。关于文化在制度形成过程中作用的探讨也不能满足于浅尝辄止，还需寻根溯源。

概括说来，文化对制度形成的作用是建立在实践基础上的。只有在实践的基础上，文化才能够发挥自己在制度形成中的作用。对于自然演进形成的制度而言，首先是因为人类社会实践客观上要求建立制度以规范人们的行为，调节人们之间的关系，所以习俗、惯例、宗教等文化传统因素才能够经过时间的磨砺一步步演化为正式的制度规则。对于理性建构形成的制度而言，领导阶层从社会实践出发，根据对现实情况的分析、判断，结合自身的利益、兴趣、愿望等主观倾向，形成构建某种制度的文化理念，此种文化理念以命令、法规的形式外化出来便成为现实制度。试想，如果社会实践的现实没有建立某种制度的客观需要，那么仅仅依据主观的文化理念构想制度，只能是乌托邦。即使由于领导者的个人偏好强行建立，也会由于缺乏现实的根基迅速夭折。

制度形成的根源在于实践。具体来讲，物质生产实践基础上的交往实践是制度得以产生的根源。

关于制度的产生，马克思说过，制度是"个人之间迄今所存在的交往的产物"[①]。这是马克思关于制度的产生所下的一个定论。然而在阐述制度形成于交往实践的机制之前，又必须对交往实践与生产实践之间的关系作出说明，因为交往实践和物质生产实践是人类紧密相关、不可分离的两种基本实践活动形式。理论界基本认为物质生产实践、处理社会关系的实践和科学实验是实践的三种基本形式。对三种实践形式进行考察不难发现，交往实践始终贯穿其中，交往是一个普遍的总体性范畴，包括物质交往、精神交往和语言交往三个层次。因为交往实践的普遍性，所以有学者将交往实践看做是贯穿马克思唯物主义历史观的基本视野[②]。还有学者认为处理社会关系的实践即是交往实践，而科学实验不能看做是与物质生产实践和交往实践相并列的人类基本实践形式，因为科学实验并非伴随人类社会的产生和发展一

---

① 《马克思恩格斯全集》第 3 卷，人民出版社 1960 年版，第 79 页。
② 参见任平《走向交往实践的唯物主义》，人民出版社 2003 年版。

直存在；科学实验不具有普遍性，而只是少数人从事的实践；科学实验不能离开物质生产实践和交往实践单独存在并发挥其提升生产力的作用。所以，不能把科学实验看做是与物质生产实践和交往实践相并列的人类的基本实践形式。① 具体而言，交往实践和物质生产实践具有如下相互关系：

第一，人类的物质生产实践以交往实践为必要前提和基础。人们在物质生产活动中必须结成一定的关系才能使生产顺利进行。人们只有相互交往形成一定的生产组织，个体的分力才能形成集体的合力，从而将生产顺利进行下去，取得一定的劳动成果。诚然，物质生产实践在人类的生存发展中处于首要地位，人们为了生存，为了满足衣食住行的基本需求，必须进行物质生产，但单个人无法进行生产，为了生产，人们必须结成一定的关系，联合起来达到自己的目的。马克思讲道："人们在生产中不仅仅影响自然界，而且也互相影响。他们只有以一定的方式共同活动和互相交换其活动，才能进行生产。为了进行生产，人们相互之间便发生一定的联系和关系；只有在这些社会联系和社会关系的范围内，才会有他们对自然界的影响，才会有生产。"② 正是由于看到交往在物质生产活动中的地位和作用，所以有学者认为物质生产实践本身即是交往实践，是多极主体间的物质变换过程，并将交往实践看做"马克思在创建新历史观阶段上对全部历史发展和人类本质进行科学分析、深刻洞见和整体把握的基本视野"③。

人类发展的任何阶段都是如此。在人类发展早期，即马克思所讲的"物的依赖"阶段，人们必须结成一定的共同体并互相协作，才能够保证生产的顺利进行，保证人类生存和繁衍所必需的物质资料的获得。从原始社会时期的渔猎、采集等以氏族为单位的生产实践活动，

---

① 参见王孝哲《人类实践的两种最基本实践形式及其关系》，载《洛阳师范学院学报》2002 年第 6 期。

② 《马克思恩格斯选集》第 1 卷，人民出版社 1995 年版，第 344 页。

③ 任平：《走向交往实践的唯物主义——马克思交往实践观的历史视域与当代意义》，人民出版社 2003 年版，第 2 页。

到奴隶社会时期简单的农业、手工业实践都不能离开人们之间的通力合作；在人类历史发展到"人的依赖"关系阶段，分工和合作是如此明确，以致于人们不得不互相合作才能完成一件产品的生产，合作显然是必要的，生产的专门化程度达到了很高的程度。产品的分配同样需要合作，现代的商品经济和社会化大生产就是以频繁、细致的分工协作和全球性的信息交流为前提的；在自由人联合体阶段，"每个人的自由发展是一切人的自由发展的条件"①，人与人之间的互相依赖和合作已达到一个新的层次。生产实践和交往实践是结合在一起的，二者同时发生，互相依赖、互相结合、互相作用，从根本上维持了人类社会的存在，推动人类社会的发展和进步。实践与社会关系是一个过程。没有实践的社会关系和没有社会关系的实践同样不可想象。**"人的**本质是人的**真正的社会联系**，所以人在积极实现自己**本质**的过程中**创造**、生产人的**社会联系**、社会本质，而社会本质不是一种同单个人相对立的抽象的一般的力量，而是每一个单个人的本质，是他自己的活动，他自己的生活，他自己的享受，他自己的财富。"②

　　第二，交往实践的发展和拓展依赖物质生产实践。交往实践是物质生产实践的交往，随着物质生产实践的发展和进步，人类的交往实践相应获得新的形式和手段，并不断拓展自己的范围，提高自己的复杂化和密切程度。交往实践依赖物质生产实践而存在和发展的事实在当今全球化时代得到现实的体现。全球化首先是经济全球化过程，历史发展到"世界历史"阶段是资本到处扩张、到处占领地盘，生产不断扩大的客观结果。全球化的到来使交往程度更加密切、复杂，交往范围更加广泛，交往手段更加丰富。

　　可以说，物质生产实践和交往实践是一而二、二而一的，二者不可分离，紧密联系。交往实践以物质生产实践为根基，在此基础上形成人与人之间的各种关系，包括生产关系、交换关系、分配关系、消

---

　　① 《马克思恩格斯选集》第1卷，人民出版社1995年版，第294页。
　　② 《马克思恩格斯全集》第42卷，人民出版社1979年版，第24页。

费关系等。交往实践现实地产生着人与人之间的各种关系，首先是生产关系，以此为基点扩展到社会生活的各个领域，交往无处不在，社会关系也就无处不在。就此意义而言，交往是社会关系产生的内在机制，它实际地产生人的社会关系。人与人之间的关系产生于实践之中，生产关系和社会关系产生于也只能产生于交往实践过程之中。生产实践以及伴随而来的其他形式的社会实践是根本，制约着人们社会关系和制度的产生。马克思说："任何时候，我们总是要在生产条件的所有者同直接生产者的直接关系——这种关系的任何形式总是自然地同劳动方式和劳动社会生产力的一定的发展阶段相适应——当中，为整个社会结构，从而也为主权和依附关系的政治形式，总之，为任何当时的独特的国家形式，找出最深的秘密，找出隐蔽的基础。"①

制度由人的关系演化而来，制度的形成离不开人与人之间的社会关系，但是有一点需要澄清，即制度不是社会关系。从制度本身的定义可以看出制度是用来调节人与人之间关系的规则体系，但是不能将制度等同于社会关系。社会关系作为人们在生产实践和其他形式的社会实践过程中形成的关系，的确客观上要求制度的存在。但是制度只是从形式上规定人们的行为，规定人们哪些是符合规则的，可以做，哪些是违反规则的，不可以做，至于社会关系的其他方面，诸如人们在社会关系中所处的地位、所拥有的权力、所分配的利益等，制度显然不能给出自己的规定。

那么，为什么人们在社会生产和社会生活中形成的关系客观上要求制度的产生呢？这与人与人的关系本身充满矛盾和制度所具有的调节社会关系的功能紧密相关。

人与人之间社会关系的矛盾是一个对立统一体，既有合作也有冲突，合作和冲突构成社会关系的基本方面。冲突使制度的产生成为必要，合作使制度的存在成为可能。② 虽然仅仅用社会关系的冲突和合

---

① 《马克思恩格斯全集》第 25 卷，人民出版社 1974 年版，第 891—892 页。

② 本书从社会关系的冲突和合作机制来解释制度产生的思想和观点。参见鲁鹏《制度与发展关系研究》，人民出版社 2002 年版，第 118—124 页。

作机制来解释制度的产生，具有局限性和片面性，但是不可否认，若追溯制度形成的最终根源，这是一种有效的、具有说服力的解释视角。

在交往过程中产生的人与人之间的冲突主要是利益的冲突，利益的冲突主要是由于分工、交换、资源稀缺、目标差异等造成的。

分工过程蕴涵着产生冲突的可能性。分工规定了人们在生产中扮演的角色，为人们提供了不同的交往活动空间和交往方式，诚如马克思所说："个人怎样表现自己的生活，他们自己就是怎样。因此，他们是什么样的，这同他们的生产是一致的——既和他们生产**什么**一致，又和他们**怎样**生产一致。"① 分工的出现划定了人们自己的特殊活动范围，形成了不同的利益集团，人们必然要维护自己的利益，由此会由于利益的分化而产生人与人之间的冲突。关于这一点，马克思在《德意志意识形态》中也有明确的阐述："只要人们还处在自然形成的社会中，就是说，只要特殊利益和共同利益之间还有分裂，也就是说，只要分工还不是出于自愿，而是自然形成的，那么人本身的活动对人来说就成为一种异己的、同他对立的力量，这种力量压迫着人，而不是人驾驭着这种力量。原来，当分工一出现之后，任何人都有自己一定的特殊的活动范围，这个范围是强加于他的，他不能超出这个范围。"②

交换领域更是凸显利益矛盾的领域。交换之所以发生，是因为分工的存在，分工使交换成为必需。分工决定了人们只能生产特定范围的产品，为了满足各自的需要，必须进行交换。在交换过程中，首先，社会物质尚未丰富到按需分配的程度，换言之，资源是有限的，资源的稀缺性会使交换过程产生冲突；其次，按照经济学家的基本假设之一："人是理性的。"所谓理性，经济学家指的是当个人在交换中面对现实的选择时，他将挑选"较多"而不是"较少"，以最小的代价获取个人收益最大化是每个理性人的必然选择。"经济人"的获利

---

① 《马克思恩格斯选集》第 1 卷，人民出版社 1995 年版，第 67—68 页。
② 同上书，第 85 页。

动机注定会引起冲突。为了使交换得以进行下去，"那么一般来说每个人的结果将不仅仅取决于他自己的行动，而且还取决于其他人的行动"①。于是，规定和约束人们行为的制度规则的产生便成为不可或缺的。

如果说分工和交换还只是局限在经济领域，那么在政治领域就主要表现为权力的分配和占有。权力作为对既定利益的维护和定型化，总是排斥社会边缘群体进入社会权势统治阶层，利益集团唯恐造成对既得利益的再分配，从而打破既成的社会关系格局，威胁自己的地位和利益。但是社会是不断发生变迁的，社会的阶层也是不断分化和重组的，因而才有了社会结构的改变和完善，才有了社会的进步和发展。社会非精英阶层不会永远甘于被排除在社会主流之外，于是会有抗争和冲突以求打破既有的权力格局，争得一席权力之地。社会非精英阶层由于受自身见识、文化素质等条件的制约还很难对既有的关系格局造成威胁。和他们相比，社会精英更具有远见卓识，更敢于和善于争取自己的应有利益，向权势阶层挑战，打破现存的利益格局，这种冲突更有成效也更具挑战性。

在文化领域还存在价值观、意识、目标选择、愿望、兴趣等的冲突，每个人都有各自的价值取向和兴趣爱好，因而在社会生产和社会生活领域也必然会有冲突。

冲突使制度的产生成为必要。如若任由社会冲突泛滥、扩展而不加控制，社会必定会陷入无序和混乱之中，于是制度的产生成为必要。对此，恩格斯以国家的产生说明了这一点："国家是社会在一定发展阶段上的产物；国家是承认：这个社会陷入了不可解决的自我矛盾，分裂为不可调和的对立面而又无力摆脱这些对立面。而为了使这些对立面，这些经济利益互相冲突的阶级，不致在无谓的斗争中把自己和社会消灭，就需要有一种表面上凌驾于社会之上的力量，这种力

---

① 林毅夫：《关于制度变迁的经济学理论：诱致性变迁与强制性变迁》，见[美] R. 科斯、A. 阿尔钦、D. 诺斯等著《财产权利与制度变迁》，上海三联书店 1994 年版，第 11 页。

量应当缓和冲突，把冲突保持在'秩序'的范围以内；这种从社会中产生但又自居于社会之上并且日益同社会相异化的力量，就是国家。"① 国家在这里可看作政治制度的一种。由此可见制度对于调节人们之间的冲突具有重要作用。

冲突只是使制度的存在成为必要，制度产生的可能性还需要人们之间的合作来给予。

冲突只是人们社会关系的一个方面，作为一个矛盾体，合作是在交往过程中产生的人们之间关系的另一个方面。只有冲突不能保证制度一定产生，人们需要化解冲突，至少需要在某种程度上缓解冲突，以使自己和他人都能够在相对和谐的环境中生产和生活，这是人们进行合作的动机。合作是人活动的方式，它也成为人的生活本身，"也就是物质生活和精神生活、人的道德、人的活动、人的快乐、**人的实质。人的实质**也就是人的**真正的共同体**。离开这种实质而不幸孤立，远比离开政治的共同体而孤立更加广泛、更加难忍、更加可怕、更加充满矛盾"②。合作的动机使人们能够互相达成某种程度上的一致和谅解，减少交往过程中的代价和交易成本。然而，人们之间的交往关系有的是一次性的，有的是重复性的，偶发的交往关系不能够必然凝聚为制度，只有稳定的、多次重复的、摆脱了偶然性和任意性的交往关系形成的规则才能形成制度。马克思说过，人类社会的"规则和秩序，正好是一种生产方式的社会固定的形式，因而是它相对地摆脱了单纯偶然性和单纯任意性的形式。在生产过程以及与之相适应的社会关系的停滞状态中，一种生产方式所以能取得这个形式，只是由于它本身的反复的再生产。如果一种生产方式持续一个时期，那末，它就会作为习惯和传统固定下来，最后被作为明文的法律加以神圣化"③。

制度产生于人们的交往过程之中，冲突与合作使制度的产生成为

---

① 《马克思恩格斯选集》第 4 卷，人民出版社 1995 年版，第 170 页。
② 《马克思恩格斯全集》第 1 卷，人民出版社 1956 年版，第 487 页。
③ 《马克思恩格斯全集》第 25 卷，人民出版社 1974 年版，第 894 页。

必要和可能。冲突与合作作为人类在交往过程中形成的矛盾关系的基本方面，内在地规定着制度具有调节、缓解人们之间的冲突，减少互相之间的交易成本和代价，促进彼此之间的合作的基本功效。

第二章

文化对制度变迁的作用及其限度

　　人们考察制度时通常会以为制度是固定不变的，其实不然，制度变迁才是制度的常态，也即是说制度是以变迁的形式存在的。静止不变是制度存在的相对状态，变迁才是制度存在的绝对状态。制度之所以会发生变迁，是因为：

　　一方面，制度作为调节人们行为的规则系统，为评价人们活动的合理性程度提供依据和尺度，符合制度要求、在制度规范要求之内的人的行为活动是合理的，否则就是不合理的。亦即，制度的规范特性决定了它必然是排斥性的、封闭性的，它不能容纳非常规的、超出制度规约范围之外的行为。制度的规范特性赋予制度调节、引导、规约人行为的作用，但同时也造成了自身的僵化和停滞不前。问题在于，人的行为活动是在时空中不断变化发展的，这是人类社会不断进步、保持活力、避免雷同单调的源泉。如果一味地囿于既有制度去认识或评价变化发展着的人的行为，就不免会将它们视为不合理的"异己"而加以排斥。人类实践活动不断发展的特性要求制度不断突破自身的局限性和僵化性，以变迁的样态存在，从而不断适应变化着的人的实践活动，作为评价、规范人们活动的合理性程度的尺度和标准而不被淘汰。

　　另一方面，任何一种制度都不是完美的。恩格斯指出："历史同认识一样，永远不会在人类的一种完美的理想状态中最终结束；完美的社会、完美的'国家'是只有在幻想中才能存在的东西；相反，一切依次更替的历史状态都只是人类社会由低级到高级的无穷发展进程中的暂时阶段。"① 恩格斯这里所讲的社会制度虽然指称的是一个社会基本的制度安排，具有社会形态的含义，但却不妨碍我们用他的这句话来理解各项具体的制度规则不断向未来发展、日益趋于"善"的特性。制度的发展同世界上任何其他事物一样，有不断发展、趋向完美的本性和倾向。制度自身的不完美及趋于完美的特性决定了不断发生变迁是制度存在的常态。

强调变迁是制度存在的常态并不是取消制度的稳定性、确定性特征，相对静止的特性使人们对制度进行研究成为可能。但是制度不会永远静止不变，正如发展、运动和变化是事物的基本特性一样，变迁也是制度的基本特性，或者说是制度存在的绝对形式。稳定性和确定性只是制度的相对存在样态。影响制度变迁的因素有很多，包括现实的和观念的，内在的和外在的，进步的和保守的等，此处欲阐述文化在制度变迁过程中所起的作用、起作用的内在机制及其作用的限度。文化作为一个观念性因素，其作用及作用的程度虽然很难用量化的、精确的语言描述清楚，但是概括说来，文化对制度的变迁具有促动和阻碍两种作用。如果文化因素能够根据社会历史的发展现实及时自我调适、自我改变，从而获得自身的解放，那么就能成为制度变迁的动力源之一；如果文化因素过于坚守传统，成为保守力量，就会成为影响制度变迁的阻力因。文化濡化和文化涵化是文化影响制度变迁的具体机制。需要强调指出的是，文化作为制度变迁的阻力因和动力因不是相互矛盾的，需要对社会精英文化观念和大众文化观念及其相互关系作出说明，与此同时还需要从制度变迁发展的不同阶段具体展开分析，如此才能正确认识文化在制度变迁过程中的双重作用。充分肯定和重视文化对制度变迁作用的同时要正确评价文化作用的限度，坚持唯物史观，坚持文化只是作为一个不单独起作用的社会变量对制度变迁产生作用；反对过分夸大文化作用的文化史观。

---

① 《马克思恩格斯选集》第 4 卷，人民出版社 1995 年版，第 216—217 页。

第一节　文化作用于制度变迁的具体机制

　　文化如何对制度变迁产生作用？文化影响制度变迁的内在机制又是怎样的呢？概而言之，文化通过濡化和涵化对制度变迁产生影响。文化濡化和文化涵化就是文化影响制度变迁的具体机制。也有学者用不同的词语表达文化濡化和文化涵化概念。美国学者罗杰·皮尔逊曾把文化的传递或传播方式分为两大类：纵向的和横向的。前者即所谓"社会遗传"，后者则称为"文化扩散"。他说："当文化在同一社会内部从一代传至另一代时，我们称这一过程为'社会遗传'。但当文化从一个群体传至另一个群体，从一个社会传至另一个社会时，我们就习惯用这样的术语：'文化扩散'。"① 文化主要通过濡化和涵化机制对制度变迁产生作用。

一　文化濡化与制度变迁

　　文化濡化（Enculturation）是文化人类学家经常使用的一个概念，首先是由美国文化人类学家赫斯科维茨（Melville J. Herskovits）提出的。他说："把人类和其他生物加以区别的学习经验，能使人类在生命的开始和延续中，借此种经验以获得在其文化中的能力，即可称之为'濡化'。在本质上此种意识的或无意识的具有制约作用的过程，是在一种特定风俗的主体认可的限度内运用的。"② 温内克（C. Winick）在其《人类学辞典》中把"濡化"定义为"一个人适应他的文化及学习履行他的地位与职分的功能的过程"③。台湾学者认为

---

　　① 冯利、覃光广编：《当代国外文化学研究译文集》，中央民族学院出版社1986年版，第159页。

　　② ［美］M. 赫斯科维茨：《人及其工作》，纽约1948年版，第39页。

　　③ ［美］C. 温内克：《人类学辞典》，纽约1956年版，第185页。

"濡化"可被"界说为在学习过程中所发生的意识的或无意识的制约作用（Conditioning），经由此种过程，人就获得在其文化中的适应能力"①。由此可以看出，濡化和社会化（Socialization）基本是同义的，甚至一些人类学家直接用"濡化"一词来表示社会化过程。文化濡化主要是指人的文化习得和传承机制。文化是人创造的，是属人的，是人与动物相区别的根本所在，也是一个种族或民族区别于其他种族或民族的最基本标志。和动物只有生物性遗传功能不同，人类具有两种传承功能，一种是生物性传承功能，即人类的生存与繁衍；另一种是人类独有的，即文化的习得与传承，也就是文化濡化，其本质意义是人的学习与教育。

　　人的文化濡化过程即社会化过程主要是通过教育来完成的。社会学家把教育看做人的社会化的唯一途径。法国著名社会学家涂尔干（Emile Durkheim）给教育下的定义是："教育是年长的几代人对社会生活方面尚未成熟的几代人施加的影响。其目的在于，使儿童的身体，智能和道德状况都得到某些激励与发展，以适应整个社会在总体上对儿童的要求，并适应儿童将来所处的特定环境的要求。"② 通过这种系统化的教育，社会向处于成长期的、尚未定型的儿童传播、灌输一定的文化观念及社会价值观，以规范他们的行为适应于社会要求，并使之内化为个人人格的一部分，从而完成文化濡化的过程。

　　在封闭社会中，文化对制度变迁的影响主要是通过"濡化"过程完成的。因为在一个封闭社会中，个人一出生即被宿命地抛入了某种文化氛围之中，通过濡化的文化机制接受此种文化的各种基因。在文化濡化的过程中，个体的人通过接受教育和受某种文化潜移默化的影响作用，认同他所属的那个文化系统，从而成为适应其文化要求的成员。这个过程也就是一个人从"生物人"转变成为"文化人"的过程。人一出生就处在一定的文化氛围之中，受文化传统的包围和熏

---

① 芮逸夫主编：《云五社会科学大辞典》第10册，《人类学》，台湾商务印书馆1970年版，第297页。

② 转引自鲁洁主编《教育社会学》，人民教育出版社1994年版，第8页。

陶，通过濡化，文化塑造我们的人格，支配我们的行动，我们按照文化指派给我们的角色形塑自己的活动，成为一个社会人。在这一方面，社会文化是积极主动的文化施动者，个人作为被濡化的对象，主要是接受文化传达的信息，完成自己的社会化过程。文化对个人的作用通过语言、符号等中介反映到人的意识之中或投射到人的生理—心理系统中去才能真正起作用。语言是社会所有成员在共同的交往实践中创造的表达思想、交流感情、传递文化的工具。这种功能决定了它在文化濡化中的中介地位。语言也是意识的工具。"没有语言社会的帮助，所有的行为都将是无意识的。"① 社会文化系统或文化氛围对人们的影响，通过语言转化为人们的意识。另一方面，人又是自主的决定者，总会冲破传统习惯和文化惯例的束缚去寻求新的解决问题的办法，突破自己原有的行为模式和框架，展露自己的新个性，而变化了的行为必然要求规制人的行为的制度作出相应的调整，于是制度便发生了变迁。

需要指出的是，在封闭社会中，文化濡化的机制往往使得制度以内卷、复制的方式变迁，这种变迁方式使制度很难发生质的变化。近代之前的中国社会是一个典型例子。几千年的中国社会以"礼"作为建构社会的基本文化原则。人一出生即被卷入强大的"礼"文化之中，日日学习实践，耳濡目染，久而久之"礼"成为人们奉行不渝的文化观念，内化为人的文化心理结构。这种文化观念体现在人的行为中，外化为人的行为模式，以此为据，古代中国建立了以"礼"为核心的文化与制度相统一的制度体系。几千年来，文化传统和制度体系之间已经形成了张力，非常稳固，致使古老中国的基本制度可以几千年不发生质的飞跃，在这样一个文化观念和制度高度一体化的封闭社会中，文化往往滞后于制度的变迁，并因而成为制度变迁的阻滞因。更确切地说，文化传统因素扮演了制度变迁的阻力因。

传统是制约制度变迁的重要因素，在阐述这个问题之前，有必要

① ［美］B. F. 斯金纳：《超越自由与尊严》，王映桥、栗爱平译，贵州人民出版社 1988 年版，第 192 页。

对传统加以说明。传统一般被看做是历史陈迹，其实，传统之为传统是因为它不仅是一种历史的存在，还是一种活在现实中的存在。传统具有两个维度的属性：从时间维度上来讲，传统是一条绵延不息的河流，贯穿于过去、现在和未来；从空间维度上来讲，传统又具有空间拓展性，流布于文化成员之间。本体论意义上的传统构成了一个民族的特定生存方式，渗透在民族的血液之中，融于民族的遗传基因之中，成为该民族无法割离的生存因子；知识论意义上的传统是封闭的、完成的，可以被审视、变革、批判与重建。

文化传统成为制度变迁的"路径依赖"因素。制度变迁的"路径依赖"就是所谓的制度惯性。一般而言，制度的变迁是渐进的和缓慢的，是演化性调整而非痉挛性的转换，因为，支持制度运行的基本文化价值系统是相对稳定的；人们学习一种新制度是要付出成本的，因此，制度系统会在相当程度上顺从惯性而不愿意改变既定的制度。直到这种制度严重危害了社会的正常运行，才会迫使统治阶层变革制度。中国清王朝末期的历史说明了这一点。历经五百年的历史，清王朝的统治者都不曾想过要变革既定的制度，只是在 60 年内遭遇了三次战败的耻辱、中华民族面临亡国灭种的危机时，才激发了皇帝变革祖宗之法的决心。道格拉斯·诺斯在北京大学中国经济研究中心成立大会上的演讲中所指出的一条最简单的解释是，当一种社会制度演进到一定的阶段，总是要受既存的文化、传统、信仰体系等因素的制约。"路径依赖"指今天的选择受历史因素的影响。"这也就是说我们的社会演化到今天，我们的文化传统，我们的信仰体系，这一切都是根本性的制约因素，我们必须仍然考虑这些制约因素。这也就是说我们必须非常敏感地注意到这样一点：你过去是怎么走过来的，你的过渡是怎么进行的。我们必须非常了解这一切。这样，才能很清楚未来面对的制约因素，选择我们有哪些机会。"① 因此，"路径依赖"理论对于我们理解中国的制度变迁过程有很大的启示。人们一旦选择了某

---

① ［美］道格拉斯·诺斯：《制度变迁理论纲要》，参见北京大学中国经济研究中心编《经济学与中国经济改革》，上海人民出版社 1995 年版，第 8—9 页。

个制度，就好比走上了一条不归之路，惯性的力量会使这一制度不断"自我强化，让你轻易走不出去"。应该说，任何一个系统在发展演变过程中都具有路径依赖的特征。为什么会有路径依赖性呢？因为传统的存在，制度的演化和变迁是在一定的文化传统的基础上产生的，所以文化传统因素在制度变迁过程中常常扮演阻力因的角色。

二　文化涵化与制度变迁

文化涵化（Acculturation），也称为"文化适应"或"文化潜移"。虽然文化涵化同样也是指一种文化同化过程，但是和文化濡化着重指特定文化系统内成员通过受教育而社会化的过程，侧重本土文化对社会成员的潜移默化作用不同，文化涵化所引致的同化主要指外来文化或非本土文化对本土文化成员的影响。同化的原因是外源性的而非内生性的，是社会成员在社会文化环境的影响下潜移默化，吸取外在文化影响并逐步转化为个人的价值观念、文化心理素质的过程。

赫斯科维茨在《涵化——文化接触的研究》一书中，重申了他和R. 雷德菲尔德（Robert Redfield）及 R. 林顿（R. Linton）在《涵化研究备忘录》中对涵化所下的定义："由个别分子所组成而具有不同文化的群体，发生持续的文化接触，导致一方或双方原有文化模式的变化现象。"[1] 文化涵化是指由于不同民族文化之间的接触、传播而引起的原有文化变迁，是文化变迁的一种形式。文化人类学家指出了多种文化变迁的方式，主要有内部进化和外部借用、传播两种方式。一个民族或者通过本民族内部的发展，如生产技术的改进、生产力的发展促进社会组织结构的变化，进而促进本民族文化的变迁；或者由于和其他民族文化接触，也即通过文化传播促进文化变迁。这里可以看出文化传播与文化涵化关系密切，然而二者又有不同。从学者比（R. L. Bee）在《模式与过程》一书中指出的涵化定义的几个特点可以看出二者的关系："第一，涵化是文化变迁的一种，当两个自立的

---

① 转引自蔡俊生等《文化论》，人民出版社 2003 年版，第 3 页。

文化系统相遇时发生的变迁。第二，涵化是有别于传播过程、创新、发明和发现的一种变迁过程。凡是发生涵化情况的都发生传播，文化特质和思想通过传播的各种渠道被传递到接受文化的一方，产生影响，发生涵化。但传播只是涵化过程的一个方面或一步。"①

　　既然凡是发生文化涵化的情况都发生文化传播，那么，文化传播的规律应该也适用于文化涵化过程。文化涵化或文化传播的规律概括起来有这样几点：第一，文化涵化具有选择性。因为每一个社会都有自己的文化价值观念，所以有的文化因素难以被另一民族确切理解并接受。笔者认为，这种情形在两种势均力敌的文化系统中更常见到。如果两种互相接触的文化系统之间存在明显的势位差，那么选择的作用便会让位于强势文化的输入。先秦两汉文化是我国文化发展史上的一个高峰，汉朝文化在当时的世界上处于强势，此种情形下的异质文化在中国的传播更多取决于中国文化的文化选择取向。佛教于东汉末年传入中国，佛教文化因天生与中国文化具有一种亲和力，佛学中所宣讲的心、性、命与儒道两家的学问似殊途同归，甚为相投，所以中国文化能够以海纳百川的文化融摄力将佛学纳入自己的文化，最终形成了儒、释、道共存互补的学术局面。试想，如果当时的汉朝文化不是强势文化，那么两种文化在接触、交流的过程中，文化输入、文化进化论原则会起主导作用，文化选择规律将退居其后。

　　第二，文化涵化遵循文化进化论的原则。文化进化论虽然具有文化一元论、中心论的倾向，但是却能够解释文化之间的流向问题。因为尽管文化涵化过程中文化之间的作用是相互的，任何一种文化和他种文化接触时不可能只是单纯地接受或施与，作用是双向的，但是文化涵化也具有自己的规律和特点，那就是当一个社会与另一个经济文化上都比较强大的社会接触时，较弱小的社会经常不得不接受较强大社会的很多文化要素。当这种文化吸收非常彻底、完全，以至于不再仅仅局限于某些文化因子时，便出现了文化人类学家所谓的"同化"

---

① 黄淑娉、龚佩华：《文化人类学理论方法研究》，广东高等教育出版社1998年版，第219页。

现象。同化的特征即是"两个文化系统接触时,比较落后的文化自然地吸收先进文化的文化特质和文化丛体,以至完全丧失了自己的文化,而这一群体既已完全丧失了自己的文化特征,结果也就变成了另一个民族"①。值得注意的是,一种文化被他种文化完全同化的情形在各民族文化自觉意识不断觉醒的今天不易发生,较多出现的是强势文化向弱势文化的文化输出现象。

当今世界,文化涵化过程随着各民族文化之间交往的日益扩展和频繁,非本土文化逐渐融入本土文化,被本土社会成员认同和接受。在马克思所说的人类发展的"世界历史"阶段,这种现象尤为突出。马克思讲道:"世界历史"的出现,使得"过去那种地方的和民族的自给自足和闭关自守状态,被各民族的各方面的互相往来和各方面的互相依赖所代替了。物质的生产是如此,精神的生产也是如此。各民族的精神产品成了公共的财产。民族的片面性和局限性日益成为不可能,于是由许多种民族的和地方的文学形成了一种世界的文学"②。在"世界历史"时代,西方文化以其自身的强大优势,凭借其雄厚的经济政治实力,以文化输出者的姿态在全球各地到处安家、落户,传播自己的文化价值理念。当今时代,民族文化是开放的民族文化,凭借全球化构筑的平台,各民族文化获得了更多互相交流、对话的机会,与此同时,也必须面对强势文化带来的挑战。

对于开放的社会、文化而言,文化涵化成为该社会接受其他社会文化因子,促进该社会制度变迁的主要文化机制。以近现代中国的文化发展为例。近现代之前的中国奉行闭关锁国政策,近现代时期的中国不管是因强力威胁被迫打开国门,还是顺应时代发展潮流自觉自主地选择了开放政策,但都以开放的姿态向世界敞开了国门。开放的国门把中国带入了一个与世界各国文化交流、融合的场境之中。西方的各种文化观念以多样的方式涌入中国,独立、自由、平等、民主、法

---

① 黄淑娉、龚佩华:《文化人类学理论方法研究》,广东高等教育出版社1998年版,第225—226页。

② 《马克思恩格斯选集》第1卷,人民出版社1995年版,第276页。

制等观念冲击了中国传统文化观念，观念的变化必然会在人们的行为上体现出来。比如，改革开放之初西方社会对婚姻的看法和观点以及男女相处之道，通过报刊、书籍、媒体工具等传入中国，冲击了中国传统文化对婚姻和家庭的态度和看法，进而导致了离婚率的上升。社会中出现的这种新的行为现象必然促使新的婚姻法律制度、法规和条例的调整、制定。这是文化涵化引致当代中国制度变迁的一个明显的例子。[1] 再比如，改革开放以来，西方的一些生产生活观念、方式及消费观念、方式也以各种各样的形式，通过各种各样的途径传入中国，引起人们思想观念的变化。观念的变化必然会外化为行动，人们在新观念的指引下，选择新的生活方式，新的生活方式在客观上又要求新的生产组织方式与之相适应，于是，社会生产组织形式即社会经济制度发生了变迁。这是由于文化涵化引起人们文化观念变化进而引致社会制度发生变迁的又一例子。[2] 可见，在开放社会中，文化涵化引致的文化观念的变化常常成为社会制度变迁的思想先导。

第二节　文化作用于制度变迁的两种方式

我们无法对作为观念因素的文化在制度变迁中的作用给出定量分析，然而却不妨碍我们对此作出定性描述。概括起来，文化对制度变迁具有促进和阻碍两种作用。

一　文化作为制度变迁的动力因

制度变迁的最终动力来自实践而不是文化观念，人们之间的交往实践不仅产生了制度的需求，是制度供给的主要渠道，而且是制度实

---

① 参见韦森《文化与制序》，上海人民出版社 2003 年版，第 82 页。

② 同上书，第 82—83 页。

现其价值的基本途径，也是制度获得修正、渐趋合理的基本方式。归根结底而言，制度变迁最根本的动力还是来源于社会实践，物质生产的发展水平决定制度的变迁。"生产以及随生产而来的产品交换是一切社会制度的基础；……一切社会变迁和政治变革的终极原因，不应当到人们的头脑中，到人们对永恒的真理和正义的日益增进的认识中去寻找，而应当到生产方式和交换方式的变更中去寻找；不应当到有关时代的**哲学**中去寻找，而应当到有关时代的**经济**中去寻找。对现存社会制度的不合理性和不公平、对'理性化为无稽，幸福变成苦痛'的日益觉醒的认识，只是一种征兆，表示在生产方法和交换形式中已经不知不觉地发生了变化，适合于早先的经济条件的社会制度已经不再同这些变化相适应了。"① 制度变迁受物质生产力水平的制约，不管此种生产力是进步抑或是落后的，并不意味着物质生产力可以直接促动制度发生变迁，也不意味着新的、进步的制度会自然而然地产生。因为制度本身有局限，僵化和保守会阻碍制度变迁。制度的僵化来自其稳定性特征。作为调节人们之间关系的行为规则，稳定性是制度的内在要求，作为激励、惩罚、传达行为活动信息的规则一旦变动不居就会让行为主体无所适从，制度调节人们之间关系、维持社会和谐稳定的功能将无法发挥。

那么，社会物质生产力的条件若已酝酿成熟，制度变迁又该如何发生呢？显然，文化、思想领域的变革又被提到了历史的发展进程之中。不论是哪一种制度变迁模式，文化的作用都不可忽视，文化观念起着重要的导向作用，主要表现为它为制度变迁提供了价值定位和合理性论证，预制了制度未来发展的逻辑框架，建立了制度价值的评估体系。从某种意义上说，文化在制度变迁的过程中扮演着排头兵的重要角色，是制度变迁的重要动力因。诚如丹尼尔·贝尔所说："思想和文化风格并不改变历史——至少不会在一夜之间改变历史。但是它们是变革的必然序幕，因为意识上的变革——价值观和道德说理上的变革——会推动人们去改变他们的社会安排和

---

① 《马克思恩格斯选集》第 3 卷，人民出版社 1995 年版，第 617—618 页。

体制。"① 思想文化领域的变革便成了为制度变迁冲锋陷阵的排头兵。列宁曾经说过,"没有革命的理论,就没有革命的运动"。德国诗人海涅也指出,思想走在行动之前,就像闪电出现在雷鸣之前一样。他看到了由康德开创的德国古典哲学对德国资产阶级革命具有的文化思想先导作用。

物质生产水平未达到建立新制度的发展水平时,文化观念也是先行的。制度变迁需要突破观念的界限,这些既定的观念既是人们相互沟通的基础,同时也是阻碍制度发生变迁的桎梏。制度变迁如果无法突破既定的、不符合时代发展的思想观念,就会走入死胡同。在制度变迁的过程中,充当冲锋陷阵排头兵的通常是那些超越性的文化理念和思想,任何制度变迁都内含着思想观念的首先"解放",观念往往是先行的。任何一个社会都会有社会精英分子,他们最善于从时代发展中捕捉历史的脉动,最善于从劳动人民的智慧中吸收新思想的火花,并将之理论化、系统化。他们敢于向世俗挑战,最先解放思想,打破僵局,成为时代的思想先锋。以新文化观念为依据和蓝图,他们构建新制度,推进制度变迁。

毛泽东从生产关系与生产力的关系角度,阐述了文化舆论和文化思想观念对于社会革命和社会制度变迁的重要作用。他讲道,"从世界的历史来看,资产阶级工业革命,不是在资产阶级建立自己的国家以前,而是在这以后;资本主义的生产关系的大发展,也不是在上层建筑革命以前,而是在这以后。都是先把上层建筑改变了,生产关系搞好了,上了轨道了,才为生产力的大发展开辟了大批路,为物质基础的增强准备了条件。当然,生产关系的革命,是生产力的一定发展所引起的。但是,生产力的大发展,总是在生产关系改变以后"。② 毛泽东所讲的上层建筑,既包括生产关系,也包括文化意识、文化舆论等因素在内。在阐述制造舆论和夺取革命政权、发展新的生产力的关

---

① 庄锡昌等编:《多维视野中的文化理论》,浙江人民出版社 1987 年版,第 332 页。

② 《毛泽东文集》第 8 卷,人民出版社 1999 年版,第 131—132 页。

系时，他说："首先制造舆论，夺取政权，然后解决所有制问题，再大大发展生产力，这是一般规律。""一切革命的历史都证明，并不是先有充分发展的新生产力，然后才改造落后的生产关系，而是要首先造成舆论，进行革命，夺取政权，才有可能消灭旧的生产关系。消灭了旧的生产关系，确立了新的生产关系，这样就为新的生产力的发展开辟了道路。"[1] 实际上，毛泽东关于文化思想与文化舆论等上层建筑的作用的阐述，是对马克思、恩格斯唯物史观的进一步阐发。限于历史条件和当时的革命任务，马克思、恩格斯并没有对文化等上层建筑对经济基础的反作用作充分的阐述，在一定意义上这也为后来的马克思主义研究和实践提供了发展空间。

在西方马克思主义的发展历史上，葛兰西较早意识到夺取文化领导权对社会主义革命胜利和建立社会主义制度的重要性，也正因为此，他成为西方马克思主义文化研究史上里程碑式的人物。[2] 葛兰西的文化领导权思想以对西方资产阶级统治秩序的研究和对推翻这种统治的手段的分析为基点，探索了一条西方资本主义国家的社会主义革命道路。他从西方资本主义社会的政治现实入手，对西方社会的国家、市民社会、知识分子等作了分析，指出由于资产阶级掌握了文化领导权，所以获得了维护、巩固政权的合法途径，社会主义革命要想取得成功，社会主义制度要战胜资本主义制度，必须首先取得文化领导权。葛兰西认为，以有机知识分子为中介对人民群众进行教育，通过"阵地战"策略是夺取文化领导权的有效途径。

葛兰西对文化意识形态问题的关注以及"文化领导权"思想的提出，引领了西方马克思主义研究转向的风潮。西方马克思主义借助于对现代资本主义的全面批判来探求西方社会主义革命的新途径。葛兰西作为西方马克思主义的创始人之一，不仅在哲学思想上实现了对马

---

① 《毛泽东文集》第 8 卷，人民出版社 1999 年版，第 132 页。

② 参见任洁《葛兰西的文化领导权思想研究》，载《东岳论丛》2008 年第 3 期。

克思主义的重新理解，而且对于在发达资本主义国家争取实现社会主义的途径问题，政党、阶级、领袖和群众的关系问题等都作了新阐发，从而奠定了西方马克思主义理论研究的基础。其中的文化领导权理论对西方马克思主义文化研究产生了重要影响。佩里·安德森曾这样描述西方马克思主义研究重心的转移：“西方马克思主义作为一个整体，当它从方法问题进而涉及实质问题时，就几乎倾全力于研究上层建筑了。而且，最常为西方马克思主义所密切关注的，拿恩格斯的话来说，是远离经济基础、位于等级制度最顶端的那些特定的上层建筑层次。换句话说，西方马克思主义典型的研究对象，并不是国家或法律。它注意的焦点是文化。”① 可以说，西方马克思主义研究焦点的这种变化，正是由葛兰西开启的。葛兰西的文化领导权理论，解释了统治阶级在社会各个领域所拥有的政治权力，正是有赖于其首先获得的文化和意识形态领导权，从而获得了被统治阶级积极或消极的认同。以此为突破口，西方马克思主义在其不同的发展阶段，对文化问题给予了不同程度的关注。从与葛兰西同时代的卢卡奇、柯尔施开始，他们从批判经济决定论出发，突出强调了人的主观能动作用和文化的解放力量。

葛兰西的文化领导权思想是对马克思主义理论的继承和发展。马克思主义认为，经济基础决定着政治、法律等上层建筑，而意识形态又受制于政治、法律等上层建筑。这是历史唯物主义的基本观点，葛兰西认为马克思对于操纵意识形态的重要性认识不足。他认为，经济基础决定上层建筑，而在上层建筑内部，市民社会即意识形态，是政治、法律等上层建筑即政治社会的基础。基于以上认识，葛兰西将文化的意识形态职能凸显出来，即统治者借助于文化手段影响并塑造大众的世界观，使其服从于现存的政治和社会秩序。这里的文化“是指彻底的、统一的和在整个民族普及的‘对生活和对人的观念’，是某种‘世俗宗教’，是某种‘哲学’；它应该名副其实地成为‘文化’，

---

① ［英］佩里·安德森：《西方马克思主义探讨》，高铦等译，人民出版社1981年版，第96—97页。

即应该产生某种道德、生活方式、个人与社会的行动准则"①。某一社会集团利用在文化、思想、道德、意识形态等方面所取得的领导权，即"文化领导权"巩固、维护本阶级的统治和阶级利益。

葛兰西的文化领导权思想并非是对马克思关于经济基础是社会历史发展最终决定因素思想的否定，而是在坚持唯物史观基础上对马克思主义关于文化意识形态反作用这一薄弱环节的丰富和发展。他的文化领导权思想有力地矫正了第二国际理论家们的那种庸俗经济决定论，通过强调经济斗争在一定历史条件下的相对局限性，说明意识形态在特定历史条件下具有物质、政治力量。他的文化领导权思想，突出人的主观能动性，提升人的思想意志作用，重视理论与实践的结合与发展。但是，葛兰西又过分夸大了人的思想、意志作用，存在对唯物主义强调不足的理论欠缺。就葛兰西文化领导权思想的理论和现实意义而言，他以对资产阶级统治秩序的研究和对推翻这种统治的手段的分析为基点，探索了一条不同于东方的西方发达资本主义国家的社会主义革命道路。其思想在当今资本主义与社会主义文化意识形态对立冲突的时代条件下具有重要的理论和现实意义。

肯定文化思想观念、文化舆论对制度变迁所起的先导作用和促进作用，在某种程度上可以看做是对马克思历史唯物主义思想的补充，是对文化等意识因素对经济基础反作用的进一步展开。关于文化观念对经济基础的反作用，马克思有所提及，比如，他提到："经济关系反映为法的原则，同样必然是一种头足倒置的反映。……而这种颠倒——在它没有被认识以前构成我们称之为**意识形态观点**的那种东西——又对经济基础发生反作用，并且能在某种限度内改变经济基础，我认为这是不言而喻的。"② 但是，限于马克思所处的历史时代和所面对的理论问题，阐述经济基础的决定作用，阐明历史唯物主义的基本原理是马克思、恩格斯当时需要承担的主要理论使命，这一点后

---

① ［意］安东尼奥·葛兰西：《论文学》，吕同六译，人民出版社1983年版，第2页。

② 《马克思恩格斯选集》第4卷，人民出版社1995年版，第702页。

文还要详细论述。此处只是说明文化观念的先导作用可以看做是对马克思唯物主义思想的补充和进一步展开。

我们还可以通过中国改革开放以来经历的几次大的思想解放，来分析文化思想观念对于中国制度变迁的先导作用。科学、正确的思想解放"就是在摆脱'左'、右等各种错误思维定式束缚后的一种认识升华和观念创新"①。科学、正确的思想解放催生了理论创新，并以新理论为思想前提进一步催生了制度、体制的变革和创新。可以说，科学、正确的思想解放是制度变迁的先导。通过梳理中国改革开放以来经济体制和政治体制变迁和发展的历程，我们可以看出思想解放与经济体制、政治体制变迁之间的紧密关系。

先看中国改革开放以来的经济体制变迁与文化思想观念解放之间的关系。一定意义上讲，文化思想观念的解放是经济体制变迁的先导。对于中国这场自上而下的经济体制改革，文化思想观念的解放尤其重要，因为就文化对制度、体制的作用而言，新制度、新体制的蓝图总是会预先在人的观念中存在，然后才有可能按照思想观念中的新制度对现实中的旧制度进行变革，从而实现制度、体制的变迁。当然，制度、体制发生变迁的原因还涉及诸多因素，比如经济发展、利益变化、制度僵化导致的无效等，而且文化思想观念也不是导致制度、体制发生变迁的最终决定因素，但是文化思想观念的解放是制度发生变迁的先导是毫无疑问的。

中国的改革开放始于1978年5月的关于真理标准的大讨论。这次思想解放打破了"两个凡是"对个人思想的束缚，突破了"个人崇拜"的界限，恢复了党的实事求是的思想路线，为作出全党工作重点的战略转移和实行改革开放的战略决策，奠定了思想基础。早在1977年邓小平就指出"'两个凡是'不符合马克思主义"，提出要"完整地准确地理解毛泽东思想"，1978年又倡导、支持了"实践是检验真理的唯一标准"的大讨论。《理论动态》和《光明日报》分别

---

①　程恩富：《六次思想解放与经济体制改革和发展——专访中国社会科学院马克思主义研究员程恩富研究员》，载《中国社会科学院报》2008年10月9日。

发表了针对"两个凡是"思维定式的理论文章。1978 年 12 月，邓小平又作了《解放思想，实事求是，团结一致向前看》的报告，这在当时解放了思想，更新了观念，为改革开放奠定了思想基础。邓小平反复强调要"解放思想"，并号召全国人民"打破精神枷锁，使我们的思想来个大解放"①。他一针见血地指出："一个党，一个国家，一个民族，如果一切从本本出发，思想僵化，迷信盛行，那它就不能前进，它的生机就停止了，就要亡党亡国。"②

思想观念的解放"是个政治问题，是个关系到党和国家的前途和命运的问题"③。与此同时，邓小平所强调的解放思想不是毫无边界的，不是为解放思想而解放思想，在 1979 年 3 月《坚持四项基本原则》的报告中，邓小平明确指出思想政治上必须坚持四项基本原则，即坚持社会主义道路、无产阶级专政、共产党的领导和马列主义毛泽东思想，这成为进行思想解放的科学边界。

这次思想解放对于经济体制变迁的影响体现在以下几个方面："一是把党的工作重点从抓阶级斗争转移到社会主义现代化建设上来，为探索新的经济体制创造了条件；二是国民经济进入'调整、改革、整顿、提高'新阶段，边调整、边改革；三是开始进行国有工业企业扩大自主权的试点；四是农村逐步推广联产承包责任制，废除人民公社体制；五是开始突破传统计划经济体制，实行计划经济为主、市场调节为辅的新体制，试行对内搞活和对外开放的各项措施；六是坚持国营经济的主导地位，鼓励集体经济、合作经济、个体经济等多种经济形式的发展。"④

1984 年 10 月，党的十二届三中全会通过了《中共中央关于经济体制改革问题的决定》，确立了"社会主义经济是在公有制基础上的

---

①　《邓小平文选》第 2 卷，人民出版社 1994 年版，第 119 页。

②　同上书，第 143 页。

③　同上。

④　程恩富：《六次思想解放与经济体制改革和发展——专访中国社会科学院马克思主义研究员程恩富研究员》，载《中国社会科学院报》2008 年 10 月 9 日。

有计划的商品经济"的新命题，明确提出社会主义与商品经济是可以兼容的新认识，提出了有计划的商品经济的改革目标。

此次思想解放掀起了经济领域的"革命"，对经济体制改革产生了直接作用，表现在："一是开始建立由商品市场、资金市场、劳务市场和技术市场等在内的社会主义市场体系，提倡市场竞争和运用经济杠杆，开始塑造有计划商品经济体制；二是实行厂长（经理）负责制，大力推行以承包责任制为主的多种形式的两权分离企业制度；三是实行调放结合和放控结合的价格双轨制；四是建立'统一计划，划分资金，实存实贷，相互通融'的新信贷体制；五是逐步实施 14 个港口工业城市开放体制，以及珠江三角洲、长江三角洲和闽南厦漳泉三角地区 51 个市县的沿海经济开放区体制。"①

1987 年 10 月，党的十三大报告进一步明确了我国处在社会主义初级阶段，在这一阶段的经济运行中，要通过"国家调控市场、市场引导企业"来推进市场取向的改革。

这次思想解放促进了经济体制改革的较快发展。"一是加快了建立和培育包括要素市场在内的整个社会主义市场体系的步伐；二是加快了缩小指令性计划的速度，转向以间接管理为主的宏观经济调节体系；三是在政策和宪法上正式肯定了私营经济一定程度的发展；四是围绕转变企业经营机制这个中心环节，分阶段地进行计划、投资、物资、财政、金融、外贸等方面体制的配套改革；五是在坚持按劳分配为主体的前提下，发展各种非按劳分配的方式；六是发挥城市的经济中心功能，广泛推动企业之间的横向经济联合和生产要素的重新组合；七是在整顿治理中继续深化金融、工商管理、流通等某些领域的改革。"②

1992 年春天，邓小平的"南方谈话"是新一轮思想解放的起点。邓小平的南方谈话强调计划经济不等于社会主义，资本主义也有计

---

①　程恩富：《六次思想解放与经济体制改革和发展——专访中国社会科学院马克思主义研究员程恩富研究员》，载《中国社会科学院报》2008 年 10 月 9 日。

②　同上。

划；市场经济不等于资本主义，社会主义也有市场，社会主义与市场经济不存在根本矛盾，二者完全可以结合起来。这次思想解放成功地解决了"姓社姓资"问题，明确了社会主义的本质特征，同时强调要始终注意反对资产阶级自由化，指明了中国特色社会主义道路的方向，为建立社会主义市场经济体制、促进国民经济持续快速发展再次奠定思想理论基础。

同年10月，党的十四大报告正式确立了社会主义市场经济体制的改革目标。1993年11月党的十四届三中全会根据十四大的精神，设计了社会主义市场经济体制的基本框架，从而使中国的经济体制改革进入到按照明确目标探索前进的新阶段。

此次思想解放直接促成向社会主义市场经济体制的全方位改革。"一是按照'产权清晰、权责明确、政企分开、管理科学'的基本特征，建立以公有制为主体和公司制为主要形式的现代企业制度；二是取消价格'双轨制'，实现由国家调控的市场自由定价制；三是加速进行计划、投资、财政、金融、房地产和对外关系等领域的体制改革，大幅度地提高了经济的市场化程度；四是建立与完善养老、医疗和失业等社会保障制度；五是在充分发挥市场配置资源的基础作用的同时，积极改善宏观调控机制，逐步实现了'低通胀、高增长'的新局面；六是形成外商直接投资为主的引资格局和引资高潮。"[①]

1997年前后围绕公有制实现形式和社会主义初级阶段的基本经济制度理论是新一轮的思想解放。党的十五大报告首次在党的文献中提出，公有制为主体、多种所有制经济共同发展，是我国社会主义初级阶段的一项基本经济制度。并提出，公有制实现形式可以而且应当多样化。这次思想解放有力地推动了国有企业和国有资产管理改革，为建立中国特色社会主义基本经济制度和分配制度，奠定了思想基础。

这次思想解放促使经济体制改革快速进入攻坚阶段。"一是产权

---

① 程恩富：《六次思想解放与经济体制改革和发展——专访中国社会科学院马克思主义研究员程恩富研究员》，载《中国社会科学院报》2008年10月9日。

交易和资产重组广泛化，国有企业力图通过'抓大放小'而摆脱困境，并实施再就业工程；二是股份制、股份合作制和非公有制发展迅猛；三是整顿金融秩序，防范金融危机；四是部分纠正政治权力经商的体制，禁止军队、武警、公检法等部门经商，打击走私动真格；五是深化科技和教育体制，实施科教兴国战略和可持续发展战略；六是深化农村经济体制改革，建立以家庭承包经营为基础，以农业社会化服务体系、农产品市场体系和国家对农业的支持保护体系为支撑的体制。"[1]

2003 年前后，针对我国经济社会发展中出现的新问题、扩大开放与深化改革进程中出现的经济体制上的对接问题，树立和贯彻落实"以人为本，全面协调可持续的科学发展观"成为新一轮思想解放的主题。

这次思想解放促使经济体制改革进入最后完善阶段。"一是转变经济发展方式，全面推动人口资源环境的可持续发展体制建设。二是开展自主创新和创新性国家的体制建设。三是开展以统筹城乡发展等'八个统筹'为主要内容的统筹兼顾体制建设。四是开展以人为本和民生取向的社会主义和谐社会体制建设。"[2]

再看我国的政治体制改革。在我国政治体制的改革过程中，文化观念也是先行的，变革了的文化观念充当制度变迁的排头兵，成为促进制度变迁的动力因。我国政治体制改革主要是由最高领导层发起、推动与支持的。1978 年 12 月，邓小平在为即将召开的中共中央第十一届三中全会作的《解放思想，实事求是，团结一致向前看》的重要讲话中，最先比较明确地提出政治体制改革的思想。正是在这种实事求是的思想指导下，党的十一届三中全会才彻底抛弃了以阶级斗争为纲的"左"的政治价值观，确立了正确的价值导向，从而为中国政治体制改革奠定了坚实的思想基础。1979 年，邓小平在谈到改革的总

---

① 程恩富：《六次思想解放与经济体制改革和发展——专访中国社会科学院马克思主义研究员程恩富研究员》，载《中国社会科学院报》2008 年 10 月 9 日。
② 同上。

体战略时，提出："我们的国家已经进入社会主义现代化建设的新时期。我们要在大幅度提高社会生产力的同时，改革和完善社会主义的经济制度和政治制度，发展高度的社会主义民主和完备的社会主义法制。……建设高度的社会主义精神文明。"① 这是首次明确提出政治体制改革的目标任务。1984 年，邓小平发表了题为《党和国家领导体制的改革》的重要讲话，尖锐地指出我国政治体制存在的诸多弊端，并深刻分析了以往党和国家"左"倾悲剧的制度根源，指出，如果不改革这种政治体制，不但经济体制改革的成果不能保持，还可能危及党和国家的生存。在这个基础上，党的十三大又把政治体制改革作为重点加以论述，并且具体指出政治体制改革的关键是党政分开。1989年"政治风波"后的一段时间，关于政治体制改革的提法有所淡化，领导层采取了更加务实的政治体制改革措施，亦即采取了寓政治体制改革于经济体制改革之中的做法。党的十四大的召开标志着政治体制改革再次被明确提到了历史日程上来，同时也显示了党中央开始探索以行政体制改革为切入口加快政治体制改革的步伐的决心。在 1997年 9 月召开的党的十五大上，党中央明确提出："继续推进政治体制改革，进一步扩大社会主义民主，健全社会主义法制，依法治国，建设社会主义法治国家。""发展社会主义民主政治，是我们党始终不渝的奋斗目标。没有民主就没有社会主义，就没有社会主义现代化。"2002 年召开的党的十六大报告提出了在全面建设小康社会的历史进程中政治体制改革的目标，即在坚持四项基本原则的前提下，继续积极稳妥地推进政治体制改革，扩大社会主义民主，健全社会主义法制，建设社会主义法治国家，巩固和发展民主团结、生动活泼、安定和谐的政治局面。2007 年党的十七大报告中关于政治体制改革和发展又提出了崭新的命题和重大举措，比如，在继十六大将党内民主视为"党的生命"之后，又提出"人民民主是社会主义的生命"的新命题，表明了中国共产党对民主的重视和推进民主政治的决心；"善于使党的主张通过法定程序成为国家意志"、"建议逐步实行城乡按相同人口比

---

① 《邓小平文选》第 2 卷，人民出版社 1994 年版，第 208 页。

例选举人大代表"、"把政治协商纳入决策程序"、"树立社会主义民主法治、自由平等、公平正义理念"、"必须让权力在阳光下运行"等新命题、新举措的提出也昭示着在继承以往政治体制改革与发展成果的基础上，进一步推进我国政治建设和发展的价值取向和未来目标。

可见，中国改革每一前进步伐的迈出，都有思想解放的前奏，思想解放始终是改革的先声，引导中国制度变迁向纵深发展。在中外历史上，文化观念对制度变迁起积极促进作用的例子还可以举出许多。如：康有为和梁启超进行维新变法运动之前，为了解放人们的文化思想观念，减少变法阻力，为了能给变法运动的新制度构想提供文化动力，先从思想领域进行改良运动，作《新学伪经考》①；英国资产阶级革命的爆发有清教运动作为思想文化的先声；欧洲思想启蒙运动为法国和整个欧洲的资产阶级革命的爆发及此后资本主义制度的建立奠定了文化思想观念的基础。② 可以看出，为了减少制度变革的阻力，人们需要回溯历史，从历史文化资源中挖掘有利于改革的思想和理论，为当下的社会变革服务。诚如马克思所言：人们"战战兢兢地请出亡灵来为他们效劳，借用它们的名字、战斗口号和衣服，以便穿着这种久受崇敬的服装，用这种借来的语言，演出世界历史的新的一幕"③。

二　文化作为制度变迁的阻力因

在制度变迁的过程中，文化的作用是双重的。当文化突破旧有制度模式的束缚，代表制度变迁的新方向，成为先进的、积极的、进步的力量时，文化是制度变迁的动力因；反之，当文化被既有的制度模

---

① 康有为的《新学伪经考》是把自己变法维新所要宣传的理论主张、改制思考，统统挂上孔圣人的招牌，拿孔子来对抗孔子，以减轻非圣无法的压力，达到由古入今、托古改制的目的。通过《新学伪经考》康有为构建了维新变法的完整的理论体系。
② 参见鲁鹏《制度与发展关系研究》，人民出版社2002年版，第54页。
③ 《马克思恩格斯选集》第1卷，人民出版社1995年版，第585页。

式"锁定",成为制度变迁的桎梏时,文化是制度变迁的阻力因,是惰性的和消极的因素。先进的、积极的、进步的文化观念往往最先由社会上的少数杰出人物提出,具有先进的文化观念使他们成为社会的精英,也正是因为有了先进的文化观念才使精英人物成为推动社会历史发展的重要力量。但是,先进的文化观念如果仅仅局限在少数精英人物身上,那么它就只是制度变迁的先导,还难以转化为促进制度变迁的现实力量,只有先进文化观念由少数杰出人物的文化更新意识转化为普遍性的社会意识,才能实现制度变迁由观念到现实的切实转化。同时需要说明的是,在制度变迁的初期,惰性的、阻碍性的文化观念常意指传统观念,此时的传统观念作为一种保守的力量阻碍制度的变迁。当然,传统文化经过转化、创新仍可成为制度变迁的动力因。

社会心理学研究表明,社会的文化、政治和经济之间高度相关,社会是一个有机体。既然社会是一体的,那么,当社会有机体的一个因素发生变革时,其他因素必然会对这个因素的变化和发展产生影响。制度作为社会有机体的一个重要构成因素,其变迁也受制于社会其他因素的制约和影响。文化传统即是一个重要因素。文化传统的差异导致制度变迁的不同方向,是一种制度选择此种变迁方向而非彼种变迁方向的重要原因。比较经济学家 A. 格雷夫在《经济、社会、政治和规范诸因素的相互关系与经济意义:中世纪后期两个社会的状况》一文中,审视了文化、社会因素在制度选择中所起的作用;检验了经济制度、文化与政治制度的相互关系。格雷夫采用比较研究的方法对热那亚商人和马格里布商人在所信仰的文化方面进行了比较,发现二者的差异在于:热那亚商人信奉个人主义,马格里布商人信奉集体主义。信奉个人主义的文化传统能够促进组织的发展,支持"匿名"交易,但是在支持经济体内关系方面缺乏效率,要求高成本的正式组织;信奉集体主义的文化传统在"支持经济体内代理关系方面更富有效率,只需较低成本的正式组织,可能有一个相对有效的团体内部道德和社会实施机制。但是,它限制了经济体间有效代理的形成,限制了个人创新精神，也不利于通过发展适当组织来进行'匿名'交易"①。这种文化上的差异最终导致了两个社会不同的制度变迁路径，并且由于信奉个人主义传统的热那亚商人社会比信奉集体主义的马格里布商人社会更有效率，所以前者最终取代了后者。从这一历史现实看，个人主义社会制度更有效率、更有益，也更能促进经济的发展和增长。在此基础上，格雷夫得出了"制度变迁的轨迹具有路径依赖性"的结论，并分析了三个相关因素："首先，经济制度由文化信仰和组织这两个相关要素组成，由于文化信仰是未经协调的各种预期，经济制度的变迁受其历史的影响；其次，组织发展本身是一个历史过程，在此过程中现有组织和制度影响着个人和社会对外发生变化的反应，也决定着引进新组织的激励，换言之，以前的组织决定了今后制度和组织的发展；最后，制度结构之所以表现出路径依赖，是因为过去的行为、文化信仰、社会结构和组织都影响着价值观念和社会实施机制的发展，从而压制了背离旧有行为模式的灵活性。也即是说，文化传统会成为制度变迁的阻碍因。"②

　　制度变迁总是受到既存的文化、传统、信仰体系等因素的制约。"路径依赖"意味着"我们的社会演化到今天，我们的文化传统，我们的信仰体系，这一切都是根本性的制约因素，我们必须仍然考虑这些制约因素。这也就是我们必须非常敏感地注意到这样一点：你过去是怎么走过来的，你的过渡是怎么进行的。我们必须非常了解这一切。这样，才能很清楚未来面对的制约因素，选择我们有哪些机会"③。

　　制度变迁为什么会有路径依赖呢？因为制度的本性，制度本身具有局限性，作为规范人们行为的规则体系，这种功能定位本身要求制

---

　　① ［美］约翰·N.德勒巴克、约翰·V.C.奈：《新制度经济学前沿》，张宇燕等译，经济科学出版社 2003 年版，译者序言，第 7 页。

　　② 同上。

　　③ ［美］道格拉斯·诺斯：《制度变迁理论纲要》，参见北京大学中国经济研究中心《经济学与中国经济改革》，上海人民出版社 1995 年版，第 8—9 页。

度必须具有稳定性，不能朝定夕改，否则无法向人们传达行为信息，使人们产生无所适从之感，不利于社会的和谐与稳定。因此，一种制度一旦确立，会具有一种惯性，将现存制度"锁定"，初始制度的选择显得尤为重要。"第一，初始的体制选择会提供强化现存体制的刺激和惯性，因为沿着原有的体制变化路径和既定方向往前走，总比另辟蹊径要来得方便一些。第二，一种体制形成以后，会形成某种在现存体制中的既得利益的压力集团。他们力求巩固现有制度，阻碍进一步的改革，哪怕新的体制较之现存的体制更有效率。"① 从制度成本的角度考虑，采取一种新制度显然要比维持旧有制度所要花费的成本高许多，这也是制度变迁产生路径依赖的原因。另外，制度变迁不能凭空产生，它依赖于文化传统。文化传统是制度变迁的"锁定"因素，同时，制度变迁欲获得新的进展，必须立足于文化传统。

　　既然认识到文化传统对制度变迁的重大影响，那么无论是一个民族自主地进行制度变迁，抑或通过某种外在力量实现本民族的制度变迁，都不可能无视文化传统，企图绕过传统的门槛是不现实的。马克思说过："人们自己创造自己的历史，但是他们并不是随心所欲地创造，并不是在他们自己选定的条件下创造，而是在直接碰到的、既定的、从过去承继下来的条件下创造。"② 一定的生产力状况、交往形式、生产关系、文化等传统因素对于特定时代的人们来说，是客观的、既定的、外在的，人们不能超越。希尔斯说过人们活在"传统的掌心"之中，人们无法割断和历史、文化传统的联系，这是人无法逃脱的宿命。这一点在第二次世界大战后美国政府的对日统治政策中体现得尤为明显。无论美国采取何种统治政策，是直接统治日本，还是保存并利用原有的行政机构，对日本而言都将是一次重大的制度变迁历程。这一制度变迁无法脱离日本本民族的历史文化传统。应美国政府的委托，人类学家鲁思·本尼迪克特对日本民族文化的社会遗传、历史文化传统、民族思维、价值观念与行为偏好乃至民族的心理性格

---

　　① 吴敬琏：《何处寻求大智慧》，三联书店 1997 年版，第 355 页。
　　② 《马克思恩格斯选集》第 1 卷，人民出版社 1995 年版，第 585 页。

特征作了剖析。据此美国政府确立了战后对日本的统治制度和政策。日本文化和西方文化不同，日本文化的特征概括起来是一种"耻感文化"，和西方的"罪感文化"不同，其强制力来自外部社会而不是源于人的内心。文化研究得出的结论使日本战后制度的变迁采取了保存利用原有行政机构并保留天皇的制度形式。

三　动力因和阻力因矛盾的解决

文化既可能成为制度变迁的动力因，又可能成为制度变迁的阻力因，这是否意味着文化在制度变迁的过程中扮演着一个矛盾角色呢？答案是否定的。关于文化在制度变迁中所起的作用，需要根据制度发展的不同阶段进行具体分析，同时还需要对社会精英分子的文化观念和人民大众的文化观念的关系作出辩证说明。

1. 扬弃"文化变迁和制度变迁孰为根基"的争论

文化既可能成为制度变迁的动力因，又可能成为制度变迁的阻力因。对这个问题需要分三个层次来分析才能摆脱矛盾的纠缠。

第一，正如前面所分析的，作为促动因的文化是指与制度变迁的发展、演变方向一致的、代表时代发展指向的先进文化；而作为阻力因的文化则多指保守的、与制度变迁的内在要求相悖的、具有极大惯性的传统因素。

第二，在制度变迁的不同发展阶段，文化起着不同的作用。在制度变迁的起始阶段，先进的文化观念促进制度变迁，文化传统大多作为惰性因素阻碍制度发生变化，以维护既定秩序；当制度变迁发展到一定阶段，文化传统经过不断调适，新的因子不断被吸收，进而可能会有一部分文化因素转而变为与制度的内在精神相一致，从而成为制度变迁的促动因。

第三，代表制度变迁发展方向的文化观念往往率先由社会中的精英分子提出并加以倡导。通过矛盾冲突甚至激烈的革命斗争，有可能在社会中依据他们提出的新的文化理念建构新的制度，然后在新制度的约束、形塑下，改变人民大众的行为模式，继而改变他们的文化观念，为既有的文化传统注入新的文化因子。

在这里，似乎陷入了文化变迁和制度变迁的循环论证怪圈之中，文化变迁先于制度变迁，制度变迁同时也决定文化变迁。那么，在现实生活中，究竟应该先培养一种新文化观念以拉动制度变迁，抑或应该先建构一种新制度来改变文化观念呢？此问题在诸如中国这样的后发、"防御式现代化"（C. E. 布莱克语）国家中显得尤为棘手。现代化的过程从某种意义上来讲是一种制度变迁的过程，然而却又不仅仅是一种制度变迁和演化过程，而是一个整体过程，是社会的"格式塔"转换。在从传统到现代的社会转型过程中，文化与制度无疑是两个至关重要的因素，物质因其处于社会有机系统的外层，所以变革起来最容易，不会引起社会变革期间大的社会动荡。与制度相比较，文化关乎人的价值和心理等，是一个社会系统中更深层的因素，更具稳定性和持久性，不易改变。于是产生了社会转型过程中文化和制度的协调、配合问题。后发现代化国家究竟应该先变革制度，还是应该先改变人们的文化观念呢？不同的回答显然会造成不同的行政决策，进而影响整个社会的未来发展进程。理论是从现实中抽象出来的，然而现实却要比理论本身丰富得多、复杂得多。围绕文化变迁和制度变迁有两种典型的观点：

一是认为制度不是一个独立的因素，它的有效运行依赖文化因素的支持，制度的有效性建立在整个社会有机体的协调配合之上。此种观点我们称之为"文化制约论"。

二是认为在现代化过程中，制度是普适的，制度变迁与文化变迁之间并不存在必须同时进行的锁定关系。此种观点我们称之为"制度普适论"。

诺思在《体制，体制变化及经济运作》一书中反复讲到体制与文化的关系，"他谈到体制的演变受到一些'非正式的限制'，它们来自'社会传播的信息'，而这种信息是我们所说的文化的一部分……表现为以语言为基础的记载和解释传感器官传递给大脑的那些信息的一种概念架构"①。诺思将制度变迁的原因归结为人们主观模式或观念的变化，而当他无法进一步解释观念为何变化时，又用制度变迁来加以解释，从而陷入文化变迁决定制度变迁、制度变迁决定文化变迁的循环论证之中。就制度变迁与文化变迁之间的关系而言，显然是制度变迁决定文化变迁，但仍需进一步追问：制度变迁又是由何来决定的？决定制度变迁的最终决定因素是什么？

欲清晰地谈论文化变迁与制度变迁的相互关系，避免陷入二者相互决定的循环论证，需要分两个层面来分析，一是就人类历史的总体发展进程而言，一是就历史之链的某一阶段、某一环节而言。

从归根结底的意义上，制度变迁源于人们的社会生产实践，源于生产力与生产关系的内在矛盾运动。马克思说："必须时刻把下面两者区别开来：一种是生产的经济条件方面所发生的物质的、可以用自然科学的精确性指明的变革，一种是人们借以意识到这个冲突并力求把它克服的那些法律的、政治的、宗教的、艺术的或哲学的，简言之，意识形态的形式。我们判断一个人不能以他对自己的看法为根据，同样，我们判断这样一个变革时代也不能以它的意识为根据；相反，这个意识必须从物质生活的矛盾中，从社会生产力和生产关系之间的现存冲突中去解释。"② 这是马克思不将制度变迁归因于文化观念的改变的原因。

截取历史发展的某一片断，我们仍可对文化变迁与制度变迁的关系作一分析。从某种意义上讲，文化变迁决定制度变迁。这种决定不是发生学意义上的，而是说观念是制度的直接依据。现实中各种因素造成的状况反映在人的观念里，人们依据观念设计制度蓝图。文化变迁决定制度变迁还表现在文化观念的更新往往先于制度的变革。需要指出的是，此处的文化观念主要是少数理论或知识精英率先走出旧有传统文化观念的束缚，提出的适合时代发展的新观念。因为大众的文

---

① [美]塞缪尔·亨廷顿、劳伦斯·哈里森主编：《文化的重要作用——价值观如何影响人类进步》，程克雄译，新华出版社2002年版，第17页。
② 《马克思恩格斯选集》第2卷，人民出版社1995年版，第33页。

化心理和文化观念一旦形成就具有较大的惯性，它的变革需要较长的磨合期。如果说少数精英所持有的文化观念是新的文化观念，那么相对而言，大众文化观念可称之为传统文化观念或本土文化观念。传统文化观念或本土文化观念与制度变迁的磨合过程又需要作具体分析。

制度变迁按其变迁根源来划分，可分为内源性和外源性两种模式。内源性制度变迁的过程是自然而然发生的，制度是其本身蕴涵的文化观念的外化、固化、显化，是"文化基因"编程的结果。在这种制度变迁的模式下，文化观念无疑是制度变迁的推动力量，成为新制度的直接来源。如西方社会孕育的民主、自由、独立的思想意识，国家与教会的二元分离，封建制度中的城市自治传统，罗马法传统对政府的约束，为促进西方由臣民社会向公民社会、身份制度向契约制度、依附关系向交换关系、"习俗—指令经济"向市场经济的过渡准备了有利前提。对于现代制度的源发地来说，一切都是自然而然发生的。诚然，旧有的、封建的、保守的习惯性势力也不会束手就擒，它们也构成阻挠社会制度变迁的强大阻力，然而这种新旧观念和势力的斗争是内在的，没有外在的异质力量介入其中，是发展的必经阶段。而对于外源性制度变迁模式而言，制度变迁却是由于外部因素和异质文化的进入才引发的。此时的传统文化观念往往成为社会惯性力量的堡垒，阻碍制度的变迁、发展与演变。当然，对这种情形也不可一概而论，在外源性制度变迁模式中，传统文化观念在不同的时期起着不同的作用，随社会整体环境的变化大致经历了阻碍、积极、消极三个不同阶段，下面以中国社会制度的变迁为例进行分析：

第一阶段，东西方文明全面碰撞的初期，以儒家文化为主流的中国传统文化对西洋的器物、制度、观念基本上持一种敌对态度，华夏与夷狄相分的观念根深蒂固。然而19世纪中叶的鸦片战争惊醒了没落清政府"天朝上国"的迷梦，迫于救亡图存的压力，他们开始了漫长的改革求索路。从器物层到制度层再到观念层，从洋务运动到戊戌变法、辛亥革命再到新文化运动，一次比一次深入，一次比一次接近传统文化的内核，然而传统文化的惰性力量太过强大以致于使近代中国建立现代制度、走向现代化的历程颇为坎坷。在这一阶段，传统的文化观念无疑扮演了阻碍社会进步的角色。

第二阶段，历史的车轮无法阻挡，"现代化是所有社会唯一普遍的出路"①。随着中国现代化进程的加快，儒家传统文化在新的制度框架中也开始显露出其积极作用。勤劳、节俭、尊重权威、集体价值高于个人价值的文化观念有力地推动了中国的现代化进程，加快了现代制度的建构。这一点已被整个东亚社会制度变迁的事实所证明。

第三阶段，随着中国现代制度的日益完善和国际交往的日益频繁，传统的价值观又日益显示出它与现代制度相悖的要素特征，即人治和裙带之风。以现代市场经济制度为例，如果说重视权威的管理模式在市场经济制度建立初期有利于克服市场的盲目自发性，且更有利于经济社会的发展，那么进入到现代市场经济制度和各项管理制度日益完善的阶段，这种迷信权威、不重视个体价值和创造性的价值观就落伍了，以至于成了社会进一步发展的绊脚石。再如在现代法律制度体系中，相比较于程序烦琐、刻板的法律方式而言，重情理协调和民事解决争端的方式更有效率、更经济，且后者对前者是一种有益的补充，然而一旦人为的"关系"因素成为主导，便会使法律这个"人间天平"发生严重失衡，倒向权、钱、势的一边，最终影响社会的有效运行，引发一系列社会问题，埋下社会不安定的种子。

综上，对文化变迁与制度变迁的相互关系不可简单地做决定与被决定的论断，否则将会陷入"鸡生蛋，蛋生鸡"似的循环论证之中。归根结底而言，文化和制度的变迁皆源于人们的社会生产实践；就历史之链的某一环节而言，文化变迁是制度变迁的直接来源。不仅如此，文化观念的更新也往往先于制度的变革。新的文化观念与制度的磨合情况也需作具体分析，不同的制度变迁类型，不同的制度变迁阶段，文化观念起着不同的作用。对文化变迁与制度变迁的相互关系只有采取审慎、明晰的分析态度，才能有望深入对二者关系问

---

① ［美］列维：《现代化的后来者与幸存者》，吴荫译，知识出版社1990年版，第24页。

题的探讨。①

2. 社会精英和大众文化观念的关系

虽然生活在社会中的每一位成员都对自己生活其中的制度、文化有所感知，但并不是每一个成员都能够准确、清晰地概括、总结、表述自己的观点、看法。批评、革新某种旧的思想观念，创立、倡导某种新的思想观念，并将此种思想观念传播到整个社会成为社会主流思想，更不是大多数社会成员能够做到的。社会成员之间之所以会在接受、创立、倡导新思想、新理论的能力上有所差别，其中的原因除了有一些不可抗拒的先天因素以外，后天所受的教育和从事的职业也是重要原因，换言之，社会分工造成的人的职业的差别在塑造人的个性、发展人的能力方面具有重要作用。社会总是需要一些擅长理论总结和创造新思想、新理论的成员把实践中的经验归纳总结形成理论，这个任务需要专业化人士来承担，这是由社会分工造成的。社会分工形成之后，就有一些人专门从事理论、艺术创造活动，于是出现了专门的所谓知识分子阶层、社会精英。没有天生的理论家，也没有天生的木匠。这里只是从后果论的意义上，将社会成员简单划分为社会精英和社会大众两大类②，以便于说明不同社会成员感知、接受、创立、倡导新理论、新观念的能力的差别对于制度变迁会产生不同的作用。

社会精英人物在社会制度变迁过程中扮演着重要角色，他们的作用主要体现在这样三个方面：第一，社会精英人物善于从社会大众的劳动实践中总结出经验和教训，并将之系统化、规范化，形成思想理论观念；第二，社会精英人物往往能够主动创立或者倡导某种新的、代表社会发展方向的思想观念，进而将此种先进的思想观念传播给社

---

① 关于文化变迁与制度变迁之间的关系及文化在不同的制度变迁模式和制度变迁的不同阶段会有不同的作用的分析，参见任洁《文化与制度关系新探》，载《唐都学刊》2005 年第 5 期。

② 参见曹正汉《观念如何塑造制度》，上海人民出版社 2005 年版，第 74页。

会大众，形成社会主流思想；第三，社会精英人物能够将先进的思想观念运用于社会实践过程中，以先进的思想观念为指导设计未来社会制度的蓝图，并通过实践催生新制度的诞生，从而推动社会制度的变迁。

社会精英分子的文化观念往往领先时代发展潮流，成为促进制度变迁的动力因素，而社会大众的文化观念因其保守性、传统性往往落后于时代发展，成为制度变迁的阻碍因。此处需要着重强调的是：笔者丝毫没有轻视社会大众的倾向。恰恰相反，社会大众由于与日常生活实践紧密结合，经验知识更丰富，头脑更聪慧明敏，因此更有可能作出发明创造的伟大业绩。毛泽东所言"高贵者最愚蠢，卑贱者最聪明"即表达了他充分肯定人民群众在创造历史中的伟大作用。苏联科学院哲学研究所早在 1957 年也说过："决不能忘记：大量的发现和发明不是职业科学家，而是科学中不大闻名的或完全不闻名的人们，民间的发明家作出的。任何人都不能指出，是谁教会人们取火和利用火，是谁第一个创造了弓、箭、锤、斧、锯、头一把犁、纺纱车、织布机、磨坊（手力的、水力的和风力的）、轮毂、货车、船只和其他很多发明，因为他们是许多辈人活动的结果。"①

现实的实践活动的确与广大劳动人民群众紧密联系，理论也只能来源于实践，其正确性、真理性也只能由实践来检验。然而不能否认的是，社会上总有先知先觉者会从劳动者所从事的实践活动中洞悉时代变革的最新信息，敏锐地为时代把脉，从而将劳动人民的实践思想升华为理论，为未来的制度变迁提供理论和思想准备，成为所谓的社会精英。黑格尔在总结哲学的功能时曾将哲学喻为高卢的雄鸡，雄鸡总是黎明即起，意指哲学的预测功能。这实际上不是哲学的专利，先知先觉提出的符合时代发展要求的理论同样具有预测功能。如果理论只是亦步亦趋地跟在实践身后，就不会具有指导、预测，为制度发展规划蓝图的作用。当然，归根结底而言，是实践决定理论和文化观念，然而仅仅一个"归根结底"消解、省略了太多的讨论问题、解决

---

①   李尧：《关于思想解放》，通俗读物出版社 1958 年版，第 14 页。

问题的中间环节，导致这个颠扑不破的真理在现实面前似乎略显苍白无力。

再者，所谓社会精英、先知先觉也并非脱离劳动人民实践，只躲在书斋中穷研史书的"书斋文人"。毋宁说，真正的先知先觉自己也是参加劳动实践的人民大众中的一员，可谓是众人里面脱颖而出的"圣人"，具有丰富的实践知识和真才实学。唯有如此，也才能成为具有进步文化观念的社会精英，为未来中国的制度变迁提出建设理念和理论构想。

第三节 文化作用于制度变迁的限度[①]

文化对制度变迁起着或促进或阻碍的作用。在对此作出分析的基础上，还应该正确评价文化的作用限度。文化究竟在制度变迁过程中起着决定作用抑或只是整个社会系统中不单独起作用、不起决定作用的因素呢？对此问题的分歧折射出不同的历史观。在这个问题上，应该正确估价文化在制度变迁过程中的作用，既不能夸大和绝对化文化的作用，陷入文化决定论，也不能忽视文化的作用，坚持唯物主义的基本观点才能正确估价文化在制度变迁过程中的作用及其限度。

一 制度变迁的实践原因与文化依据

制度作为规范人的行为、调节人的关系的规则，是为人的活动存在的。而人的活动是不断发展变化的，所以为人的活动而存在的制度，其不断发展变迁也成为必然。按照马克思历史唯物主义的基本观点：人的活动就是历史，人们为了创造历史首先必须进行吃穿住用的劳动或生产，这成为人类创造历史的"第一个历史活动"。人的生产

---

① 关于文化作用于制度变迁的限度，参见任洁《"文化热"的唯物史观透视》，载《江西社会科学》2005 年第 12 期。

生活活动是第一位的，它构成人类其他活动的基础，人的生活的全部领域包括文化思想领域也深受这第一个历史活动的影响，文化思想作为社会意识从本质上来讲是对现实生产生活活动状况的反映。

人在生产生活活动中产生两种最基本的关系，即人与自然的关系和人与人的关系。前者解决人生存所必需的生产生活资料问题，后者解决人如何生产、如何分配生活资料的问题。现实中，两种关系不可分离，交织在一起。人类最初的生产活动的进行必须依靠人们之间的合作，以获得基本的生产生活资料。人们之间结成的共同劳动关系就是生产关系。随着人的活动的范围不断扩大、能力不断提高，人与人之间结成的生产关系也不断复杂，同时也派生出人与人之间的其他关系。

人与人之间关系的确定化便是制度。但是由于人从事活动总是以个体为出发点，追求个体需要和利益的满足，而个体所从事的活动不同、所处的地位不同、所追求的需要和利益不同，并且基于此导致的人们对事物、现实、利益的看法不同，所以人与人之间必然会发生冲突。但同时，人的活动还必须以合作为前提。制度的产生一方面是人与人之间关系合作的结果，一方面也是为协调冲突、将冲突限制在一定范围而产生的。或者说，限制冲突、协调冲突本身是人与人之间合作、妥协关系的一种表现。

制度的产生通过规范、调节、稳定人的活动，将人与人之间因立场、利益、需求、思想观念等的差异而产生的冲突限制在一定范围内，也正是因为这种单一、稳定、限制的功能造成制度与人的活动之间的矛盾。人的活动是多样的、变动的，制度的单一性与人的活动的多样性之间有矛盾，制度的稳定性与人的活动的变动性之间有矛盾，制度的强制性与人的活动的选择性之间有矛盾，这些矛盾造成制度与人的活动之间关系的紧张。① 当然，这种紧张关系一方面由制度自身造成，制度约束、调节、限制人的活动的功能要求制度的单一性、稳

---

① 参见鲁鹏编著《实践与理论——制度变迁主要流派》，山东人民出版社2008年版，第5页。

定性，由此造成制度的僵化；另一方面也是主要的方面，是由于人的活动的发展变化，要求制度的变迁。人的生产生活活动以及与之密切相关的由之演化而来的其他形态的生产活动成为制度变迁的根本原因。人的实践活动的变化使得原来对规约、调节、稳定人的活动，进而维系整个社会秩序起积极作用的制度逐渐演变为消极的、阻碍的因素，它越来越成为发展的障碍，制度变迁的发生不可避免。

　　人的理念、动机、目的是制度变迁的直接依据。即使现实条件已经具备，也要通过人这个制度变迁的主体因素来实现。如果说人的活动的变化为制度变迁提供了可能性，那么，人的理念、动机、目的等则是制度变迁由可能变为现实的主观因素。而人的理念、动机、目的等无疑是人的文化观念。当然，作为制度变迁的文化观念因素是对外部现实条件的反映，制度变迁的外部现实条件发生变化，导致人关于制度的理念、动机、目的也相应发生变化，这成为制度变迁的直接依据。所谓直接依据，一方面是指制度变迁受人的文化观念的引导。人的活动包含着目的、动机、理念等文化因素，这是人的活动区别于动物活动的本质特征。按照马克思的观点，物质生产劳动是人区别于动物的本质特征，物质生产劳动使人的活动超越了动物的本能活动，主要在于人的活动是有目的的，人的活动是自己意志和自己意识的对象，是有意识的生命活动。有意识的生命活动把人同动物的生命活动直接区别开来。有意识的生命活动将人从动物界提升出来。有意识的生命活动指人的生命活动包含一定理念、动机和目的。制度变迁源于变化，变化就源自从事活动的人，从事活动的人的观念的变化对制度变迁具有引导作用。比如，社会根本制度的变迁往往受到人们关于社会根本制度的理念变化的引导，当人们关于社会根本制度的理念发生变化，转而追求更公平、更自由，能够实现人的自由全面发展的制度时，社会根本制度的变迁就获得了新的制度理念的引导。再比如，当人们希求获得更大的经济收益，降低交易费用时，经济制度的变迁也获得了新理念的引导。另一方面，文化观念是制度变迁的直接依据是指制度从一种形态变迁为另一种形态总是要体现人的意志、愿望、旨趣、动机、目的、理念，新制度形态是人的文化观念的外化。从这个意义上讲，文化观念也构成了制度变迁的直接依据。

二　唯物史观与文化史观的对立

关于文化在制度变迁中的作用的不同主张实际上反映了历史观的分歧。一种观点过分夸大文化的重要作用，认为文化独立地构成全部社会历史发展和演变的最深刻根源，以文化观念为最终尺度解释和评价社会历史，是文化史观的主张；另一种观点能够客观地分析文化在制度变迁中的作用，仅把文化作为分析考量制度变迁的一个视角，是唯物史观的主张。实际上，如何看待文化在制度变迁中的影响作用和方式，是不同的历史观在文化问题上的折射。文化史观片面、单一地强调文化的重要性，而马克思主义的唯物史观则认为制度变迁的最终决定因素是经济因素，文化作为社会的一个重要因素不能单独起作用，它只能在经济因素起决定作用的基础上发挥作用。文化本身尚待从经济上加以说明，其本身又怎能作为单独因素起决定性作用呢？

马克思关于文化在制度变迁中的作用的直接描述不多，却有许多关于经济基础决定上层建筑的说明，最为经典的是 1859 年马克思在《〈政治经济学批判〉序言》中对历史唯物主义的概括：

> 人们在自己生活的社会生产中发生一定的、必然的、不以他们的意志为转移的关系，即同他们的物质生产力的一定发展阶段相适合的生产关系。这些生产关系的总和构成社会的经济结构，即有法律的和政治的上层建筑竖立其上并有一定的社会意识形式与之相适应的现实基础。物质生活的生产方式制约着整个社会生活、政治生活和精神生活的过程。不是人们的意识决定人们的存在，相反，是人们的社会存在决定人们的意识。社会的物质生产力发展到一定阶段，便同它们一直在其中运动的现存生产关系或财产关系（这只是生产关系的法律用语）发生矛盾。于是这些关系便由生产力的发展形式变成生产力的桎梏。那时社会革命的时代就到来了。随着经济基础的变更，全部庞大的上层建筑也或慢

或快地发生变革。在考察这些变革时，必须时刻把下面两者区别
开来：一种是生产的经济条件方面所发生的物质的、可以用自然
科学的精确性指明的变革，一种是人们借以意识到这个冲突并力
求把它克服的那些法律的、政治的、宗教的、艺术的或哲学的，
简言之，意识形态的形式。我们判断一个人不能以他对自己的看
法为根据，同样，我们判断这样一个变革时代也不能以它的意识
为根据；相反，这个意识必须从物质生活的矛盾中，从社会生产
力和生产关系之间的现存冲突中去解释。无论哪一个社会形态，
在它所能容纳的全部生产力发挥出来以前，是决不会灭亡的；而
新的更高的生产关系，在它的物质存在条件在旧社会的胎胞里成
熟以前，是决不会出现的。所以人类始终只提出自己能够解决的
任务，因为只要仔细考察就可以发现，任务本身，只有在解决它
的物质条件已经存在或者至少是在生成过程中的时候，才会发
生。大体说来，亚细亚的、古代的、封建的和现代资产阶级的生
产方式可以看做是经济的社会形态演进的几个时代。资产阶级的
生产关系是社会生产过程的最后一个对抗形式，这里所说的对
抗，不是指个人的对抗，而是指从个人的社会生活条件中生长出
来的对抗；但是，在资产阶级社会的胎胞里发展的生产力，同时
又创造着解决这种对抗的物质条件。因此，人类社会的史前时期
就以这种社会形态而告终。①

　　这段概括一方面是马克思主义唯物史观的准确、经典描述，一方
面又为一些学者将马克思主义曲解为"经济决定论"提供了口实和材
料证据。从理论本身来看，马克思、恩格斯当时确实过多地强调了经
济的最终决定作用，没有或较少地涉及文化等上层建筑对经济基础的
反作用，然而对一种理论的理解不能脱离作者所处的时代条件和所肩
负的历史使命，否则无法正确阐释此种理论。对此，恩格斯后来有过
解释："此外，只有一点还没有谈到，这一点在马克思和我的著作中

---

① 《马克思恩格斯选集》第 2 卷，人民出版社 1995 年版，第 32—33 页。

通常也强调得不够，在这方面我们大家都有同样的过错。这就是说，我们大家首先是把重点放在从基本经济事实中**引出**政治的、法的和其他意识形态的观念以及以这些观念为中介的行动，而且**必须这样做**。但是我们这样做的时候为了内容方面而忽略了形式方面，即这些观念等等是由什么样的方式和方法产生的。这就给了敌人以称心的理由来进行曲解或歪曲。"① 针对思想家们对马克思主义唯物史观的种种荒谬观念，恩格斯说道："与此有关的还有思想家们的一个愚蠢观念。这就是：因为我们否认在历史中起作用的各种意识形态领域有独立的历史发展，所以我们也否认它们对**历史**有任何**影响**。这是由于通常把原因和结果非辩证地看作僵硬对立的两极，完全忘记了相互作用。这些先生常常几乎是故意地忘记，一种历史因素一旦被其他的、归根到底是经济的原因造成了，它也就起作用，就能够对它的环境，甚至对产生它的原因发生反作用。"② 恩格斯还强调说："物质生存方式虽然是始因，但是这并不排斥思想领域也反过来对这些物质生存方式起作用，然而是第二性的作用，那么，他就决不能了解他所谈论的那个问题了。"③

可见，将马克思主义唯物史观歪曲为经济决定论是全然没有道理的。准确、完整、全面、历史地理解马克思在《〈政治经济学批判〉序言》中的论述是我们正确看待文化在社会发展中的作用的理论基点，站在这个理论基点上，对文化的作用应该明确两点：第一，文化在社会生活中的确起着举足轻重的作用，然而此种作用却是在经济基础决定之下的作用，因而其作用是有限的、被决定的，是第二位的。不发达国家之所以不发达，绝不仅仅是文化、心态的原因，经济、政治的现实才是制约发展的根本原因，才是第一因。按照世界体系论和依附论的观点，不发达国家之所以不发达是因为各国在西方资本主义体系中的不平等经济、政治地位和关系决定的。西方现代国家、世界

---

① 《马克思恩格斯选集》第 4 卷，人民出版社 1995 年版，第 726 页。
② 同上书，第 728 页。
③ 同上书，第 691 页。

性大国走向现代化的道路与殖民地、半殖民地国家日益贫困、落后、边缘化的历史过程，不仅在时间上是重合的，在逻辑上也是互补的。西方资本主义大国依靠对世界殖民地的掠夺、奴役以致杀戮来掠夺财富，化为本国发展的资本。不发达国家并不是生来就贫穷落后的，文化因素不足以说明其落后的原因，至少仅仅从文化角度分析这种不发达状况是不充分的。笔者曾读过《拉丁美洲：被切开的血管》一书，作者用"爱情小说和海盗小说的方式来谈政治经济学"，揭示了不公正的世界政治经济秩序的惊人内幕，给人留下深刻印象。第二，文化因素不单独起作用，它本身有待于从经济基础上加以解释，它无法自我解释，并且它与制度、经济因素相互交叉，不可能机械地截然分开。

总之，追溯历史、描述现实是为了更好地展望未来，对现实的分析永远不是最终目的，未来发展之路的选择才是理论的最终旨归。理性地分析当前的国内、国际形势，客观、正确地看待文化在社会发展进程中的重要作用，才能合理地制定未来的发展目标，也才能顺利地搭建通向未来之桥，从而为建设一个稳定、可持续的和谐社会提供必需的理论支持。

三　文化作为社会有机系统的一个变量

文化因素作为一个重要因素在各国的经济发展中起着日益重要的作用，这已成为人们的共识，文化不再因其复杂性和不易把握性而被作为一个"剩余变量"排除在发展之外。相反，文化日益成为日趋激烈的综合国力竞争中的重要因素，越来越多的国家把提高文化软实力作为重要发展战略。承认并重视文化在经济发展中的作用，实际上反映了新发展观的理论取向。佩鲁的新发展观最先强调文化价值在发展中的重要作用。他指出，经济并不是一种单纯局限于自身的孤立现象，相反，"1. 经济现象和经济制度的存在依赖于文化价值"；"2. 企图把共同的经济目标同他们的文化环境分开，最终会以失败告终"①。

　　尽管人们对文化重要性的认识达成了共识，但是在如何看待文化的作用问题上却存在分歧。如何看待文化的影响作用及其程度实际上是一种历史观在文化问题上的折射。过分夸大文化的作用，视文化为最终决定因素实际上是一种文化史观。主张文化史观的人以文化为分析问题的视角，并且过分夸大文化的作用，以致于往往被文化遮蔽了视野，陷入文化决定论的思想范围。在西方，从文化角度分析问题的学者主要有三位代表人物，一位是托克维尔，他提出美国政治制度之所以行得通，是因为美国文化适宜于民主；一位是马克斯·韦伯，他解释资本主义兴起时，认为它基本上是一种植根于宗教信仰的文化现象；第三位是爱德华·班菲尔德，他说明了意大利南部贫穷和专制的文化根源。② 现代学者秉承三位有影响人物的思想，都强调文化在促进和阻碍进步方面所起的作用。现代学者中过分夸大文化、文明作用的首推亨廷顿。亨廷顿甚至宣称：文明之间的冲突将是现代世界冲突演化过程中的最新阶段，未来的冲突将主要是文明之间的冲突。他说："文化价值观和态度可以阻碍进步，也可以促进进步，可是它们的作用一直大体上受到政府和发展机构的忽视。我相信，将改变价值观和态度的因素纳入发展政策、安排和规划，是一种很有意义的办法，会确保在今后 50 年中世界不再经历多数穷国和不幸民族群体过去 50 年来所陷于其中的贫困和非正义。"③

　　诚然，文化作为一种精神、观念因素的确可以孕育出不同的经济制度、政治制度。从某种意义上说，文化是制度的"先验模式"、"制度之母"，不同的文化模式会有不同的政治、经济制度，使各个民族选择不同的发展道路，这是个客观存在的事实。然而一旦过分夸大文

　　① ［法］弗郎索瓦·佩鲁：《新发展观》，张宁、丰子义译，华夏出版社 1987 年版，第 165—166 页。

　　② ［美］塞缪尔·亨廷顿、劳伦斯·哈里森主编：《文化的重要作用——价值观如何影响人类进步》，程克雄译，新华出版社 2002 年版，绪论，第 7 页。

　　③ 同上书，第 24 页。

化的差异性，把文化视为影响制度变迁的根源性因素，就有了"文化优劣"的比较，从而由一种事实描述转换成了一种价值判断。退一步思考，即使文化是一个民族落后的根源，通过吸收、引进一种进步的文化就能改变民族落后的状况吗？那么，当今进步的文化价值观是什么？是以自由、民主、理性、人权为核心的西方文化吗？当今文化发展的现实似乎表明人类正在朝着自由、民主、理性、人权的方向迈进，从某种意义上而言，自由、民主、理性、人权是人类追求的共同价值，任何一个国家和民族意欲实现现代社会的转型都必须接受这些标志现代社会特性的文化价值观念。但是仅仅从文化观念上实现从传统到现代的转变是没有根基的，最根本的还要建立现代社会的经济基础，使整个国家在经济上强大起来。经济因素比政治因素更稳定，比文化因素更活跃。

　　理论和现实都告诉我们：全然不顾本民族文化传统，"拿来主义"似的全盘西化根本不可能使某个民族摆脱不良境遇，即使有这种可能性，我们也应该考虑到西方文化自身也面临着危机，矛盾重重。西方学者丹尼尔·贝尔在《资本主义文化矛盾》中已经对西方文化自身发展过程中的危机和矛盾作了深刻剖析。在贝尔看来，资本主义从一开始就内含三个重大矛盾，这些矛盾左右着资本主义本身的发展。"第一个矛盾是关于'禁欲主义与获取之间的冲突'，这个冲突涉及资本主义所要求的自我约束的工作态度与获取、占有和消耗需求之间的紧张，后者乃是经济继续增长的基础。工作态度与获取欲望相结合，很好地表述了资本主义的精神。第二个矛盾存在于'中产阶级传统与现代主义'之间。这种传统与现代性之间的紧张关系是由如下两者之间的冲突表现出来的：一方面人们需要使自己的知识生活与社会生活建基于传统成分上，另一方面他们又需要体验新鲜的、不断在变化与前进着的性状，而这些性状又是由艺术到技术的精英文化体现出来的。第三个矛盾可以在道德与法律的分离中找到。有一种需要使个人的行为和社会关系建基于共同体气质的非正规机制上，而这种需要在晚期资本主义社会中正被另一种需要取代，就是将规章和程序形成一套法典，作为法律机制。社会关系因此而正规化，且基本上具有契约束缚性质。"①

　　资本主义本身内含的矛盾和冲突折射出孕育资本主义的西方文化所具有的内在矛盾和危机。加之文化只是作为社会有机系统的一个变量，认识到这两点意味着我们不能把发展的希望完全寄托在文化上，经济仍然是发展的第一要务。此外，在建设新文化的过程中要树立成熟、理性的发展理念，即决不照搬西方文化，而是立足于本国实际状况，制定相应的经济、政治、文化发展战略，培育相应的先进文化理念，这才是建设未来文化的可取可行之策。

---

　　① ［美］郝大维、安乐哲：《先贤的民主》，何刚强译，江苏人民出版社 2004 年版，第 39—40 页。

第三章

文化对近现代中国制度变迁的作用

　　从文化视角对制度的形成和变迁作一般性分析之后，以近现代中国的制度变迁为个案进行分析似乎更能比较明确地看出文化在制度变迁过程中所扮演的角色。这种分析可看做是对理论分析的佐证和补充。因其具体性和实例性特征，所以使得理论分析更具说服力，同时也为更好地理解中国的制度变迁历程提供了文化阐释的空间。之所以选择近现代中国的制度变迁作为个案分析对象，是因为：

　　其一，中国是后发现代化国家之一，它在走向现代化的过程中，在进行现代化的制度变迁过程中，遭遇到的文化传统与现代制度的合辙问题、文化传统的更新问题等，反映了后发现代化国家在现代制度变迁的过程中，在建立市场制度、走向政治民主的进程中必须面对的一系列问题。

　　其二，中国的文化源远流长，一直受到西方学者的关注，其中，德国学者马克斯·韦伯尤为关注资本主义制度源发于欧洲而未在中国产生的文化原因，并引发了此后一系列关涉文化的大讨论。提出韦伯对中国文化的关注只是想说明，中国的文化颇具代表性，在西方学者眼中，中国文化和现代制度、资本主义制度的关系研究很有价值。

　　其三，以中国制度变迁为分析样本是从全书所要解决的问题出发，即力图从文化视角对近现代中国的制度变迁作一分析，阐述文化在中国制度变迁过程中所起的作用、起作用的方式和作用限度，以期能对未来中国的制度建设和文化转型提供可资借鉴的理论观点，发挥文化对中国制度变迁的思想导引、文化认同和制度评价作用，促进未来中国的制度发展。

进言之，之所以将中国近现代这一阶段的制度变迁历程作为分析范本，是因为直到鸦片战争之前，中国的制度基本上是"内卷"、"自我复制"的，几千年的封建专制史演绎的就是旧王朝没落、腐朽、农民起义、新王朝兴起的王朝更迭史，这正是应了三国演义的开篇语："话说天下大势，分久必合，合久必分。"有学者认为，中国几千年的一治一乱的王朝更迭史只是一种循环，而循环是一种重复，没有发展，从而也就不能称之为历史。马克思以印度社会为例也表明了他对历史的此种含义的观点。他说："印度社会根本没有历史，至少是没有为人所知的历史。"① "我们通常所说的它的历史，不过是一个接着一个的入侵者的历史，他们就在这个一无抵抗、二无变化的社会的消极基础上建立了他们的帝国。"②

在马克思看来，造成印度、中国等东方社会"停滞性"的直接原因在于东方社会经济结构的"稳定性"，即东方社会内部农业和手工业的牢固结合。"这些自给自足的公社不断地按照同一形式把自己再生产出来；当它们偶然遭到破坏时，会在同一地点以同一名称再建立起来，这种公社的简单的生产机体，为揭示下面这个秘密提供了一把钥匙：亚洲各国不断瓦解、不断重建和经常改朝换代，与此截然相反，亚洲的社会却没有变化。这种社会的基本经济要素的结构，不为政治领域中的风暴所触动。"③ 这是一种"静止的社会状况"。正是在这个意义上，马克思认为"印度社会根本没有历史"，而中国则像一个"保存在密闭棺材里的木乃伊"。但是，伴随着西方资产阶级的入侵以及各民族进入普遍交往的世界历史时代，东方社会开始面临着不同的历史命运。④ 中国也正

---

① 《马克思恩格斯选集》第 1 卷，人民出版社 1995 年版，第 767 页。

② 同上。

③ 《马克思恩格斯全集》第 23 卷，人民出版社 1972 年版，第 396—397 页。

④ 参见涂成林、杨耕《论马克思东方社会理论的生成逻辑》，载《哲学研究》2007 年第 12 期。

是自鸦片战争开始，被西方列强以战争的方式打开国门才结束了闭关锁国的局面，在拯救民族危亡的历史主题下开始了现代化的早期探索，一些有识之士提出了关于现代化的具体主张，至此，中国才有了发展、变化，也才具有了马克思意义上的真正的历史。

　　自鸦片战争以来的中国近现代历史①，经历了几次大的制度变迁，

---

　　①　这里涉及中国近现代历史的分期问题，对于此问题学界有争论：有学者认为，自1840年鸦片战争以来中国历史上只有两个标志性的事件，即辛亥革命和改革开放。所以，中国近代以来的历史要以辛亥革命和中共十一届三中全会断限，辛亥革命到三中全会是一个历史时期，三中全会之后是另一个历史时期；有学者主张以1840年以来中国历史上发生的标志性事件作为历史断限的根据，认为鸦片战争的爆发、中华人民共和国的成立和三中全会的召开是标志性事件，所以鸦片战争至今的中国历史可以分为三个时期，即鸦片战争至新中国成立之前为近代历史，新中国成立之后到十一届三中全会为现代历史，十一届三中全会之后为当代历史；还有学者主张，根据唯物史观，给历史进行断限应当主要依据社会形态的变化。中国近现代历史上导致中国社会形态发生变迁、社会性质发生变化的事件有两个，一是鸦片战争，标志中国由封建社会进入半殖民地半封建社会，一是中华人民共和国的建立，标志中国由半殖民地半封建社会进入社会主义社会。而辛亥革命作为一场不彻底的资产阶级革命，没有改变中国社会的性质。五四运动改变的只是中国革命的旧民主主义性质，并没有改变中国社会的半殖民地半封建性质。十一届三中全会以来的中国建设和发展的历史是对社会主义制度的自我完善和发展，也没有改变社会主义社会的性质。由此，中国近现代历史的分期便获得了科学的划分依据，因而也变得明晰，即：自1840年鸦片战争爆发至新中国成立的历史为中国近代史，新中国成立后的历史为中国现代史或中国当代史。笔者认同关于中国近现代历史分期的第三种观点［参见朱佳木《警惕在中国近现代历史断限问题上的"理论陷阱"》，载《理论研究动态》（中国社会科学院邓小平理论和"三个代表"重要思想研究中心主办）2009年第4期］。明确了中国近现代历史的断限之后，可以说在中国近现代历史上，涉及几次重要的制度变迁，或者是宏观层面上社会根本制度的变迁，或者是微观层面上具体制度的变迁，前者如中华人民共和国的建立，后者如改革开放以来经济体制和政治体制的变迁。至于鸦片战争时期的制度变革，笔者认为属于微观层面的制度变革，因为戊戌变法旨在变革中国的政治体制，希望通过君主立宪使中国走上近代化道路，属于资产阶级改良运动。辛亥革命旨在从根本上改变封建君主专制的社会制度，建立资产阶级民主共和国，是一次伟大的资产阶级民主革命，然而却以失败告终。

鸦片战争时期早期现代化探索过程中的制度变革、辛亥革命、中华人民共和国的建立、改革开放以来的经济、政治制度变迁。中国近现代历史上的这几次大的制度变迁，既包括宏观层面上社会根本制度的变迁，也包括微观层面上具体的经济、政治制度变迁。本章即是以中国近现代以来的几次大的制度变迁为主要研究个案，分析文化在这几次大的制度变迁中所起的作用。

第一节　从传统到现代：中国制度
变迁的现实情境

对现代化的研究可从多层次、多角度进行，本书无意过多地纠缠于对现代化理论本身的研究，只是为分析中国近现代制度变迁提供历史的和现实的背景。对于近现代中国来讲，现代化是不可逃避的历史发展趋势，不管这种转型是自愿自发、抑或是被外力强制的，现代化都是必然要经历的社会转型过程。基于本书的立意，可以着力于从现代化作为一种社会发展进程所具有的系统性、整体性进行阐述，以揭示近现代中国在制度变迁过程中，由于现代化过程或者说由于制度变迁模式的强制式特征，引致的制度与文化的种种冲突与矛盾。

一　现代化与西方文化的亲缘关系

现代化作为一种起始于西方波及整个世界的人类历史的运动、变化和发展过程，是西方文化孕育出来的产物，与西方文化传统之间具有天然的亲缘关系。文艺复兴、启蒙运动是催生现代化的最直接的文化思潮。同时，因为现代化起源与资本主义起源无法剥离，所以在某种意义上，对现代化起源文化基础的追溯便与对资本主义起源文化基础的追溯相等同。在这一点上，马克斯·韦伯、韦尔纳·桑巴特从"入世苦行"、"贪婪攫取"两个相互对立的文化角度对资本主义的起源作了开创性阐释。现代化理论本身是一种文化意识形态，是社会科学界与美国政界联手推出的为推动本国自身的现代化而创造出的理论形态。

尽管现代化与西方文化有不解的亲缘关系，现代化理论也是西方社会科学界有意为之的"文化工程"，但是这并不意味着现代化等同于西方化。现代化的模式不是单一的，各民族完全可以根据本国的历史基础、自然基础、文化传统及所处的国际环境，选择适合本国发展的现代化模式。

1. 现代化是西方文化的一种承诺

按照美国学者郝大维、安乐哲的看法，"现代化作为沿着某种政治、经济和技术规则发展而出现的成型的制度和社会"，"从某种意义上说……无非就是使现代冲动的某些方面制度化的进程"[1]。它作为一个历史概念，指称一种历史上已经发生的和正在发生的社会过程和文化阶段。现代化既然是迄今正在进行的历史运动，那么其发源地在何处？这种历史运动又将指向何处呢？对现代化的这两个维度，有学者指出："所谓现代化，就是指自欧洲文艺复兴以来迄今为止进行着的由西方而逐渐波及整个世界的人类历史的运动、变化和发展过程。"[2]现代化不是单纯经济因素造成的结果，经济因素本身并不构成社会变迁的充分原因。换言之，经济条件并不保证现代化的必然实现，文化因素是现代化得以诞生的"特殊机动力量"，人们必须要有"一种心理，愿意接受有利于现代化改变的各种价值和主意"[3]。现代化运动肇始于西方，显然，动力和动因来源于西方国家内部，是西方文化孕育出来的产物，不是从外部强加的结果。现代化与西方文化传统之间有着天然的亲缘关系，是西方文化的一种承诺。

---

① ［美］郝大维、安乐哲：《先贤的民主》，何刚强译，江苏人民出版社 2004 年版，第 18 页。

② 何中华：《"现代化"概念辨析》，载《山东大学学报》（哲学社会科学版）1995 年第 1 期。

③ ［美］艾恺：《世界范围内的反现代化思潮——论文化守成主义》，贵州人民出版社 1991 年版，第 8 页。

广义地说，现代化实际上从西方的文艺复兴时代就已经开始了。13—16 世纪，在欧洲历史上出现了"人类以往从来没有经历过的一次最伟大的、进步的变革"①，这就是发源于意大利并波及整个西欧的文艺复兴运动。文艺复兴运动当时所处的 14 世纪，一方面西欧资本主义尚处于萌芽阶段，资产阶级作为新兴阶级，羽翼尚未丰满，十分弱小；另一方面，中世纪的宗教神学还牢牢禁锢着人们的思想。在这样的时代背景下，文艺复兴运动面临的首要任务便是摧毁教会的统治。于是，文艺复兴的斗士以复兴希腊罗马古典文艺为大旗，与封建教会精神统治展开斗争。文艺复兴是对欧洲中世纪基督教文化艺术的一种反动。它揭露和批判了中世纪教会的黑暗统治，推崇科学和理性，追求和张扬人的个性，以"人性"、"人权"、"人道"来反对"神性"、"神权"、"神道"，极大地解放了人们的思想，并直接孕育了欧洲近代资产阶级文化。恩格斯曾高度评价文艺复兴在历史上的进步作用，他写道："这是人类以往从来没有经历过的一次最伟大的、进步的变革，是一个需要巨人而且产生了巨人——在思维能力、激情和性格方面，在多才多艺和学识渊博方面的巨人的时代。"②

继文艺复兴之后的启蒙运动是催生现代化的另一个重要的文化思潮。启蒙运动为现代化的诞生准备了必要的精神前提。启蒙运动开启了人的理性，启蒙学者号召人们"公开地运用自己的理性"，驱除迷信，克服盲从。在启蒙学者看来，世界万物存在一种自然秩序，并不存在什么上帝。这种自然而然的秩序可以被人们的理性所揭示。而以往人们之所以认识不到这种秩序，是因为人们不能运用自己的理性独立进行判断和思考。这一方面是因为在传统的中世纪社会，统治者为了维护自己的统治（尤其是神权统治）而欺骗被统治者，迫使他们相信上帝创造一切，宇宙间的秩序也是上帝所赋予的；另一方面是由于被统治者"自己所加之于自己的不成熟"（康德语）。被统治者的不成熟就体现在他们没有勇气运用自己的理性独立判断事物。在文艺复兴

① 《马克思恩格斯选集》第 4 卷，人民出版社 1995 年版，第 261 页。
② 同上书，第 261—262 页。

吹响解放思想、张扬人的个性的思想号角之后，启蒙思想家们的主要任务便是开启民智，唤醒人们勇于运用自然赋予自己的理性，去追求自由、平等、博爱、人权、幸福和发展。从这个意义上讲，启蒙时代也就是理性时代，理性的运用破除了人们对教会、国家、阶级等的无知和偏见。"启蒙运动的思想家们把理性的智慧从哲学家的头脑中转移到广大群众的头脑中，深入浅出地介绍和鼓吹理性与科学，用理性的光辉为人们照耀前进的路途，对封建势力和宗教迷信给了重创。"①从而，启蒙运动在打破旧文明的同时，呼唤着新文明的到来。这种新文明便是对神示权威的拒斥，对超越现实根源知识的拒斥，预示着以工业化、世俗化、市场化等为特征的现代化的到来。而现代化的这些特征无疑都是理性主义传统孕育出来的文化后果。

考察现代化与西方文化之间的亲缘关系，从一定意义上而言，也就是追溯资本主义起源的文化基础。因为现代化的起源与资本主义的起源是一个无法剥离的过程。关于资本主义的起源，马克斯·韦伯是一个无法绕开的学者，他在《新教伦理与资本主义精神》一书中对资本主义起源的精神文化基础作了回答。韦伯认为，资本主义制度之所以首先在欧洲兴起，宗教在其中起了重要作用。他认为，宗教改革之后，信奉新教尤其是信奉加尔文教的信徒，在工作、生活及处事态度上和过去的传统状态下有很大的不同。加尔文教派的信徒非常虔诚，他们信奉加尔文所宣扬的预选说教义，想通过自己各方面的努力证明自己有资格成为上帝的选民，从而能够得到终极的拯救。为了成为上帝的选民以得到最终的救赎，他们努力工作，视世俗的职业劳动为一种义务，并克制自己日常的欲望至最低程度，奉行禁欲主义。这种工作和生活伦理观念引起了生活领域的极大变化，促进了社会各个领域的"理性化"。在韦伯看来，新教伦理"无意中"创造出了强有力的"资本主义精神"，新教伦理所表现出来的入世苦行精神，在日常生活实践中促进了合理资本主义的形成及合理经济活动的开展，从而成为

---

① 周来祥主编：《西方美学主潮》，广西师范大学出版社1997年版，第554页。

合理资本主义或经济理性化精神的文化源泉。由于有了精神上源源不绝的活力，资本主义的种种制度逐渐成形，也因为这种机缘，所以才在欧洲诞生了我们见到的"西方现代资本主义"。①

　　显然，在韦伯看来，正是由于对人的"获利欲望"进行"理性的节制"的基督教精神促进了资本主义精神的形成。在基督教伦理即新教伦理与资本主义精神的关系上，韦伯认为："获利的欲望、对营利、金钱（并且是最大可能数额的金钱）的追求，这本身与资本主义并不相干。这样的欲望存在于并且一直存在于所有的人身上，对财富的贪欲，根本就不等同于资本主义，更不是资本主义的精神。倒不如说，资本主义更多地是对这种非理性欲望的一种抑制或至少是一种理性和缓解。不过资本主义确实等同于靠持续的、理性的、资本主义方式的企业活力来追求利润并且是不断的再生的利润。因为资本主义必须如此：在一个完全资本主义式的社会中，任何一个个别的资本主义若不利用各种机会去获取利润，那就注定要完蛋。"② 那么，资本主义与人的贪欲之间到底有无关系？如果有关系又是一种什么样的关系？韦伯在《新教伦理与资本主义精神》一书中曾经援引富兰克林的论述，富兰克林认为贪欲与商品经济之间具有内在关系。他认为，"富人如果没有谋取更大量的获得物的欲望或愿望……几乎是不可思议的。假如富人节制他们的欲望或愿望，他们未加利用的多余的财富，和未经开采的矿山的矿石一样没有用处"③。"因此，我们断定，营利是一切交易往来或贸易的最初动力，勤劳和满足我们欲望的要求是起媒介作用的动力。"④ 但是，韦伯认为资本主义的产生与人的贪欲之间没有必然的关系，他这样写道："资本主义精神与前资本主义精神之间的区别

　　① 参见顾忠华《资本主义与中国文化——韦伯观点的再评估》，载《政治大学社会学报》（台北）第二十七期。
　　② ［德］马克斯·韦伯：《新教伦理与资本主义精神》，于晓、陈维纲等译，生活·读书·新知三联书店1987年版，第7—8页。
　　③ 《富兰克林经济论文选》，商务印书馆1989年版，第51页。
　　④ 同上。

并不在赚钱欲望的发展程度上。自从有了人，就有了对黄金的贪欲。"① 而资本主义的产生源于资本主义精神，即新教伦理倡导的节俭、勤勉和克制享受的禁欲主义，正是由于这种资本主义精神制约了人的贪欲才促进了资本主义的产生。

与马克斯·韦伯对资本主义起源的精神文化基础的分析不同，德国学者韦尔纳·桑巴特认为对资本主义的起源具有关键性意义的是"贪婪攫取性"，而不是"禁欲苦行主义"。桑巴特指出，奢侈促进了资本主义经济的发展，这一点是公认的。奢侈，更准确地说，对奢侈品需求的增长在现代资本主义的起源中扮演了一个重要角色。② 他用历史实证方法证实奢侈与现代资本主义起源之间的关系。

就奢侈与贸易的关系，桑巴特认为，随着奢侈品消费的增长，资本主义主要在零售业中逐步成长起来，因为：第一，作为奢侈品的商品具有较高的价值，并以极大的数量率先走向市场。这客观上要求资本主义的组织形式与之相适应；第二，消费奢侈品的顾客群刺激了资本主义的发展。这些顾客要求最精致的商品、最完善的服务，甚至这些追求完美时尚的顾客从不支付现金，甚至根本就不付钱。这种赊销体制大大降低了资本周转速度，使经营奢侈品的商人被迫不断地聚集大量的资本。③

就奢侈与农业的关系而言，中世纪，富人对精致羊毛织品的需求增大了市场的羊毛需求量，耕地变牧场的"圈地运动"在意大利南部、西班牙和英国逐渐盛行。农业也因此成为资本主义发展的直接推动力。在桑巴特看来，虽然现今的研究夸大了被变为牧场的土地范围的大小，但是，一场以大规模的农业资本主义经营为取向的运动确实滚滚而来并一直持续到 18 世纪。对现代资本主义的起源来说，这场

---

① ［德］马克斯·韦伯：《新教伦理与资本主义精神》，于晓、陈维纲等译，生活·读书·新知三联书店 1987 年版，第 40 页。
② 参见［德］维尔纳·桑巴特《奢侈与资本主义》，王燕平、侯小河译，上海人民出版社 2005 年版，第 167 页。
③ 同上书，第 188—189 页。

运动有两方面的意义："首先，它创造了资本主义的组织形式；其次，它通过减少小型独立农场生产充足粮食所需的土地，进而促进资本主义工业的发展。这一切必须归功于奢侈。因为佛兰德尔、布拉班特和佛罗伦萨高度发达的纺织工业正是用新建牧场出产的羊毛制作富人所使用的精致羊毛织品的。"①

　　就奢侈与工业的关系而言，桑巴特认为，在工业生产领域，奢侈品需求的增长与资本主义发展之间有非常明显的关系。为了说明这个关系，桑巴特首先对公认的资本主义奢侈品工业的基本特征进行归纳，然后在此基础上证明："（1）一些奢侈品工业经历过大规模的、事实上是激进的扩张；（2）纯粹的奢侈品工业成为资本主义的早期俘虏；（3）在这种独特的工业群体中，生产奢侈品的工业部门比其他部门更早地遭受资本主义的袭击；（4）完全的资本主义的组织和大规模工业主义的组织首先产生于奢侈品工业。"② 奢侈品工业之所以更易于接受资本主义组织形式的原因在于，奢侈品需要特殊的生产工序、特殊的销售，以及无论是在欧洲的中世纪还是在现代工业中，奢侈品工业都是由业界巨头或有胆识的外国人创立。此外，合适的市场也仍然是维持这种工业体制的最重要的先决条件。③ 于是，桑巴特用最后一句话概括出了他的研究结论："正如我们所看到的，奢侈，它本身是非法情爱的一个嫡出的孩子，是它生出了资本主义。"④

　　韦伯与桑巴特在资本主义起源问题上的观点是矛盾的。美国学者丹尼尔·贝尔试图调和二者之间的矛盾，他指出："资本主义有着双重的起源。假如说韦伯突出说明了其中的一面，禁欲苦行主义〔asceticism〕，它的另一面则是韦尔纳·桑巴特长期遭到忽视的著作中阐

---

　　① 参见〔德〕维尔纳·桑巴特《奢侈与资本主义》，王燕平、侯小河译，上海人民出版社 2005 年版，第 190 页。

　　② 同上书，第 203—204 页。

　　③ 同上书，第 230—233 页。

　　④ 同上书，第 233 页。

述的中心命题：贪婪攫取性［acquisitive］。"① 贝尔将这两个特征分别定义为"宗教冲动力"与"经济冲动力"。贝尔认为，"资本主义上升时期，这两股力量纠缠难分，相互制约。禁欲苦行的宗教冲动力造就了资产者精打细算、兢兢业业的经营风范，贪婪攫取的经济冲动力则养成了他们挺进新边疆、征服自然界的冒险精神和勃勃雄心"②。实际上，贝尔已经认识到了韦伯与桑巴特在揭示资本主义起源时的理论互补性。"禁欲苦行主义"和"贪婪攫取性"共同催生了资本主义的诞生和发展。韦伯早期所作的研究主观上不是对马克思研究成果的否定，不是否定经济因素的决定作用，而只不过是研究了马克思由于受当时的历史使命和理论任务所限还没有充分展开的问题。对资本原始积累、阶级冲突与转化之前，宗教、精神、伦理等因素如何构成资本主义的起点的研究，可以看做是对马克思研究的一个补充。但是韦伯只注意到新教伦理提倡的禁欲节约对资本主义的产生与发展的作用是不够的，资本主义的产生与发展也离不开"贪婪攫取性"。桑巴特认为，法国及英国的贵族、特别是那些贵妇人的存在，她们对香水、首饰、项链、服装等无休止的追求，是勤俭节约的小企业家和资本家们生产并且保证商品能不断卖出去的一个基本前提。如果生产出来的东西卖不出去，资本主义是很难发展起来的。确实，在中世纪，祷告、念经培养不出一些经营者、管理者，新教改革后，生产劳作甚至赚钱谋利不再被看做是对上帝的不敬。这样一来，生产活动的规模和范围逐渐扩大了，但是如果没有贵族、贵妇人这样的群体，生产的东西卖不出去，也产生不了我们所说的资本主义。③

　　韦伯和桑巴特实际上印证了马克思关于生产与消费的辩证观点：生产决定消费，消费制约生产。生产、分配、交换、消费四个环节共同组成了社会经济生活的过程。任何一个环节的缺失都将影响社会经

---

①　［美］丹尼尔·贝尔：《资本主义文化矛盾》，赵一凡等译，三联书店 1989年版，第 27 页。

②　同上书，第 13 页。

③　参见黄平《误导与发展》，中国人民大学出版社 2006 年版，第 95 页。

济生活的正常运转。韦伯更多地强调了理性的禁欲主义对于资本积累进而对扩大资本主义生产的重要作用；桑巴特更多地强调了消费对于资本主义发展的作用。他们各自都有自己的侧重点。按照马克思关于社会经济生活的四个环节的理论，生产、分配、交换、消费对于一个完整的社会经济生活过程都具有重要作用，缺一不可。消费与生产具有正相关关系，社会上一旦缺少了消费的欲望，那么生产的增长也值得怀疑。

本书不讨论哪一种倾向在资本主义的起源中更具有本质性的意义，不讨论二者作为两种互相抵消的精神力量是不是能够在现代社会的产生中共同起作用。不可否认的一点是，不论是"禁欲苦行主义"抑或是"贪婪攫取主义"，都无法摆脱理性精神的支配。"禁欲苦行主义"的生活导引原则受着理性之手的支配，才能够使人们突破以往行事散漫、不精确的习气，进而推动生活领域各方面的"理性化"；"贪婪攫取性"在现代社会的表现形式也已经逐渐摆脱了非理性的色彩，具有了理性的特征。贪婪攫取积累财富的手段主要依靠科学技术，凭借此种理性方式掠夺、征服自然，贪婪攫取获取利益的方式也主要诉诸于理性化的契约方式。① 总之，西方文化中内含的理性精神的内核与资本主义的起源、与现代化的肇始具有天然的亲缘关系。

2. 作为意识形态的现代化理论

现代化作为源发于西方而逐渐向世界扩展的人类历史的运动、变化和发展过程，其本身便是一种文化意识形态。追溯现代化理论提出的历史背景和知识社会学背景有助于阐明作为意识形态的现代化理论的兴起。现代化理论最初是在欧洲殖民体系崩溃瓦解、冷战的战场迅速向亚非拉第三世界扩散的过程中产生的，它是作为与革命的马克思主义相抗衡的理论提出的。第二次世界大战后的五年间，印度、巴基斯坦、锡兰、缅甸、菲律宾、印度尼西亚、约旦、叙利亚、黎巴嫩和

---

① 参见何中华《"现代化"观念与西方文化传统》，载《学习与探索》1996年第 1 期。

以色列都获得了独立；1954 年日内瓦协议后，柬埔寨、老挝和越南脱离了法国的殖民统治；之后的几年，马来亚、利比亚、苏丹、摩洛哥和突尼斯也相继摆脱殖民统治，获得了独立；加纳、多哥兰①、喀麦隆和圭亚那也随后获得自由和独立。到 1960 年，大约有 40 个新独立的国家，人口总计约达 8 亿。当这些新兴的国家与亚非拉地区原有的"欠发达国家"一道要求国际援助以满足它们的经济和社会发展需求时，冷战就形成一种全球对抗的局面。② 美国担心苏联蚕食这些"欠发达的边缘地带"，削弱自己努力建立起来的政治经济联盟体系，期望现代化能够帮助美国战胜苏联的地缘政治野心，并保持美国经济扩张的机会。沃尔特·惠特曼·罗斯托曾说，现代化将取代殖民主义，它会创造"自由世界的北半部和南半部之间一种新的后殖民主义的关系……随着殖民关系的终结，新的极具建设性的关系能够被建立起来……这是一种自由人之间新的伙伴关系——无论是富人还是穷人都一样"③。他认为国际共产主义运动以不同的方式来利用欠发达地区的不稳定性，美国和它的盟友必须要找到赢得战斗的手段。这种战斗"不仅要用武器来打，而且要在生活在村庄里、山冈上的人们的心灵世界中展开，还要靠掌管当地政府的人的精神和政策来打"。美国及其盟友必须直接介入，积极投身于"现代化的整个创造性进程"④。于是，现代化理论就不再仅仅是一种学术理论，而且也是一种理解全球变迁进程的手段，还是一种用以帮助美国确定推进、引导和指导全球变迁的方法。

美国政策制定者意图用现代化理论替代革命理论，建立一整套针

---

① 当时西非一地区的名称，今其西部为加纳。

② ［美］雷迅马：《作为意识形态的现代化——社会科学与美国对第三世界政策》，牛可译，中央编译出版社 2003 年版，第 3 页。

③ Memorandum, Rostow to Theodore Sorenson, March 16, 1961, NSF, box 325, "Rostow, Foreign Aid, 3/16/61—3/18/61", JFKL. 同上书，第 27—28 页。

④ Rostow, "Countering Guerrilla Attack", 464, 468, 471. 同上书，第 2 页。

对"欠发达世界"的政策理念和行动方案，以实现对经济停滞、政治衰败、文化畸形的落后民族和地区"施行援助"和"发展指导"。用现代化理论替代革命理论是美国政府在冷战时期使用的手段和策略。到 20 世纪 60 年代初，现代化理论成为一种意识形态。在这一过程中，社会科学家以前所未有的广度和深度参与了美国对外政策的制定。社会科学不再是单纯的价值无涉的纯粹科学，而成为具有感情色彩的文化态度。科学与国家使命感混合了起来。

肯尼迪政府时期，就有一大批思想家如罗斯托、丹尼尔·勒纳、白鲁恂、加布里埃尔·阿尔蒙德等以社会科学为工具，提倡对所谓传统社会与现代社会的差异进行比较评判。"现代化"涉及经济组织、政治结构和社会价值体系等方面一系列紧密关联的变化。他们着手研究的问题无非是要创建一组放之四海而皆准的经验性的坐标体系，以描画全球变迁的总体状况。普林斯顿大学的西里尔·C. 布莱克曾提出一个宽泛的界定：所谓"现代化"，就是"历史上演化而来的诸项制度适应迅速变化着的各种功能的过程，而这些功能反映了人类知识前所未有的巨大增加，使人类得以控制自己的环境"①。

20 世纪 60 年代初，现代化进程研究终于主宰了关于国际社会变迁的各种问题的学术研究。现代化理论的核心部分集中在以下几个互有重叠互有关联的假设之上：（1）"传统"社会和"现代"社会互不相关，截然对立；（2）经济、政治和社会诸方面的变化是相互结合、相互依存的；（3）发展的趋势是沿着共同的、直线式的道路向建立现代国家的方向演进；（4）发展中社会的进步能够通过与发达社会的交往而显著地加速。② 理论家们将西方的、工业化的、资本主义的民主

---

① Black，Dynamics of Modernization，7. 转引自［美］雷迅马《作为意识形态的现代化——社会科学与美国对第三世界政策》，牛可译，中央编译出版社2003 年版，第 6 页。

② 关于对这些要点的类似的阐述，参见 Alexander，"Modern，Anti，Post，and Neo"，168. 转引自［美］雷迅马《作为意识形态的现代化——社会科学与美国对第三世界政策》，牛可译，中央编译出版社 2003 年版，第 6 页。

国家，特别是美国，作为历史发展序列中的最高阶段，然后以此为出发点，标示出现代性较弱的社会与这个最高点之间的距离。美国的历史经验昭示着"停滞的"社会进入社会变迁的真正的现代性之路。

20世纪60年代晚期，学界开始了关于现代化模式是否有效的争论。有学者对现代化变迁的整体性观念发起挑战。有学者认为，与工业化世界的联系交往所产生的远非一种有益的"示范效应"，反而经常遗留下破坏和暴力的遗产。依附理论认为拉美等国家地区的欠发达恰恰是因为美国、西欧与它们建立了剥削性的关系。世界体系论从漫长的历史过程进行考察，认为跨国经济关系已经增加了工业化中心国家的财富，同时又将边缘性卫星国锁定在对剥削性的全球资本主义的屈从位置上。[①]

通过对作为意识形态的现代化理论兴起过程的梳理，可以看出，现代化理论绝不仅仅是一种纯粹学术性的学说，而是社会科学界与美国政界联手推出的为推动本国自身的现代化而创造出的理论形态。社会科学凭借自身具有的那种为社会的孕育、发展、变迁和治理提供合法性依据和阐释的地位和作用，在总结西欧社会发展经验的基础上得出一整套关于经济、社会发展的理论阐释，并赋予这种理论以普遍性的特色。披上普遍性外衣的现代化理论，实际上旨在向"欠发达国家"许诺：只要按照美国的现代化模式发展，就能摆脱落后和愚昧，实现民族经济发展和社会进步，从而摆脱马克思共产主义革命范式的影响，对"欠发达"世界由于非殖民化而释放出来的新的、具有潜在危险性的力量进行疏导和控制。与此同时，将这些"欠发达"世界纳入资本主义世界体系之中，便于进行资本剥削。

3. 现代化与西方化的辩证

现代化肇始于西方，是在西方社会的文化传统基础上自发演变的过程，是西方文化的承诺。同时，现代化又具有总体性效应。那么，

---

①　参见［美］雷迅马《作为意识形态的现代化——社会科学与美国对第三世界政策》，牛可译，中央编译出版社2003年版，第4—8页。

这是否意味着后发现代化国家欲实现现代化必须要按照西方的模式来进行本国的现代化建设，从技术、制度到文化精神皆全盘照搬呢？答案是否定的。

首先，全盘照搬在实践上不可能实现，不具有可操作性。这样人们便会提出质疑，既然全盘西化在实践上是不可行的，为什么近现代的一些学者仍要大力倡扬全盘西化？笔者看来，他们之所以倡导全盘西化，是考虑到中国文化的强大惯性。如胡适主张全盘西化的原因就在于，他认为如果自命做领袖的人也空谈折中选择，结果只有抱残守阙而已。古人说："取法乎上，仅得其中；取法乎中，风斯下矣。"这是最可玩味的真理。我们不妨拼命走极端，文化的惰性自然会把我们拖向折中调和上去。在胡适看来，旧文化有一种惰性，要改造中国"只有努力全盘接受这个新世界的新文明。全盘接受了，旧文化的'惰性'自然会使他成为一个折中调和的中国本位新文化"①。鲁迅先生也持类似的观点。他打过这样一个比方，他说：欲开封闭的铁屋之窗，必要造掀翻屋顶之势方能达到目的。以此为喻可见中国文化的惰性之强。

其次，现代化与西方化不具有等同意义，现代化肇始于西方不意味着后发现代化国家必须按照西方的模式进行。也因此现代化才有了各种各样的模式，各个国家也才有了发展创新的空间。

将现代化等同于西方化的观点，认为非西方国家社会内部不具备促成现代化的因素，只有依靠输入西方文化、文明因素方可实现现代化。所以，将现代化等同于西方化的观点认为非西方国家的现代化过程也就意味着西化的过程。此种主张忽略了由于各个国家的历史基础、民族传统以及所处国际环境的差异，决定了现代化也必然具有不同的模式。正如有学者指出的："现代化在历史上又被称为欧化、西化或工业化，虽然在一般的意义上说来，它们可以说是等值的，但和

_____

① 胡适：《一四二号编辑后记》（此文载于 1935 年 3 月 17 日《独立评论》第 142 号），参见《胡适全集》第 22 卷，安徽教育出版社 2003 年版，第 255—256 页。

后面那些概念相比较，现代化无疑有着更深刻的内涵。现代化并非一个简单地向欧美国家的认同过程，其间必然蕴涵着每个国家在各自的历史文化视野中对现代化的不同价值取向和模式选择。"①

就现代化的过程来讲，现代化的制度具有规律性的表征，超越了国界、种族、文化、历史的模式，这是由现代性的理性特征决定的。"最早现代化的国家基本上是自发的现代化。国家与教会的二元分离，封建制度中的城市自治传统，罗马法传统对政府的约束，都为现代化的发生和发展准备了结构上的有利前提。从而使得市场化经济在一个政治与经济相对分离的社会环境中得以按自己的运转逻辑自发地发展起来，并表现为一个经济逐步'吞噬'（决定）政治及其他'上层建筑'的过程。就先行者来说，其现代化所需要的政治、法律、文化意识条件都可以说是自发孕育出来的。而后来追赶型的现代化却都是在巨大外来压力的强迫下自觉地构筑现代化——他们所既有的政治、文化、法制、更不用说经济基础基本上都与现代化存有冲突。这使得现代化的启动方式、结构和层次推进、时序及各个方面都发生了和产生着新的特点。"②

关于现代化与西方化关系之问题中国学界久已讨论。当时文化西化派明确主张现代化等同于西方化。传统文化不适应现代生活是西化派得出此主张的一个重要理论预设。为了使中国走向现代，必须彻底西方化。1929 年胡适在《中国今日的文化冲突》一文中就把"全盘西化"、"全力现代化"与"一心一意的现代化"相提并用以表达现代化等于西方化的主张。严既澄表达得更为明确，他说："其实西化就是现代化，因为现代的强国都拥有这些制度、文化、知识、学问，我们若要和他们并立于天地之间，便非学他们这些东西不可。要不然，我们自己先站不住脚，不必等人家来欺负，自己先已精疲力竭地躺下

① 许纪霖、陈达凯主编：《中国现代化史》第 1 卷，上海三联书店 1996 年版，第 2 页。

② 刘森林：《发展哲学引论》，广东人民出版社 2000 年版，第 145—146 页。

来了——如所谓经济侵略之类。"① 显然，西化派的所谓"现代化就是西化"的主张，就是认为要实现现代化必须全盘西化。可是现代化真的等同于西方化吗？问题的焦点在对现代化概念的界定上。关于现代化与西方化的区分关键就在于如何定义现代化。美国著名学者亨廷顿在《文明的冲突》一书中将现代化和西方化作了明确区分，他认为现代化只是科学技术层面上的，不涉及文化价值层面，而西方化则是一个全面的过程，不仅有科技层面的，也有文化价值涵盖其中。美国学者 C. E. 布莱克认为："只有一种无所不包的定义才更适合于描述这个过程的复杂性及其各方面的相互关联。"因为"现代化的过程极为复杂，无法将其用寥寥数语归纳之，否则就将大错特错"②。俄国学者霍罗斯认为："现代化是个综合性的过程。它囊括社会生活的一切领域：经济、社会、法律、政治和文化。这些领域的变化是相互联系和相互依赖着的。如果它们相互脱节，那么现代化的成果就会是局部的和有限的。"③

由以上几个关于现代化的观点不难看出，是否承认现代化是一个综合过程，认为现代化是一个包含文化价值因素在内的全面的社会变迁，还是一个只涉及科学技术层面的过程是区分现代化与西方化的关键。对这一对概念进行辨析意义重大，它关系着非西方国家在不被西方文化价值观念同化的前提下是否具有实现现代化的可能性。笔者认为，西方化是通过资本主义的运动实现现代化的过程，而现代化可以不通过资本主义的方式来实现。20 世纪 30 年代张熙若在题为《全盘西化与中国本位》的文章中明确说："……不要忘记：现代化可以包括西化，西化却不可能包括现代化。这并不是仅仅于一个无谓的空洞名词，这其中包含着许多性质不同的事实。复杂的社会情况是不容许

---

① 郑大华：《梁漱溟与胡适》，中华书局 1994 年版，第 565 页。

② ［美］C. E. 布莱克：《现代化的动力》，段小光译，四川人民出版社 1987 年版，第 11 页。

③ 《俄罗斯的现代化：问题与前景》，载《哲学译丛》1994 年第 2 期。

我们笼统的。"① 由此也就有了"具有某某特色的现代化"的提法。诚然，现代化是伴随着工业革命而进行的，西方是其始发地，从这个意义上讲的确会有这种现象出现，即："工业较发达的国家向工业较不发达的国家所显示的，只是后者未来的景象。"② 马克思也说过："资产阶级……它迫使一切民族——如果它们不想灭亡的话——采用资产阶级的生产方式；它迫使它们在自己那里推行所谓的文明，即变成资产者。一句话，它按照自己的面貌为自己创造出一个世界。"③ 然而现代化肇始于西方的事实并不意味着西方化是现代化的必由之路，各民族国家的文化传统和特征决定了实现现代化的模式和道路不是千篇一律的，而是多种多样的。科学技术的利用和引进不会改变一个国家基本的文化模式，S. N. 艾森斯塔德在谈到现代化与西方化的关系时指出，"尽管西方国家率先实现了现代化，但非西方国家无需在文化意义上西化，以及接受从西方国家中发展出来的现代性的具体文化形式和组织形式，也能发展出具有一切现代性特征的社会来"④。马克思在其晚年人类学笔记中谈及人类社会发展道路时其实也提供了非西方国家实现现代化的可能途径。这种可能性实现的前提就是利用资本主义创造的一切肯定性成果，确切地说是生产力方面的优秀成果，跨越"资本主义卡夫丁峡谷"，实现由传统向现代的转型。⑤

如果我们认识到中国与西方之间存在的差异并要从中获益的话，很重要的是要对现代化必须唯一以西方为动力的天真设想提出质疑。认为个人至上、以权利为基础的民主、资本主义以及各种技术的必备是人类发展的必然结果，这很可能是一个极大的错误。"现代化即西方化"这一默认的假定必须抛弃。

---

① 郑大华：《梁漱溟与胡适》，中华书局 1994 年版，第 568 页。

② 《马克思恩格斯选集》第 2 卷，人民出版社 1995 年版，第 100 页。

③ 《马克思恩格斯选集》第 1 卷，人民出版社 1995 年版，第 276 页。

④ ［以］S. N. 艾森斯塔德：《现代化：抗拒与变迁》，张旅平等译，中国人民大学出版社 1988 年版，第 57 页。

⑤ 参见任洁《关于全球化视野下人类文化生存转向的几点反思》，载《理论学刊》2004 年第 10 期。

由此，我们可以总结，现代化与西方化之间存在一种辩证关系：现代化与西方文化有不解的亲缘关系，现代化源发于西方，但是现代化不等同于西方化。现代化的模式不是单一的。在实现现代化的多个不同指标时，各个国家可以具有自己民族的文化特色。现代化模式的多元性源于现代性的多元性、开放性。佩里·安德森（Perry Anderson）曾对现代化、现代性以及现代主义作了区分和解释，他认为"要区分三个概念：现代化——modernization、现代主义——modernism、现代性——modernity。现代化是指工业化、城市化等等；现代性是指现代化之能产生的条件；而现代主义是指人们对现代性的反应，这一反应也可能是反现代性的，反现代性的方面也应该包括在现代性之内"①。也就是说，现代性并非一个一元封闭的本质。相反，"首先在西方发展起来的现代性文明从一开始就充满内在的二律背反和矛盾……产生出了持续不断的批判话语和政治争论"②。由于其内在的矛盾和张力，"通过众多宣扬和实施不同现代性理想的文化和政治行动分子的活动，通过他们之间的不断争论，形成了不同的现代性模式，即多元的现代性"③。现代化研究大师艾森斯塔特的这个观察纠正了许多人长期以来的误解，就是以为现代性只有一种模式，即西方的模式。实际上现代性有多种面相和多元的模式。④

既然产生现代化的条件即现代性具有多元性，那么作为现代性之结果的现代化也是多元的。由此，我们具有中国特色的现代化模式从理论上便具有了合法性。中国不会停止追求实现现代化的步伐，但同时又探索着一条符合中国国情、超越西方现代化模式的中国特色社会主义现代化新路。这种现代化发展模式在珍视本国历史和现实的基础上，在检视西方资本主义文明的限度和困境的前提下，全面贯彻落实

---

① 〔美〕阿里夫·德里克：《全球化、现代性与中国》，载《读书》2007年第7期。
② 〔以〕S. N. 艾森斯塔德：《迈向二十一世纪的轴心》，载《二十一世纪》2000年2月号。
③ 同上。
④ 参见张汝伦《经济全球化与价值冲突》，载《哲学研究》2001年第2期。

"以人为本、全面、协调、可持续"的科学发展观，实现和谐社会。这些发展理念明确昭示了中国特色社会主义现代化所致力于追求实现的新的发展模式、新的人类生活方式和存在状态以及新的文明样态。①

二 现代化的模式与制度变迁的模式

有学者说，西方的现代化是内生自发型的，中国的现代化是外发诱生型的。从发生学的角度看，现代化的实现路径的确存在此种区分，然而应该强调指出：没有一个国家的现代化是完全被迫的，任何一种现代化模式，其发展动因只能来自社会内部。当然，人类社会发展进入到世界历史时代，后发国家的现代化过程往往受到先发国家的影响，但是这种影响仍然只是外部的发展动因，后发国家的现代化的根基只能来自社会内部，先发国家带来的影响和外部压力为后发国家社会内部的因素产生作用提供了条件。

1. 现代化的模式②

理论界关于现代化模式的划分存在分歧。"现代化理论"认为现代化模式是单一的，不存在多个具体的、不同的现代化模式。此种理论的基本思路是把人类社会划分为"传统社会"和"现代社会"，现代化过程就是人类社会从传统社会向现代社会的转变过程。由于西方国家最先进入现代化，并且这些国家自己认为，它们在从传统社会向现代社会变迁过程中所显现出的特征代表了现代社会的最一般特征，所以它们的现代化模式必然会对后发现代化国家产生"示范"和"模仿"效应。后发现代化国家都将按照同样的模式、同样的进程进行现代化，重演、复制西方国家的现代化过程。从这个意义上讲，后发现代化国家是先行者的复制品。现代化理论虽然认识到了先发展国家的

---

① 参见陈学明《中国"现代化"需要超越西方模式》，载《中国社会科学院报》2009 年 5 月 12 日。

② 参见罗荣渠《现代化新论》，商务印书馆 2004 年版，第 131—134 页。

现代化进程的内生性特征，以及对后发展国家的现代化产生的"示范"效应，但是受单线进化论发展观的影响，将现代化等同于西方化，将现代化模式单一化，否定了后发展国家根据本国国情选择多种现代化模式的可能性。

20世纪60年代末到70年代末，现代化研究视角发生了变化，由发达国家转向了发展中国家，从对社会发展的历时态考察转向共时态分析；与此相对应，对现代化模式的研究也从单线进化论模式转向"结构主义"模式。① 依附论和世界体系论是两种比较具有代表性的理论派别。依附论及世界体系论对发展中国家的"有增长无发展"的现象进行了反思。它们将整个世界作为一个统一的体系进行考察，通过分析世界各国在统一的世界体系中的地位及相互关系，对以西方中心论为特征的现代化发展模式进行批判，认为不发达国家的落后与发达国家的先进在历史和逻辑上具有一致性。基于对现存世界格局形成和演化的原因和条件所作的分析，依附论和世界体系论认为现代化发展的类型有三种，即中心国类型、边陲国类型以及半边陲国类型。

佩鲁的新发展观指出文化价值在现代化发展中的重要作用，他认为经济并不是一种单纯局限于自身的孤立现象，相反，经济现象和经济制度的存在依赖于文化价值。与传统发展观相比，新发展观区分了现代化与西方化，承认各国的具体国情与历史文化特点，认为西方国家的现代化本身已重构了整个世界格局，非西方国家已不可能在同样的历史前提下进入现代化，那么，就必须从本国国情出发，探索带有本国特色的发展道路和发展模式。而且实践也证明，多元的发展模式是可以并存的。②

概括起来，现代化的基本模式有两种：一种是社会借助自身的力量而产生的内部创新，并且此种内部创新要经历漫长的社会变革过程，这种现代化模式被称为内源现代化。对这种现代化模式而言，触

---

① 参见何中华、张晓华《当代发展观的演变及难题》，载《文史哲》1997年第2期。

② 同上。

动社会变革和创新的力量主要来自社会内部，社会外部的影响居于次
要地位。另一种现代化是指社会受外部冲击而引起内部的思想和政治
变革并进而推动经济变革的现代化，社会变革和创新的力量来自外部
环境，这种现代化模式被称为外源或外诱现代化。

内源现代化是一个由社会内部力量引发的、自下而上的、渐进的
变革过程。在这种自发变革的过程中，各种矛盾和冲突的展开是渐进
的、缓慢的，即使社会变革过程中出现大的暴力冲突，社会政治变革
的速度仍然是有限的。外源现代化的变革力量来自外部，外来因素的
冲击和压力是社会变革的主要推动力，内部因素的作用退居次要地
位。这就导致社会变革过程中各种矛盾和动荡的发生是集中的、急速
的、大幅度的，并且容易引发暴力革命。而一旦社会变革过程中出现
剧烈的社会矛盾冲突与动荡，那么在社会过程中就很难形成稳定的文
化秩序，社会变革也就很难在平缓的状态中进行，整个社会变革就必
然要经历较多的曲折与反复，不容易保持改革的连续性，甚至有时会
出现现代化的"断裂"。

从现代化的文化背景和动力来看，"内源的现代化，是在西方基
督教文明的历史背景和传统下孕育起来的，它的原动力即现代生产力
是内部孕育成长起来的，具有较强的自我发挥能力"。"外源的现代
化，特别是发生在欠发达国家的晚近的现代化，现代生产力要素和现
代化的文化要素都是从外部移植或引进的；工业化投资在很大程度上
借用外国资本，甚至受外国支配；市场发育不成熟，在经济生活中未
形成自动运转机制，政治权力即中央国家作为一种超经济的组织力
量，就在现代化过程中一度或长期发挥巨大的控制与管理作用。晚近
的外源性现代化大多数发生在非基督教文明区，是在外来的异质文明
的撞击下激发或接枝引进的。"①

从现代化的层次运营来看，"内源的现代化是以工业革命和工业
化带动整个社会的其他方面的变革的；外源的现代化的变革顺序则有
所不同，一般是社会和思想层面的变革和政治革命发生在前，而工业

① 罗荣渠：《现代化新论》，商务印书馆 2004 年版，第 132 页。

化发生于后"①。从现代化演进的状态来看，"内源的现代化大都经历漫长的时间，相对平稳地渐进地推进，暴力的使用和爆发性突变都是暂时的、一时的。而外源的现代化则启动较慢，但很不平稳，充满爆发性剧烈震荡，暴力成为常见的手段"②。

我们对于现代化两种发展模式的划分不能做机械的理解，两种发展模式的划分并不是完全对立的、纯粹的，无论是内源的现代化还是外诱的现代化，都是国际的、开放性的变迁，即使是由社会内部力量推动的、自发的、内源的现代化也无法脱离国际大环境，无法消除国际性因素的影响。任何国家的现代化都不可能是封闭性的自我转变，都不可能单独实现向现代社会的转变。

2. 制度变迁的模式

制度是一种整合力量，是一个社会运行的平台，是一个社会最基本的操作系统。制度以其稳定性、确定性调整、规制着人们的社会行为。"朝令夕改"非但无法调整人们的行为，反而易使人们在所谓的"制度"面前无所适从，造成社会失序。制度的稳定性特征是保证制度在现实生活中扮演重要角色的特性之一。然而制度又不是也不可能一成不变、停滞僵化，这不仅不符合事物不断发展变化的运动特性，而且这样的制度会成为人们行动的绊脚石，制约着人们创造性的发挥和主体活力的施展。运动变迁成为制度的又一内在特性。相对的稳固性和绝对的运动变迁成为制度的两种相辅相成的特性，二者共存于制度之中，保障制度发挥其调整、规制、引导人们行为的功能。

现实生活中，常常可见制度变迁和制度创新的替换使用，在大多数场合下，这未尝不可。然而在这里有必要作出一些区分，说明本书使用制度变迁而未使用制度创新的简要理由。制度变迁是原制度向新制度演变的过程，是指制度的替代、转换与交易过程。它不涉及人们对制度的主观评价和制度选择的价值偏好。制度创新是指制度变迁过

---

① 罗荣渠：《现代化新论》，商务印书馆 2004 年版，第 133 页。
② 同上。

程中发生的"帕累托改进"，或者说，是有效的、发展的制度演变。正如事物的变化并不必然就是事物的发展一样，制度变迁也并不一定意味着制度创新。由此，制度变迁和制度创新的区分便明白可见了。二者的区别中暗含着这样一个判断：不是所有的制度变迁都必然是制度创新，只有沿着进步的方向演化，具有正效应的制度变迁方可称为制度创新。纵观人类社会的发展历史，有相当多的制度变迁不是将制度提升为一种更为进步、更为完善的制度，反而会表现为制度的倒退和负效应演变。同时，制度创新在一定时期包含着明显的主观价值偏好。改革之初，人们对承包制给予非常高的制度期望，这本身就是一种选择偏好。同样是对中国的经济体制改革，有的人认为这是一次人类有史以来的重大制度创新，有的人就会认为这是一次倒退，因此，用制度变迁而不用制度创新来描述制度的替代、演变过程更为全面、更为客观。不论一种制度变迁是制度创新抑或是制度的负效应演变，都无法回避探讨文化在制度变迁过程中所起的作用。

迄今为止的制度变迁基本上有两种模式，即渐进式与激进式以及诱致式与强制式制度变迁模式。

第一，渐进式与激进式制度变迁模式。渐进式制度变迁是指制度变迁表现为缓慢、持续的量的积累过程，是在相当长的时间内通过旧制度的局部的边际调整一步步逐渐完成对旧制度的实质性的改变。激进式制度变迁是指制度变迁表现为急速、飞跃式的质的变化过程，是在短时间内通过强制的方法改变旧制度中的大部分，完成旧制度向新制度的过渡和转变。

第二，诱致式与强制式制度变迁模式。诱致式制度变迁指的是现行制度安排的变更或替代，或者是新制度安排的创造，是由个人或一群人在响应获利机会时自发倡导、组织和实行的。强制式制度变迁是通过政府命令和法律的引入来实现的。政府根据社会发展的需要，不管其社会成员是否愿意，利用国家政权的力量强制性地改革旧制度，创设新制度，从而实现制度的变迁。罗纳德·哈里·科斯等人在《财产权利与制度变迁》一书中把制度变迁方式就分为诱致式和强制式两类。强制式制度变迁"是由政府法令引起的变迁"，诱致式变迁"是

一群人（个人）在响应制度不均衡引致的获利机会时所进行的自发性
变迁"①。诱致式制度变迁的特点有以下几点：一是营利性，即只有当
制度变迁的预期收益大于预期成本时，有关群体才会推进制度变迁；
二是自发性，诱致式制度变迁是有关群体（初级行动团体）对制度不
均衡的一种自发性反应，自发性反应的诱因就是外在利润的存在；三
是渐进性，诱致式制度变迁是一种自下而上、从局部到整体的制度变
迁过程。②

　　制度变迁模式的划分不是绝对的，渐进式与激进式以及诱致式与
强制式制度变迁模式之间无截然明确的界限，渐进式与激进式、诱致
式与强制式的模式在实际生活中往往相互联系、相互制约、共同推动
着制度的变迁。现实中，制度变迁的具体方式具有丰富的内容，绝不
是简单的二元划分能够概括描述清楚的，然而不能否认的是，制度变
迁还是会偏向于某一种模式，基本上可以用某种制度变迁模式对现实
社会中发生的制度变迁作出一个总体的描述。

　　如果我们对中国、俄罗斯和西方国家三种制度变迁模式作一个总
体描述，可以分别概括为：中国走的是一条始于诱致式变迁，后又和
强制式变迁共同作用的制度变迁道路。中国的经济体制改革始于农
村，是农村社会的个人或某个群体自发、自愿的行为。20 世纪 80 年
代安徽省凤阳县的农民为了摆脱饥饿和贫困，自发打破了人民公社的
集体主义经济局面，建立了家庭联产承包责任制，迈出了农村经济体
制改革的第一步。其后，这一自发改革行为得到了国家和政府的认可
和支持，从而使这场局部性的制度变迁扩展到了全国范围，并由自发
诱致式的制度变迁转变为依靠国家政策和政府强制推行的制度变迁模
式。中国的政治体制变迁同样如此。戊戌变法、辛亥革命由社会精英
发起，而后是由国家强制力量保障实施的渐进式制度变迁；现代的政

---

　　①　［美］罗纳德·哈里·科斯等：《财产权利与制度变迁》，上海三联书店 1991
年版，第 378 页。

　　②　参见段晓峰《非正式制度对中国经济制度变迁方式的影响》，经济科学出
版社 1998 年版，第 46 页。

治制度是中国共产党集体智慧的结晶，建立起中国共产党领导的、多党合作的政治协商制度。

俄罗斯走的是以强制式制度变迁为主的激进式制度变迁道路。在新自由主义的影响下，俄罗斯选择的是休克疗法、激进式制度变迁模式。俄罗斯从 1992 年 1 月 1 日的全面价格自由化开始激进式改革，与此同时还进行了企业私有化的制度改革。俄罗斯的制度安排在短短的 5 年之内经过激进式改革，已发生了根本性的变化，企业制度、价格制度、金融制度、劳动就业制度、社会保障制度等经济制度的主要方面都基本进入了市场经济轨道。

西方国家的制度变迁是以封建社会非市场经济体制为起点，以资本主义市场经济体制为目标，以诱致性变迁为主的渐进式制度变迁。对于西方社会而言，其制度变迁具有自然演进的性质。

在对以上三个典型国家和地区的制度变迁模式略作描述之后，我们可以说，在迄今为止的制度发展史中，诱致式的变迁更倾向于是渐进式的制度变迁，强制式的制度变迁更倾向于是激进式的制度变迁。有学者曾经指出过激进式与强制式变迁之间的关系："若从制度变迁方式的角度考察，激进式改革也可以表述为：由政府设计和提出一揽子改革目标和方案，然后在短时间内强制性推行实施下去，这期间不经过任何的'试点'和'实验'。也就是说基层组织和群体（个人）——制度创新的微观主体只是被动或被迫地接受政府提出的制度安排，其追求利益最大化的自主创新动机和行为被压抑，政府成为制度创新的唯一发动者和推动者，而这正是强制性制度变迁的主要特征。"[①]

对于不同的制度变迁模式而言，文化在其演化和发展的过程中扮演着不同的角色。文化对制度变迁的进程具有双重作用：一方面是积极的推动作用，作为动力因发挥作用；另一方面是消极的阻碍作用，成为制度变迁的阻滞因。对于俄罗斯等一些原社会主义国家而言，强

---

　　① 刘文革：《经济转轨的强制性制度变迁效应——关于俄罗斯经济改革的制度经济学解释》，载《经济研究参考》2004 年第 18 期。

制式的、激进的制度变迁因其制度是从西方学习、模仿、引进而来的，从而使得此过程会产生本国的文化与制度的冲撞、不相容的问题，文化与制度的不相契增大了制度变迁的阻力；对中国等发展中国家而言，虽然制度变迁起始于诱致式变迁，但总体来讲仍是国家引导的强制式变迁，目标是建立社会主义市场经济体制和社会主义民主政治制度。显然，制度也是引进的、模仿的，"舶来"之后仍会存在"水土不服"的问题，但是整个制度变迁的过程始于农村民众的自发变迁，而后国家强制推行，所以文化和制度之间的矛盾冲突和俄罗斯的情况仍有不同。政府受到农村制度变迁的启发后不断地解放思想、调整文化观念，使领导层的文化观念对中国的制度变迁成为一种推动作用，但是中国旧有的和新制度相悖的文化传统却是制度进一步变迁的阻滞因素；西方国家的制度是一个自然而然演进、变迁的过程，虽然其间也有新旧文化、新旧制度、新文化与旧制度、新制度与旧文化之间的矛盾冲突，但种种矛盾都是制度在变迁过程中必然要经历的发展历程，不存在制度与文化的异质不相容的问题。

三　制度变迁与文化滞后矛盾的凸显

后发现代化国家在走向现代化的过程中，一般走的是先变器物、制度而后变文化思想意识的路径，这符合人们由表及里、由相对简单到相对复杂、由易变到难变的认识事物和改造事物的规律。

中国的现代化模式似乎也难逃这一窠臼。这一现代化模式决定了中国的制度变迁是在先的，而文化的变迁是滞后的，二者出现了矛盾和不相契的问题。这一点从中国早期现代化探索和改革开放以来现代化历程所遭遇的问题中可窥一二。

现代化具有"格式塔"效应；现代化又不等同于西化，全盘照搬在现实中不具有可操作性。这两个论断是否构成一种悖论呢？严复有一个恰当的比喻说明这个悖论。中华民国初期，政党多如牛毛，有三百多个，议员选举时，各个政党纷纷拉票，对于这种制度引进带来的窘迫情况，严复作了比喻：一头牛看见马比自己跑得快，就认为是因为马蹄所致，于是就将马蹄搬到牛腿上，可是牛仍然跑不快，于是意识到因马蹄需要马的骨骼的支撑，于是又把马的骨骼换到牛的身上，可是仍然跑不快，因为马的骨骼需要马的肌肉的支撑，而马的肌肉又需要马的血液循环系统的支持，最后发现，除非一头牛同时变成一匹马，否则牛永远没有马跑得快。严复在这里实际上提出了一个落后国家遭遇的两难性问题，即单纯移植西方的制度无法在中国使其存活，而全方位的移植又是不可能的，这种两难性问题可称之为"严复悖论"。①

认识这个问题除了上述提到的要对现代化、西化概念进行界定之外，还应进行现实分析。因为概念是从现实中抽象概括出来的，但是现实往往要丰富、复杂得多。这个悖论可以从两个层次上加以解决：首先，现代化的"格式塔"效应意味着现代化涉及社会的方方面面，只从制度、技术层面难以完成现代化；其次，现代化不等于西化意味着现代化并不必然按照西方的模式进行，现代化具有多种模式。罗荣渠先生在对现代化作广义和狭义界定时实际上已经指出了现代化的两种基本模式。他说："广义而言，现代化作为一个世界性的历史过程，是指人类社会从工业革命以来所经历的一场急剧变革，这一变革以工业化为推动力，导致传统的农业社会向现代工业社会的全球性的大转变过程，它使工业主义渗透到经济、政治、文化、思想各个领域，引起深刻的相应变化；狭义而言，现代化又不是一个自然的社会演变过程，它是落后国家采取高效率的途径（其中包括可利用的传统因素），通过有计划地经济技术改造和学习世界先进，带动广泛的社会改革，以迅速赶上先进工业国和适应现代世界环境的发展过程。"② 从广义和狭义角度界定的现代化，实际上已经指出现代化有内源性和诱发性两种现代化模式。不同的现代化模式意味着不同的制度变迁模式，同时也就意味着文化在制度变迁过程中将会扮演不同的角色。对于后发现

① 参见萧功勤、朱学勤《文化转型是制度变迁之根？》，载《社会科学报》2004年9月2日。

② 罗荣渠：《现代化新论》，商务印书馆2004年版，第17页。

代化国家而言，文化往往滞后于制度的变迁。下面以中国鸦片战争以来的早期现代化探索和改革开放以来的现代化历程为例进行分析。

1. 鸦片战争以来的早期现代化探索

洋务运动惨淡经营 30 年，虽然自始至终贯彻着魏源的"师夷长技以制夷"的主张，然而却并未达到"制夷"的目的；维新派通过反思洋务运动"自强新政"的失败原因，看到了变法的根本在于西方的"学业"、"官制"、"法度政令之美备"，也就是西学及西方政治制度，于是要维西方政治制度之"新学"，变"三纲五伦"及专制制度之"成法"，抨击君主专制，主张变君主专制为君主立宪，明确提出"民权"观念并大力倡扬，然最后也以失败而告终；以孙中山为领导的革命派彻底推翻了在中国存在几千年的封建帝制，翻开了中国历史的新篇章。在革命后新制度的建立问题上，孙中山选择了议会民主政治。孙中山认为西方的议会民主政治具有普遍适用性，即认为移植西方的议会民主制度，就相当于我们现在已经造好了铁路，是买新发明的火车头，还是买老式的火车头？答案自然是不言而喻的。然而美好的愿望仍未能变成现实，推翻封建帝制后建立的资产阶级共和国也以夭折而告终了。

议会民主政治、资产阶级共和国在当时作为一种制度建构不可谓不先进，然而为什么却失败了呢？原因肯定是多方面的，比如封建势力的阻挠和帝国主义的破坏，缺乏坚强的党和明确的革命目的等外部原因。但是如果将革命失败的原因只简单地归结为外部原因，不从内部、深层次处挖掘，那么历史前进的步伐可能会迟缓许多。从内部寻找革命失败的原因是历史前进的要求。共和制度是先进的，然而制度本身的先进性并不必然带来移植后同样先进的结果。由于中国人没有多党运作过程中所形成的遵循游戏规则的意识和习惯，也由于中国缺乏议会民主制度运行所必需的社会支持条件，如国民的法制意识、民主意识、契约观念、国民素质等，所以移植过来的西方民主制度最终以夭折告终。简言之，中国还缺乏建立民主共和制度的文化思想基础。这是辛亥革命后兴起改造国民性的五四新文化运动[①]的直接背景之一。新文化运动的主旨就是"新民"、"国民性的改造",即认为,中国现代化的转型首先是文化上的转型,文化不转型,制度变迁就是无根之木。

　　率先提出唤醒国民,改造国民性问题的是陈独秀。[②] 1916 年春,他在《新青年》上发表了两篇重要的论文,即《1916 年》和《吾人最后之觉悟》,其中说道:"……吾国年来政象,惟有党派运动,而无国民运动也。……不出于多数国民之运动,其事每不易成就;即成就矣,而亦无与于国民根本之进步。"[③] "今之所谓共和、所谓立宪者,乃少数政党之主张,多数国民不见有若何切身厉害之感而有所取舍也。……立宪政治而不处于多数国民之自觉、多数国民之自动,惟日仰望善良政府、贤人政治,其卑屈陋劣,与奴隶之希冀主恩、小民之

---

　　① 关于五四运动是否应包括新文化运动,历来有不同的看法。有人赞扬学生爱国运动而反对新文化运动(如蒋介石《中国之命运》),有人则反之,认为"五四运动对新文化运动来说,实在是一个挫折"(胡适,见周阳山编《五四与中国》,第 391 页,台北)。但绝大多数人认为二者有极密切联系而视其为一体。李泽厚先生即同意此种看法(参见李泽厚《中国现代思想史论》,天津社会科学院出版社 2003 年版,第 1 页,注①)。

　　② 按照李泽厚先生的看法,新文化运动在发展初期,只是对上一个阶段谭嗣同、严复、梁启超的历史工作的继续。谭、严、梁他们早已提出了改造国民性的问题。严复首先提出"鼓民力、开民智、新民性"口号,正式提出国民性问题,接着,梁启超提出"新民说",以期国人做一个具有自主性、独立性的"新民"。这是不是一个矛盾呢?笔者以为在历史发展过程中,许多阶段不可能做机械的划分,器物、制度、文化三阶段的划分只是就某一阶段的主要关注点而言,并不绝对。在器物、制度的变革过程中,都会牵涉文化思想问题,所以三者是交叉重叠的。如此说来,尽管谭、严、梁提出国民性问题,但这不是他们关注的时代焦点。制度是其"变"的重心,而陈独秀延续他们提出的国民性问题,却更多地放在文化启蒙的意义上,并且根据李泽厚先生的看法,新文化运动的启蒙要求和主张的彻底性和全面性以与传统彻底决裂的激烈姿态和新方式,使其性质区别于谭、严、梁(参见李泽厚《中国现代思想史论》,天津社会科学院出版社 2003 年版,第 2 页)。

　　③ 《1916 年》,载《青年》第 1 卷,第 5 号。

希冀圣君贤相施行仁政，无以异也……"① 这实际上提出了"多数国民之运动"问题。以陈独秀为首，《新青年》派兴起了一场民主启蒙运动，以唤起民众的觉悟，来自觉地争取民主。在《新青年》派看来，"民主政治在中国还没奠定思想基础，革命只是把辫子剪了，皇帝跑了，旧的专制政治背后的护符即封建文化依旧在社会上泛滥，致使输入何种新制度，也无论改良还是革命，都一一易桔为枳，随旧质而同化，由此，要实现真民主真共和，切要之处在把国民头脑中的旧思想洗刷干净，唤起人民的民主觉醒。这种思想变革才是解决中国问题的根本出路。中国当务之急，不在于改变上层的政治制度，而在于铲除养成中国人'奴性'的封建礼教，在于培养广大人民的独立人格，从旧观念旧礼教中解放出来。这种主张跨过了民主的政治层面，深入进民主的精神层面，由政治革命转向思想革命，将政治民主与每一位国民的文化素质联系起来，将前者奠立于后者之上"②。

在陈独秀看来，"中国的辛亥革命之所以失败，就在于中国缺乏象西欧那样的从文艺复兴到启蒙运动的思想革命。没有，就要补上；不补上，革命就不能成功；成功了，也不能巩固"③。这种觉悟导致了中国近代历史上最伟大的文化革命——五四新文化运动。新文化运动是"国民性改造"或"民族性改造"，其目标之一是为现代民主政治寻求精神价值支援。这场思想革命的总体目标，在于以西方自由主义和民主主义价值观为武器，批判旧文化以改造国民性。至于如何进行这场文化改造运动，是走与传统彻底决裂的全盘西化道路，还是回归传统，抑或将中西文化折中调和？各种不同的主张在当时争论颇为激烈，掀起了文化讨论的首次热潮。

孙中山作为辛亥革命的倡导者和领导者，在晚年也进行了一番深

---

① 《吾人最后之觉悟》，载《青年》第1卷，第6号。

② 张小平：《中国之民主精神》，四川人民出版社2000年版，第170页。

③ 彭明：《五四新文化运动的反思》，见张立文等主编《传统文化与现代化》，中国人民大学出版社1987年版，第341—342页。

层的剖析和坦诚的反思，以总结革命失败的教训。他认识到革命失败的重要原因之一便是：缺乏共和政治的社会基础。共和政治首要的条件应植根于人民群众地方自治的基础上，但是中国根本不具备这个条件。孙中山说，建立共和，"民权何由而发达？则从团结人心，纠合群力始"①。可是，"十年以前，非特一般人不知共和为何物，即知识阶级亦鲜解共和真理"②，中国革命后"以一盘散沙之民众，忽而登彼于民国主人之位，宜乎其手足无措，不知所从，所谓集乌合之众而已"③。

更有甚者，许多人"不但不知共和的好处，反而希望真命天子出现，或者满清复辟，把民国再变成帝国的心理"，"如果四万万人都抱这种旧思想，那么，共和的基础，怎么能够巩固呢"？④ 这一点李泽厚先生也曾指出："资产阶级民主思潮并未在中国生根，在中国有深厚基础的是封建统治传统和小生产者的狭隘意识。正是这两者结合起来，构成了阻碍中国前进、发展的巨大思想障碍。它与近代民主主义格格不入，蒙昧、等级、专制、封闭、因循、世袭，从自给自足的经济到帝王权术的'政治'，倒成为可以习以为常的思想状态和正统力量。"⑤ 当然，认为只要从心理上宣誓拥护共和，人人急起直追，共和基就能巩固的想法仍是不切实际的，由拥护共和的心理发展到政治行为，进而成为一种习惯和能力仍需一个漫长的过程，但具备创建先进制度的文化心理条件却是重要的不可忽视的前提，否则先进的制度也将不再先进，也会沦为旧文化的奴隶。

2. 改革开放以来的现代化历程

1978 年以来的改革开放是中国进入近现代历史以来比较大的制度变迁。整个改革开放的核心围绕着社会主义市场经济体制的建立而

① 《孙中山全集》第 6 卷，中华书局 1985 年版，第 413 页。
② 《孙中山全集》第 9 卷，中华书局 1986 年版，第 531 页。
③ 同上书，第 316 页。
④ 《孙中山全集》第 6 卷，中华书局 1985 年版，第 1—2 页。
⑤ 李泽厚：《中国近代思想史论》，人民出版社 1979 年版，第 311 页。

向前推进。这场制度变迁总体来讲是一种自上而下的强制性的制度变迁。因为，我国的改革是以邓小平为核心的领导层发起和倡导的，是由领导者设计和制定的，改革的各项方针政策是各级政府机关贯彻和落实的，整个改革进程是由政府组织和领导的。所以，我们有理由将中国改革的这场制度变迁定位为强制性的制度变迁。更具体些讲，这种强制性的制度变迁实际上是一种供给主导型的制度变迁，即在一定的宪法秩序、意识形态和伦理道德的约束下，政府提供制度安排的意愿以及起主导作用的制度变迁。① 和中国早期现代化探索时期的制度变迁历程极为相似，市场经济作为一种被移植进来的制度，同样遭遇到了变形、与传统文化的不合辙②等问题。这种冲突和震荡主要表现在以下几个方面：

第一，平均主义与利益主义的冲突和矛盾。平均主义思想作为中国传统文化的重要组成部分，在中国已有几千年的历史。它始于春秋战国时期。《论语·季氏》中说："有国有家者，不患寡而患不均，不患贫而患不安。盖均无贫，和无寡，安无倾。"战国时期的诸子百家尽管在政治上各有不尽相同的主张，却都在不同程度上坚持平均主义。《荀子·王霸》曰"农分田而耕"，《荀子·君道》曰"以礼分施，均遍而不偏"；《孟子·梁惠王上》曰"制民之产"，"五亩之宅，树之以桑"，"百亩之田，勿夺其时"，《孟子·滕文公上》曰"方里而井，井九百亩，其中为公田。八家皆私百亩，同养公田"；法家集大成者韩非子也主张"论其赋税以均贫富"；道家的"小国寡民"和"损有余而补不足"，墨家的"节用"、"节葬"也在不同程度上带有平均的意义。

---

① 参见杨瑞龙《论制度供给》，载《经济研究》1993 年第 3 期。

② 强调指出，中国市场经济制度的变迁正如前所指出的，少数人的文化观念起了思想解放的作用。30 多年前，中国改革的序曲是思想上的拨乱反正，是恢复马克思主义的实事求是思想路线，是批判"两个凡是"以及正确评价毛泽东的历史地位。没有这场思想解放运动，中国很难出现轰轰烈烈的改革浪潮。即使出现了改革的苗头也会被扼杀在萌芽状态，或者因受到阻力而延缓它的进程。然而大多数民众的文化观念是传统的、保守的，与市场经济的内在精神和价值追求不一致。从这个意义上讲，文化是滞后于制度变迁的，是保守的惰性力量。

当然，中国古代的平均主义主要是强调土地的平均占有和土地平均占有下的赋税平均。中国古代平均主义思想的产生一定程度上是由于商品经济不发达，所以定期分配土地的公社制度得以被完整地保存下来。这种思想一定程度上反映了小农的内心愿望，同时也可以成为统治阶级的统治方略，客观上起到了维护封建统治的作用。正如马克思所说的，由于平均主义的小土地所有制"造成全国范围内各种关系和个人的划一的水平。所以，它也就使得一个最高的中心对这个划一的整体的各个部分发生划一的作用"①。

平均主义思想在中国沉淀了几千年，深深地根植于人们的头脑之中，这种思想观念忽视个体差别，漠视个体的正当利益，打击了人们独立进取的积极性，不利于劳动者积极性和创造性的发挥，妨碍了社会主义市场经济建设所需要的精神动力的培养和成长。马克思说："人们奋斗所争取的一切，都同他们的利益有关。"②而市场经济以利为先。投资者追求利润最大化，消费者追求效用最大化，劳动者追求收入最大化，宏观决策者追求社会福利最大化，这是各种市场经济共有的法则。平均主义的思想与市场经济所蕴涵的效率原则格格不入。平均主义的思想原则和市场竞争的利益主义所产生的收入不均及社会不安存在矛盾，自然就会产生对市场经济发展所带来的一些结果的不满，从而阻碍市场经济的建立与完善。

第二，家族主义与契约规则的冲突和矛盾。市场经济制度移植到中国后，由于参与市场经济活动的社会行为主体仍然受中国传统家族文化的影响，所以在社会博弈过程中不可避免地会采取传统文化的先验模式处理与看待市场经济制度，于是，冲突产生了，具体表现在：一是关系结构与市场结构的冲突。中国的传统关系结构是以家庭为核心的，分远近亲疏，三六九等，按照费孝通先生的说法即是"差序格局"，这种关系结构与以经济效率和经济效益为基础建立起来的市场结构是相冲突的。"所以，有的经济学家说中国的市场是依托人际关

---

① 《马克思恩格斯选集》第1卷，人民出版社1995年版，第681页。
② 《马克思恩格斯全集》第1卷，人民出版社1956年版，第82页。

系的网络而发展起来的，价格并不反映真实成本，企业办社会，政府包企业。"① 二是利益原则与关系原则的冲突。市场经济制度通过一系列法律法规对市场供求、市场交换和市场竞争行为进行了严格的规定，市场行为主体的行为受到相关制度规则的严格约束，这与中国人所遵循的传统的家族主义的关系原则产生了矛盾。②

第三，理与情的冲突。市场经济本身是一种契约经济，经济活动主体在法律面前平等，市场经济用市场游戏规则、法律制度来约束、规范、调整参与市场竞争的各个主体的行为活动。而中国人却是用以"家"为核心形成的关系及亲疏的情感作为处理市场竞争产生问题的规则，公平竞争的市场规则与公正的法律规则让位于"情"，在中国传统文化氛围中，情往往大于法。此外，传统的重农抑商思想和对商业谋利行为的排斥和抵触，科举制度积淀下来的知识分子对政治的关心和偏好，也与市场经济的根本原则格格不入。"学而优则仕"的官本位思想，导致人们轻视科学技术和经济性实践，使人才的成长和流通局限于有限的领域，且时常处于不畅通的状态中。

第二节　中国近现代制度变迁的文化基因分析
——以西方为参照

制度本身严格说来是人们在长期的历史过程中，在交往和博弈的过程中形成的约束人们行为的一种规则；制度的形成是人类在长期适应环境挑战的过程中形成的解决问题、应付困境的各种办法。这些办法之所以有效，是因为它们根植于自己的文化土壤之中，与文化要素长期磨合并形成了一个整体，互相协调。整个西方制度变迁就是这样一种状况。在制度变迁过程中，文化当然也会和制度产生冲突，旧文

---

① 转引自熊必军《增进非正式制度变迁，完善社会主义市场经济体制》，载《郴州师范高等专科学校学报》2002 年第 3 期。

② 同上。

化与新制度、新文化与旧制度之间会有不一致和冲突，然而这种冲突总体来讲是在本国特定的文化背景中的冲突，不存在与异质制度、文化因素的融合问题。论及中国的制度变迁及未来的制度建构却无法逃避现代化进程中西方制度对中国等后发现代化国家造成的示范效应，此种历史现实决定了我们要分析文化在近现代中国制度变迁过程中的作用，必须对中国的文化传统、对孕育中国制度的文化基因进行梳理和反思，并且这种梳理和反思无法脱离西方已建立的制度体系，也必然会以西方制度的具体建构及其理论渊源和文化精神为参照。在此有一点需要说明：以西方的制度建构及其文化基因为参照并不意味着秉持"西方中心论"观点。对西方制度的形成、变迁及其文化基因的追溯只是一种事实上的说明，以其为参照反观中国并不包含价值优劣的评判。

一　社群主义与个人主义

中西方各自具有的社群主义文化和个人主义文化的分野，导致了中西方制度沿着不同的文化路径生发和变迁。中国文化以及受儒家文化精神濡染的东亚诸社会的文化，基本上是一种社群主义文化，西方文化是一种个人主义文化。[1] 关于西方文化是一种个人主义文化，学界基本达成共识。而关于"中国文化是社群主义文化"的界定，学界却有异议。[2]

---

[1]　参见韦森《经济学与哲学——制度分析的哲学基础》，上海人民出版社2005年版，第252页。

[2]　一些管理学家如美国哈佛大学的乔治·洛奇（George Lodge）、福格尔（Erra Vogal）和剑桥大学 Judge 管理学院的查尔斯·汉普登—特纳教授（Charles Hampden-Turner）认为以儒家伦理为核心的东亚诸社会是典型的社群主义社会。他们指出，社群主义文化价值观不同于集体主义文化价值观，两者的主要区别在于集体主义文化价值观不太注重商业的发展；而德国当代汉学家卜松山（Karl-Heinz Pohl）认为与其说中国传统文化是一种注重公共利益——像西方社群主义所主张的那样——的社群主义，不如说是一种建立在家族联系之上并只关注家庭利益的利己主义。参见韦森《经济学与哲学——制度分析的哲学基础》，上海人民出版社2005年版，第252—253页，注［1］。

尽管中国的"社群主义"不同于桑德尔、麦金泰尔和瓦尔泽等西方学者所理解的社群主义，但是考虑到中国不强调"个人"，而更为关注家庭意义上的"社群"，所以，还是可以把中国文化的基本精神视作某种"社群主义"。[①] 把中国文化的基本精神大致界定为某种"社群主义"而不是其他的什么主义，或者说之所以把社群主义作为与个人主义相对的概念提出来，主要可以从社群主义的基本特征和主要思想主张方面来分析。社群主义思潮的兴起最直接的是针对 20 世纪 70—80 年代盛行于西方的新自由主义而提出的。新自由主义倡导一种"分离文化"，强调"个人优先于社会"，这种个人权利至上的主张使得西方原本具有的个人主义倾向更加明显。受这种文化思潮影响，人们越来越多地关注个体的价值与利益，而漠视他人的价值与利益；越来越多地将个体封闭在自我的狭小圈子之内，忽视社会的共同价值，甚至贬低共同体生活对人们的生活意义。个人权利至上的原则客观上造成了西方社会沦落为狭隘的个人主义与片面的工具理性的结合体。社群主义正是在这样的思想背景下，作为新自由主义个人主义的对立面而产生的政治文化思潮。其目的正在于通过强调社会和社区联系对人的价值和意义，致力于社群价值与个人价值的相互协调，遏止自由主义的过度宣扬带来的个人主义的泛滥和消极影响。从方法论上讲，社群主义可以说是集体主义的，它把社会历史事件和政治经济制度的原始动因最终归结为群体，诸如家庭、社区、阶级、国家、民族等；从价值论上讲，社群主义强调普遍的善和公共的利益，认为个人的自由选择能力以及建立在这个基础上的各种个人权利都离不开个人所在的社群。个人权利既不能离开社群自发地实现，也不会自动地导致公共利益的实现。个人利益只有在公共利益实现的前提下才能够得到最充分的实现，所以只有公共利益，而不是个人利益，才是人类最高的价值。[②] 也正是从这个意义上，我们使用"社群主义"来描述中国文化

---

① 参见韦森《经济学与哲学——制度分析的哲学基础》，上海人民出版社 2005 年版，第 253 页，注 [1]。

② 参见俞可平《社群主义》，中国社会科学出版社 1998 年版，第 3—4 页。

基本精神的一个方面。尽管社群主义作为一种政治文化思潮本身在阐述个人与群体之间关系时依然有很多局限性，没有认识到个人自由、全面的发展与社会共同体之间存在的辩证关系，即一方面，个人只有通过共同体才能获得和控制全面发展其才能的手段，才有个人自由；另一方面，只有以个人身份参加的共同体，才是自由人联合体。个人是发展的主体和目的，共同体是个人发展的形式和条件。也或许"社群主义"不能十分确切地概括出中国文化基本精神的一维，但是就从这种政治文化思潮所体现出来的与自由主义的极端个人主义相对立的意义上，笔者认为"社群主义"可以比较好地概括出中国文化基本精神的一个方面。

1. 社群主义文化基因与中国制度变迁

中国文化和受中国儒家文化影响的东亚地区文化一样，基本上是一种社群主义文化。中国之所以未能生发出市场制度，未能演变为民主、法治社会可从社群主义文化处找寻原因。中国以家族为本位的社群主义文化塑造的个人和西方那种追求个人独立、个人自主和个人利益的个人不同。有学者指出："我们不能说儒家伦理中缺乏明确'个人'（person）概念，但我们可以从各种相关文献或文本中见出，儒家伦理中缺乏像亚里士多德乃至西方伦理中那种作为独立实体存在的'个体'（individual）概念。"① 中国人缺乏独立人格和独立性，这与中国社会长久以来是以伦常关系为基础的社会有密切关系。在这样的社会中，每一个个体不是独立者，而是伦常之网中的一个"倚存者"②。"中国的社会结构是以家庭为基础，家庭中的成员关系是以父与子的关系为'主轴'，其他种种关系也都以这一主轴为中

---

① 转引自韦森《经济学与哲学——制度分析的哲学基础》，上海人民出版社2005年版，第263页。

② 许烺光指出中美性格的差异，说美国人是个人中心，中国人是情景中心。前者趋向于社会的心理的孤立，后者对他人产生社会的心理的依赖。See Francis L. K. Hsu, American & Chinese: *Two Ways of life*, N Y: Abelard-Schuman, 1953, p. 10.

心。父子的关系不但发生作用于家庭之中，而且扩及于宗族，乃至于国家。中国古代的君臣关系，实是父子关系的投射。由于中国社会的背景所孕育，中国人的性格因素首先是服从权威和长上（父子关系的扩大）。"[1] 中国人看重家族的利益，在这种社会网络结构中"克己"、"无我"。生活于社会网络结构之中，奉行"无我"原则的人总是将自身的利益或自己所属的某个小群体的利益服从于更大的社会群体的利益。西方学者爱德华认为："大部分中国人都将社会视作为一个有机的整体和无残缺之网。网上之线必定都具有一定的长度、直径和连贯性，必定都按照预先约定的形式相互配合……希望在于每一个个人将像一个齿轮那样，在总是有效率的社会机器上恰当地发挥作用。"[2] 这种家族本位、无我的社群主义文化使得人们非常注重自身生活于其中的狭小群体的人事和人情关系，注重培养人际和谐、情理统一的完善的家庭和社会生活。关于这一点，梁漱溟先生有过精辟论述："在社会与个人的关系上，把重点放在个人者，是谓个人本位；同在此关系上，放在社会者，是谓社会本位。诚然，中国之伦理只看见此一人与彼一人之相互关系，而忽视社会与个人相互间的关系。……这就是说，不把重点放在任何一方而从乎其关系，彼此相交换，其重点实在放在关系上了。伦理本位者，关系本位也。"[3] 有学者认为，把中国社会理解为一种（家族）社群主义社会，与梁漱溟先生的"关系本位说"应该是同一个意思。[4] 当然，有人会提出异议，认为中国也是有自我的，但是和西方那种相互独立、自我充盈、自律的自我不同，中国的自我是在与他人的关系中所形成的自我，是相互

---

①　转引自金耀基《从传统到现代》，中国人民大学出版社 1999 年版，第 39 页。

②　R. R. Edwards："Civil and Social Rights：Theory and Practice in Chinese Law Today"，in R. R. Edwards，et al（eds.），*Human Rights in Contemporary China*，New York：Columbia University Press，1986，p. 44.

③　梁漱溟：《中国文化要义》，上海人民出版社 2003 年版，第 93 页。

④　参见韦森《经济学与哲学——制度分析的哲学基础》，上海人民出版社 2005 年版，第 263—264 页，注 [1]。

依赖的自我。西方人的自我表现出来的是："（1）由一个独特的内在属性（如特质、能力、动机和价值观）的完形所组成；（2）而行为主要就是这些属性所表现出来的一种结果。"① 在西方文化塑造之下的个人的自我形态按照格尔兹的说法是这样的："一个封闭的、独特的、在动机和认知上或多或少是整合在一起的整体，是觉知、情绪、判断和行动的动力中心，这些方面相互组织起来就构成了一个卓然的群体，这样的一个群体既与其他这样的整体相对立又与社会和自然的背景相对立。"②

讲求关系的社群主义文化价值观，在经济生活领域很难建立起以契约关系为特征的市场经济制度。人际关系熟人化倾向的结果之一即是人际关系的非普遍化和非抽象化，从而导致人们之间交往关系的局限性，即一般发生在家族、亲友和熟人圈中，从而无力生发出市场经济制度。这一点费孝通先生也曾指出过："在亲密的血缘社会中商业是不能存在的。"③ 在血缘社会中发生的交易是以人情来维持的，牵涉了太多的人情关系和社会关系，人际关系的非疏离和非陌生状态不利于市场经济制度的建立。"商业是在血缘之外发展的。"④ "地缘是从商业里发展出来的社会关系。血缘是身份社会的基础，而地缘却是契约社会的基础。"⑤ 建立在血缘和人情基础之上的"社群主义"社会在进行市场交换时更多依靠感情而不是理性，而真正的市场经济制度建立在契约之上，契约中有精密的计算、确当的单位、可靠的媒介，对交易双方的权利和义务有明确规定。黄仁宇先生的"数字化"是对市场经济制度特性的恰当概括。

讲求人情、关系和社会和谐的社群主义文化，在某种意义上讲也成为建立民主法治社会的一个障碍。首先，从客观上讲，人际交往的

---

① 转引自赵旭东《反思本土文化建构》，北京大学出版社 2003 年版，第 98 页。

② 同上书，第 99 页。

③ 费孝通：《乡土中国　生育制度》，北京大学出版社 1998 年版，第 74 页。

④ 同上。

⑤ 同上。

非陌生化、非疏离化不需要建立正式制度的约束机制和严苛、烦琐的法律制度，民俗乡约在处理社会分层简单、交往半径小的人际关系时似已足够，从而阻碍了社会向民主法治社会转型。其次，从主观上讲，追求群体和谐和人际和睦的社群主义文化，不倡导通过"无情"、"理性"的法律程序解决民事纠纷。历代统治者提倡"息讼"、"止讼"、"贱讼"、"去讼"、"无讼"，百官把"辨讼"、"决讼"、"断讼"看成是自己的日常公务，民间百姓也有"厌讼"、"贱讼"的心理，"乡人有以事争辩者，不之公庭而之祠堂（调处）"，以"子孙奕世无受官刑者"①为尚。

2. 个人主义文化基因与西方制度变迁

西方文化，包括英美文化和承继古希腊—罗马文化传统的欧陆文化，大致可以归结为一种个人主义文化，西方市场经济制度、民主法治制度的形成和变迁有其个人主义文化的渊源。《简明不列颠百科全书》中关于"个人主义"的解释是这样的："个人主义（Individualism），一种政治和社会哲学，高度重视个人自由，广泛强调自我支配、自我控制、不受外来的约束的个人或自我。……作为一种哲学，个人主义包含一种价值体系，一种人性理论，一种对于某些政治、经济、社会和宗教行为的总的态度。"

个人主义在西方文化中源远流长，尽管"个人主义"这个词在19世纪初才出现，但是从西方文化的两大源头——两希文化（即古希腊罗马文化和古希伯来—基督教文化）来看，个人主义的文化因子早已经存在于两种文化之中。以人本主义为主要精神的古希腊罗马文化中起始便潜含着个性解放、个体自由、个人自主、个人价值至上、个人独立等此后被称之为个人主义价值观的文化因子。西方文化的另一个

---

① 转引自罗志渊《近代中国法制演变研究》，台湾正中书局1986年版，第8页。也有学者认为民间为维护自身权益而"对决公庭"的争诉很多，参见黄宗智《民事审判与民间调解：清代的表达与实践》，中国社会科学出版社1998年版。

源头古希伯来—基督教文化也从一开始就潜含着类似的个人主义的文化因子。有学者指出，从《圣经·旧约》与《圣经·新约》的记载中可以看出西方文化中潜含着的个人主义文化因子。《旧约》中关于亚当、亚伯拉罕、雅各（据《圣经》记载曾与上帝摔过跤）、摩西、约书亚、大卫王、所罗门王到约伯、以赛亚等旧约时期的先知们的记载，《新约》中从对耶稣事迹的记载到圣徒彼得、约翰和保罗等经历的记述中，都可以看出以色列人和基督徒，能够作为独立的个人，以自己独特的方式与上帝进行沟通与交往，这表明，每个人在上帝面前具有"独立的人格"。[①]

经过文艺复兴、宗教改革和启蒙运动，个人主义的文化因子得到充分的张扬，到 20 世纪它已成为西方价值观的核心。文艺复兴时期，人们运用绘画、诗歌、雕塑等艺术手段歌颂人、倡扬个性解放、肯定人的肉体欲望的合理性和正当性，并以此作为衡量人的解放程度和人的本性的实现程度的尺度。文艺复兴时期这种肯定人性、张扬人性、以人为本的思想实际上是个人主义出场的前奏。继文艺复兴之后的宗教改革又使人在信仰领域获得了个人独立和自由。路德宗教改革之前的中世纪神学认为，人要想灵魂获救，必须借助中介人或代祷者，必须依靠他人来完成。在路德看来，信仰完全是个人的事情，不依靠任何外在的东西，人的信仰就是人的一切。人只要有信仰就可以直接面对上帝，就可以获得上帝的救赎，也就是所谓的"因信称义"。"因信称义"就使得一切教会法规、教皇权威在人的信仰面前都失去了约束力。黑格尔说得好："在和上帝发生绝对关系的地方，一切外在性都消失了；一切奴性服从也随同这种外在性，这种自我异化消失干净了。"[②] 启蒙运动将个人主义的思想发扬光大，"人"和人的"理性"得到了张扬。按照康德的说法，"启蒙运动就是人类脱离自己所加之

① 参见韦森《经济学与哲学——制度分析的哲学基础》，上海人民出版社2005年版，第 257 页。

② ［德］黑格尔：《哲学史讲演录》（第三卷），贺麟、王太庆译，商务印书馆1959年版，第 379 页。

于自己的不成熟状态"①。启蒙运动的口号就是："要有勇气运用你自己的理智！"② "启蒙运动除了自由而外并不需要任何别的东西，而且还确乎是一切可以称之为自由的东西之中最无害的东西，那就是在一切事情上都有公开运用自己理性的自由。"③ 每个人都是独立自主的、重要的，都具有理性判断力，个人应该有勇气运用自己的理智或理性对事情作出自己的判断，不应轻信、迷信权威。启蒙是理性的自我解放，"把人当作人"，号召尊重人，讲人性、人权、人的价值、人的自由和解放，批判人的不幸遭遇和状况，反对压抑人、贬低人、摧残人的神道、皇道，争取人的全面发展和解放。至此，个人主义作为西方价值观的核心已深入人心。

个人主义已成为在西方占据主流地位的文化思潮。西方有学者把个人主义价值观概括为三个命题："（1）一切价值都是以人为中心的，即价值都是人所经验到的（但不必为人类所创造）；（2）个人就是目的本身，个人是最高的价值，社会存在仅仅是实现个人目的的手段；（3）所有个人都是道义上平等的，这种平等的最佳表述是，任何个人都不可被当作他人谋求利益的手段。"④

个人主义文化基因是市场经济制度源发于西方的先决条件之一。换言之，个人主义文化基因与市场经济制度是内在相契的，这表现在：

第一，个人人格的独立是市场经济制度存在的前提条件之一。只有每个人在社会中获得了独立的人格，才能进行独立的市场交换。马克思在说明资本主义形成的条件时，就已经指出：自由劳动者能够自由出卖自己的劳动力是资本得以形成的前提之一。市场经济建立在商品货币关系基础上，商品货币关系是不同经济主体之间平等独立的等

---

① ［德］康德：《历史理性批判文集》，何兆武译，商务印书馆1991年版，第22页。

② 同上。

③ 同上书，第24页。

④ 转引自卢风《人类的家园——现代文化矛盾的哲学反思》，湖南大学出版社1996年版，第6页。

价交换关系，因此，市场主体必须是自主经营、自负盈亏、平等和独立的法人或商品生产者。

第二，个人意志的自由是市场经济制度存在的前提条件之二。个人主义张扬人的意志自由和思想解放，市场经济制度也要求人的意志自由。商品交换是人们自由选择的体现。人类的一切自由最终都必须通过选择行为得以体现。在商品关系中，平等和自由是两个基本的规定。进行商品交换的双方彼此间互为自由选择的主体。因此，商品交换行为本身是一种自由自觉的选择活动。为了使"物作为商品彼此发生关系，商品监护人必须作为有自己的意志体现在这些物中的人彼此发生关系"①，交换双方"只取决于自己的自由意志"②。而自由意志则是人的一切自由的内在体验和主观表征。作为人的主体性赖以确立的重要主观条件，它构成主体自觉性、自由性、自为性和目的性的内在根据。

第三，个人物质利益的合法性和正当性是市场经济制度存在的前提条件之三。市场经济制度的确立要求利益主体的多元分化，这是市场经济制度得以确立的重要前提。因为商品所有者在交换关系中"必须彼此承认对方是私有者"③。人的物质利益的相对独立化是人格独立的基础。因为"靠别人恩典为生的人，把自己看成一个从属的存在物"。而任何一个存在物，"只有当它依靠自己而**存在**的时候，它才是用自己的双脚站立的"④。个人主义充分肯定个人物质利益和欲望的正当性和合理性，这一点符合市场经济制度的要求。

第四，基于以上三点之上的人与人之间平等关系的确立是市场经济制度存在的前提条件之四。因为"商品是天生的平等派"⑤。商品交换之所以能够得以进行，是以交换主体之间的平等为前提的。"平等

---

① 《马克思恩格斯全集》第 23 卷，人民出版社 1972 年版，第 102 页。
② 同上书，第 199 页。
③ 同上书，第 102 页。
④ 《马克思恩格斯全集》第 42 卷，人民出版社 1979 年版，第 129 页。
⑤ 《马克思恩格斯全集》第 23 卷，人民出版社 1972 年版，第 103 页。

和自由不仅在以交换价值为基础的交换中受到尊重，而且交换价值的交换是一切**平等**和**自由**的生产的、现实的基础。"① 唯有消除主体间的不平等和人身依附，真正建立在契约关系之上的市场经济制度才能够确立。当然，在私有制社会，这种平等还只具有形式上的意义，但即使如此，这种平等对于市场经济制度的建立仍是一个不可或缺的前提，是人类历史上的一大进步。

基于个人主义的思想，西方的自由主义经济学家为市场经济制度作辩护，把它看成最合理的经济制度。亚当·斯密认为每个人在经济活动中都会追求利益最大化，这也是大多数经济学家所认可的"经济人"假设。斯密指出："各个人都不断地为自己所能支配的资本找到最有利的用途。固然，他所考虑的不是社会的利益，而是他自己的利益，但是他对自身利益的研究自然会或者毋宁说必然会引导他选定最有利于社会的用途。"② 在斯密看来，每个人受着一只看不见的手的指挥，去尽力达到一个并非他本意要达到的目的。也并不因为事非出于本意，就对社会有害。他追求自己的利益，往往使他能比在真正出于本意的情况下更有效地促进社会的利益。他在追求自己的利益的同时促进了社会利益，其效果要比他真正想要促进社会利益所得到的效果还要大。③ 斯密甚至说："我从来没有听说过，那些假装为公众幸福而经营贸易的人做了多少好事。事实上，这种装模作样的神态在商人中间并不普遍。"④ 在斯密看来，要把资本用在什么种类的产业上，以便获得最高利润，投资者个人知道得最清楚，"每一个人处在他当地的地位，显然能判断得比政治家或立法家好得多"⑤。总之，市场能够解决一切问题。

---

① 《马克思恩格斯全集》第 46 卷（上），人民出版社 1979 年版，第 197 页。

② ［英］亚当·斯密：《国民财富的性质和原因的研究》（下），郭大力、王亚男译，商务印书馆 1988 年版，第 25 页。

③ 参见［英］亚当·斯密《国民财富的性质和原因的研究》（下），郭大力、王亚男译，商务印书馆 1988 年版，第 27 页。

④ 同上。

⑤ 同上。

　　个人主义也是西方民主政治制度的文化来源之一。个人主义价值观与资产阶级民主政治制度具有内在一致性。对于民主政治制度的理解虽然见仁见智，没有统一的答案，但是在西方政治制度史上，民主基本上有两种含义：其一，民主"意味着一套以多数统治原则为依据的政府制度，在这一意义上，它和人民的声音即上帝的声音这一观念一直是同义语"①；其二，民主从维护少数人的权利和利益出发，主张"一切权力都有危险性，因此，唯一公道的政府只能是一个权力有限的政府。多数人的绝对主权并不比专制君主的或贵族统治的绝对权力更加可以信赖。为了使少数的人和个人得到保护，一切政府都必须受到制约和限制"②。第二种含义的民主与个人主义具有内在一致性。③个人主义向来认为个人具有最高的价值，一切社会组织都只是为了保护个人利益和权利而存在，而第二种含义的民主也不再仅仅局限在保证大多数人的利益和权利，以体现大多数人的意志为旨归，尊重少数个人的意志、保护少数个人的利益和权利同样是民主应该具有的品格。于是个人主义和民主制度的内在精神不谋而合，二者具有了内在一致性。

　　个人主义价值观容易与自由主义携手同行。个人主义价值观体现在具体的民主政治制度建构上，往往遵循自由主义原则。因为个人主义重视个体的价值和自由，所以依此原则建立起来的民主政治制度必然要求尽可能限制国家权力。例如，卡尔·波普尔曾经指出自由主义的一条重要的政治原则"自由主义剃刀"（Liberal Razor），认为若无必要就不应该增加国家的权力。当然，并不是说西方所有的政治制度都是依此建构的，"但三权分立的政治制度以及社会多元化的形成发展的确与自由主义的传播与深入人心休戚相关。就此而言，我们必须

---

　　①　［美］爱·麦·伯恩斯：《当代世界政治理论》，曾炳钧译，商务印书馆1990年版，第6页。

　　②　同上。

　　③　参见卢风《人类的家园——现代文化矛盾的哲学反思》，湖南大学出版社1996年版，第24—26页。

承认个人主义价值观在整个资本主义体系中是与资产阶级民主政治彼此协调的"①。

二　价值理性与工具理性

中西方价值理性和工具理性的分野是导致中西方制度变迁沿着不同路径展开的另一重要文化基因。尽管价值理性和工具理性的文化基因在中西方文化系统中同时并存，二者不是水火不容的文化因子，然而这不妨碍我们对中西方文化的主要理性倾向作大致的定性。笔者认为，价值理性在中国的文化系统中居支配地位，而在西方的文化系统中，工具理性是主要的理性倾向。两种不同的理性倾向导致了制度变迁的不同路径。

价值理性和工具理性的划分，不同的学者有不同的提法，但其基本内涵是一致的。马克斯·韦伯的实质合理性和形式合理性的划分，卢卡奇的批判理性或辩证理性和形式理性或科学理性的划分，霍克海默的客观理性和主观理性的划分，表达的实质都是价值理性和工具理性的不同致思取向。在韦伯看来，形式合理性是一种关于事实之间因果关系的判断，它基于对客观事实及其规律的认识，以能够计算和预测后果为条件，把目的、手段和与之伴随的后果一起加以合理性的考虑；而实质合理性是关于不同价值之间的逻辑关系判断，它基于对某种价值的推崇，以维护实现某种信仰、理想、意向为目的，而不考虑行为的后果。卢卡奇在《历史和阶级意识》一书中，对形式理性或科学理性的特点进行了分析。在他看来，形式理性作为一种思维方式或理解世界的方式，其基本特征是："（1）它与数学和精确科学的发展同步，反过来又同越来越复杂的管理技术、同生产的发展发生相互作用；（2）它将一切东西都看作工具，将生产的各方面孤立起来，导致了各种形式规律的出现，一切都被归结为建立在同等关系基础上的可

---

① 卢风：《人类的家园——现代文化矛盾的哲学反思》，湖南大学出版社 1996 年版，第 25—26 页。

计算性和可操作性；（3）它表现为一个合理的资本主义生产的现实过程，换言之，资本主义的合理化过程就是形式性的物化或异化的过程。"① 法兰克福学派的著名代表人物霍克海默认为主观理性也就是工具理性，客观理性即是批判理性。他认为，主观理性强调手段及其与目的的可能的协调，"理性最终被当作一种合作协调的智慧能力，当作可以通过方法的使用和对任何非智力因素的消除来增加效率"②。与主观理性相反，"客观理性是实在固有的一个原则，是一种生活方式，即一种与生命、自然谋求和谐的方式"③。由以上学者对两种理性的划分，我们可以看出价值理性和工具理性的基本分野。概而言之，价值理性强调目的、意识和价值的合理性；工具理性强调手段的合适性和有效性，而不管目的的恰当与否的合理性。工具理性作为人类理性的重要内容，是指人们在行动中表现出来的对实现目的、理想而起着重要作用的手段、工具、途径、方法等格外重视的思维方式和态度。

中西方价值理性和工具理性的分野是中西方制度变迁沿着不同路径展开的一个重要文化原因。具体到制度形式，以价值理性为主导的中国文化与市场经济制度和民主政治制度的内在精神不相契，所以不能够生发出市场经济制度和民主政治制度；而以工具理性为主导的西方文化与市场经济制度和民主、法制的内在文化要求相一致，所以能够孕育出市场经济制度和民主法制制度。下面详述之。

1. 价值理性、工具理性与市场经济制度

市场经济制度内在要求工具理性。工具理性追求精确性和系统化，强调严密的逻辑联系，崇尚严谨、精确，它要求人们准确、定量地认识和把握外界对象，并对对象的特征及规律进行系统的研究，作

---

① 陈振明、陈炳辉、骆沙舟：《"西方马克思主义"的社会政治理论》，中国人民大学出版社 1997 年版，第 293 页。

② 同上书，第 295 页。

③ 同上。

出精确的理论说明。工具理性反对模棱两可或简单的经验式的描述。工具理性具有功利性特征，追求效益的最大化。丹尼尔·贝尔在其《后工业社会的来临》中指出，工具理性的思维方式和行为方式强调功能关系和数量，它的行动标准是效率和最佳标准。为了使功用或效益达到最大，工具理性总是努力权衡利弊，合理地设计行动目标，选择最佳途径和最佳手段，以尽量少的投入求得尽量多的产出。因此，工具理性始终以经济为取向，采用严格的簿记方式，注重经济核算，追求实际的成效和利益，强调保障个人正当利益的重要性，注重经济的积累与发展。工具理性的这些特征和市场经济制度具有内在一致性。合理计算是市场经济运行的客观要求。不管附着于何种社会制度，市场经济都是一种营利性经济，本质上要求一种确定的形式化的准则按同一的标准来处理问题，需要树立精确的计算意识以获取最大收益①。可见，市场经济制度需要工具理性。

　　具体而言，中国文化一直以来高扬"君子喻于义"的高尚品格，主张通过修身发挥人的德性善行，达致"齐家、治国、平天下"的治国方略。激越浪漫、追求理想社会的构建是中国知识分子永远的情怀。道德、价值因素一直在中国文化中占有重要地位。以儒家为例，儒家的价值理性主要表现在：一是重形而上的"道"（本体精神），轻形而下的"器"（物质技艺）。主张"君子不器"，把对形而下的"器"的认识和追求看成是"壮夫不为"的"雕虫小技"。认为只有对形而上的"道"的追求才是君子应该做的。这种价值理性的倾向导致现实中的重义轻利。同时，中国的价值理性以整体综合、个人感悟为主要致思取向，不追求精确的计算和逻辑演绎。据此言之，中国文化是价值理性居支配地位的文化。

　　西方文化是工具理性居支配地位的文化。稳健务实，沉着事功，注重实效是西方文化的特征。科学技术本身是一种工具理性。科学技术在近代西方取得的巨大成就使得工具理性不仅是科学技术领域居统

---

① 参见齐振海、贾红莲主编《21世纪中国文化走向——市场经济与文化建设的哲学探索》，北京师范大学出版社 2003 年版，第 250—251 页。

治地位的理性形式，而且使其超越了单纯的科学技术领域，变成社会的组织原则，渗透到社会总体结构和社会生活的方方面面，工具理性一跃成为构建整个社会的深层基础和组织化的统治原则。对于工具理性在社会生活领域的大肆扩张，以及造成的种种社会异化，西方马克思主义学派进行了深刻的批判。然而因与此处所要表达的主旨不同，所以不是阐述的重点。或许有人对科学技术是一种工具理性的观点提出质疑，认为正是因为西方文化中超越工具理性、超越对功利实用的追求，才是近代科学在西方萌发、突飞猛进的内在原因。不能否认的是，科学研究最初的确是超越功利的，针对某种价值理性而发轫，如出于对自然界的好奇，为了了解、认识和控制自然，为了真理，为了实现人的自由及某种价值等，只是科学技术发展到一定程度才发生了僭越，工具理性才成为整个社会的组织原则和控制手段。工具理性因其与市场经济制度内在精神的一致性，所以能够生发出市场经济制度，并促进其变迁；而价值理性因其与市场经济制度内在精神的不相一致性，所以不能够生发出市场经济制度，不能够促进其变迁。这是市场经济制度之所以能够在西方社会生发的文化基因之一。

2. 价值理性、工具理性与民主政治制度

民主政治制度也内在要求工具理性。民主和法治是民主政治制度的核心。工具理性从实际出发，注重实效，不迷信、不盲从任何权威；工具理性注重人们对社会、对他人的责任，要求人们讲究信用，节制有度；工具理性要求精确化和标准化，推崇对世界进行精确、系统的认识。而法律自身具有的权威性、严谨性、可靠性、标准性特征，和工具理性的内在精神具有一致性。所以，工具理性主张运用法律制度来规范和调节社会运作。在韦伯看来，现代证据法学的建立以及证据规则体系的完善都必须建立在工具理性观念的基础之上。他认为，所谓形式理性观念，意即所有法律原则、规则或制度一旦建立并具有实际的效力，就必须得到遵守；所有对这些原则、规则或制度的违反，不论出于什么样的动机和意图，都必须承受消极的法律后果，或者受到相应的法律制裁。①

　　具体到中国和西方，中国的价值理性倾向不能生发出民主政治制度。在中国传统文化中，人伦道德占据核心地位，中国文化一直以来注重官员的德性，没有民主的意识，注重价值判断，强调内在精神，主张通过内在的修养来支配人们的行为。这种不断完善自我、提升自我、升华自我的价值理性过多地关注人的内心修为和自我提升，缺乏对象化和关注外在的意识。这种意识表现在法律方面，即是缺乏"形式上受保证的法律"（即"形式理性"的缺乏），也就是"忽视形式上的法律制度和法律程序，而注重实质上的公平结果"。这是中国古代法律制度的基本特点和缺陷之一。具体来讲，中国古代缺乏从保障权利和使权利固定化的角度确立的法律制度，也没有可供预测的判例法，没有正式的案例汇编，然而在现实生活中，不具有特定法律形式的东西如皇帝的诏书、训令等常常占据法律的位置，使法律具有随意性和不稳定性。这一特点在中国今日法律实践中仍然部分存在。其表现是，人们愿意发现所谓的"实质真实"或"绝对真实"而反对所谓的"形式真实"或"相对真实"。表现在处理社会问题上就是不重视形式化的法律制度，因情而变、因人而异的处世方式被看成理所当然。民主政治制度所需要的工具理性在中国文化基因中是欠缺的，然而与西方文化却具有内在一致性，这是民主政治制度能够在西方生发、变迁，而未能够在中国孕育的文化基因之一。

　　需要强调的一点是，随着时代的演进，问题又走到了另一面，工具理性虽然是构建市场经济制度、民主政治制度的文化因素之一，但其弊端也日益显露。工具理性意识已经控制了整个社会，渗透在社会生活的方方面面，表现在人们具体的实践活动中，通过对外在世界进行理性的、技术的组织和控制，使社会生活逐渐规范化、制度化、法制化。对工具理性排挤价值理性的大肆扩张和僭越，人们已经作出了

---

　　① 参见《证据法学的理论基础》，见 http：//www.chinaue.com/html/2005—11/200511301622307547.htm。

反思，恢复和重建价值理性，建立全面的、批判的理性观已成为日益迫切的时代课题。

三　性善论与性恶论

中西方文化中不同的人性预设也是导致各自的制度变迁沿着不同路径发展的重要文化基因。人性问题的实质在于说明人具有什么样的属性，而如何看待人性又取决于如何看待人，即如何看待人的本质。马克思对人的本质曾作过两种论断，第一种论断认为人的本质是人的自由自觉的活动即劳动，这一论断强调人的生命活动方式不同于一般动物，物质生产劳动是人区别于动物的存在方式。然而这个论断却无法将人与人区分开来，不能把不同时代、不同阶级的人区分开来。第二种论断认为人的本质在其现实性上是一切社会关系的总和。这一论断强调人与人之间的不同，不同的人在社会生活中的不同状况，他们在生产关系中的不同地位，即人在现实中形成的社会关系的总和将不同的人区别开来。正如马克思所说："个人怎样表现自己的生活，他们自己就是怎样。因此，他们是什么样的，这同他们的生产是一致的——既和他们生产**什么**一致，又和他们**怎样**生产一致。"① 马克思关于人的本质的科学论断为我们正确看待人性问题提供了理论前提。人的本质在其现实性上是社会关系的总和就意味着人在本性上是社会存在物，不是孤立的生物个体，人总是处于社会关系总和之中的人，社会之外没有人。这从根本上跳出了对人性的抽象理解。当然，人还具有自然性，马克思称之为人的"肉体特性"，但处于社会关系之中的人的自然性也是已经社会化了的自然本性，即为一定的社会道德规范和制度所制约的人的自然性，并且在不同的社会条件下，人们满足自然性的方式也会发生变化。也正是在这个意义上，马克思认为没有抽象不变的人性，整个历史也无非是人类本性的不断改变而已。②

---

① 《马克思恩格斯选集》第 1 卷，人民出版社 1995 年版，第 67—68 页。
② 参见陈先达《静园夜语》，北京师范大学出版社 2008 年版，第 202 页。

中国文化尤其是儒家文化关于人性善的预设、西方文化关于人性恶的预设，从根本上都是抽象的人性预设，都没有跳出对人的自然本性的道德评价的范围，也因此才有了关于人性善恶的不休争论。很显然，从善恶角度看待人性是抽象的，只是一种理论预设。然而，这种理论预设却是中西方文化中存在的文化观念，反映了两种不同文化在人性问题上的观念分歧，并且这种分歧成为中西方制度安排产生差异并沿着不同路径变迁的重要文化基因。

1. 中国制度的建构和变迁基于对人性善的预设

中国传统文化尤其是儒家文化极为重视人的道德修养和圣人人格的提升。这种道德至上论是以人性善为前提预设的。[①] 儒家主张人性善，如《孟子·告子上》曰"恻隐之心，人皆有之。羞恶之心，人皆有之。恭敬之心，人皆有之。是非之心，人皆有之。恻隐之心，仁也。羞恶之心，义也。恭敬之心，礼也。是非之心，智也。仁、义、礼、智，非由外铄我也，我固有之也，弗思耳矣"。《孟子·公孙丑上》曰"无恻隐之心，非人也；无羞恶之心，非人也；无辞让之心，非人也；无是非之心，非人也。恻隐之心，仁之端也；羞恶之心，义之端也；辞让之心，礼之端也；是非之心，智之端也。人之有是四端也，犹其有四体也"。按照孟子的逻辑，人有恻隐、羞恶、辞让、是非"四心"，是仁、义、礼、智之"四端"。因此，人性是善的。既然人性是善的，那么人就有可能通过自身的道德修养提升自己的人格境界，发扬四善端，以达到圣人人格为最高目标。历代儒者皆注重修身养性，《大学》曰"物格而后知至，知至而后意诚，意诚而后心正，心正而后身修，身修而后家齐，家齐而后国治，国治而后天下平。自天子以至于庶人，壹是皆以修身为本"。通过修身养性，以达到圣人境界，具有完美无缺的德性、无所不能的智慧，由这样的

---

① 在中国传统文化中，也有荀子的"性恶说"，扬雄的"性善恶混说"，然终未能成为中国文化的主流思想。"性善说"在中国文化中居于主流地位。故此处概而论之，未详加分析。

圣人执掌天下，自然就能政通人和、国泰民安，于是"内圣"达到了"外王"。[①]

性善论的假定使得中国在制度安排上总是陷入一种理想主义，期求圣王和贤君的出现，设想道德楷模与政治权威之间的同构性，忽视了权力的制衡与限制，因而在历史上陷入了专制主义的制度模式之中，形成了"人治"的政治传统。而中国下层人民反对统治者限制与控制的方式，好像除了"叛乱"别无他途可循。有学者说："对于人君的限制，不是在法律上，只是在道义上，所望者只是多出圣主贤君，君主能够自己好。倘若人君不好，也只能说'革命'。一件事是合于道德的，却不能说革命一件事是合于法律的，并且革命之后，也只是从一个君主换到另外一个君主，而不是说人民有任何控制之法。迢迢三千载，政治虽有隆污之分，而其传统精神所在，仍是这一点。"[②]

性善论的人性预设强调人的自身道德和人格修养，这本来无可厚非，然而过分强调这一点，就会压制人另一方面的欲望和正当需求。人作为现实存在，具有精神和肉体的二重性。关于人的存在的二重化，卢梭曾有过慨叹："当我思索人的天性的时候，我认为我在人的天性中发现了两个截然不同的本原，其中一个本原促使人去研究永恒的真理，去爱正义和美德，进入智者怡然沉思的知识的领域；而另一个本原则使人故步自封，受自己的感官的奴役，受欲念的奴役。"[③] 卢梭揭示了肉体和精神的分裂和冲突是人的二重化生存的表征："良心是灵魂的声音，欲念是肉体的声音。这两种声音往往是互相矛盾的。"[④] 性善论总是（也只能）张扬人的精神性、道德性的一方面，突

---

　　① 新儒家代表人物牟宗三先生还专门研究了中国的"内圣"之道如何开出"外王"。

　　② 转引自金耀基《从传统到现代》，中国人民大学出版社1999年版，第20页。

　　③ ［法］让·卢梭：《爱弥尔》，李平沤译，商务印书馆1978年版，第397页。

　　④ 同上书，第411页。

出人之为人、区别于动物的特质，使人成其为人。① 与此相应，压制人的物质性、肉体的欲望便是性善论另一方面的主张。

市场经济制度与性善论压制人的物质利益和欲望的主张是相悖的。市场经济制度肯定人的物质利益的正当性，其存在和发展必须同时具备两个前提，其一是人的物质利益的独立、分化；其二是社会分工。马克思明确说过："以交换价值和货币为媒介的交换"，是"以生产者的私人利益完全隔离和社会分工为前提"② 的。过分强调性善的儒家文化必然重义轻利。孔子云："君子喻于义，小人喻于利。"孟子云："何必曰利，惟有仁义而已矣。"董仲舒也提出"正其谊（义）不谋其利，明其道不计其功"的义利观。封建社会后期的宋明理学在融儒、释、道三家为一体的思想基础上，提出了"存天理、灭人欲"的理欲观。过分强调精神道德的修养和过分轻视人的物质利益和欲望的思想是古代中国没有孕育出市场经济制度的文化原因之一。

2. 西方制度的建构和变迁基于对人性恶的预设

关于人性，西方文化中有人性恶的预设。对人性的此种设定源于基督教的"原罪说"。基督教教义认为人生来是有罪的，上帝创造的女人夏娃因为偷吃"禁果"获得智慧而犯了罪，走向堕落，并因此被驱逐出伊甸园，由此构成人类永远需要向上帝进行忏悔的"原罪"。"原罪"设定了人性是恶的，人性不可信任。对于人性恶的预设，国内外的学者进行了归纳，概括起来有这样几种观点③：

第一，无赖原则。这是由英国哲学家大卫·休谟提出的。休谟认为，人们在进行制度设计时，必须遵循"人人应当被假定为无赖"的

---

① 参见何中华《重读卢梭三题》，载《山东大学学报》（哲学社会科学版）1999 年第 2 期。

② 《马克思恩格斯全集》第 46 卷（上），人民出版社 1979 年版，第 104 页。

③ 参见车洪波、郑俊田《中国当代制度文化建设》，中国商务出版社 2004 年版，第 139—140 页。

原则。休谟说：在设计任何政治制度时，必须把每个人都当作无赖，因为这种人除了谋求自己的一己私利，别无他求。因此，每个人都必须被当作无赖，这应当成为一条正当的政治准则。① 普遍的"无赖"假定构成了制度建构所需的思想前提，基于"最坏情形"，即假定每个人都有可能是无赖，都有可能萌发损公肥私的无赖冲动而建立的制度，不寄希望于人性的自我完善，能够有效防止和遏制人们的"无赖"行为。

第二，非"天使统治"预设。这是由美国宪政政治家詹姆斯·麦迪逊提出的。关于人性，麦迪逊说："如果人都是天使，就不要政府了。如果天使统治人，就不需要对政府有任何外来的或内部的控制了。"②

第三，权力无"休止界限"的预设。孟德斯鸠提出："一切有权力的人都容易滥用权力，这是万古不变的一条经验。有权力的人们使用权力一直到遇到界限的地方才休止。""要防止滥用权力，就必须以权力制约权力。"③

第四，"政治寻租"预设。这种观点认为，在政治环境中，国家代理人同样扮演"经济人"角色。他们会利用手中的权力去"寻租"，将公共权力与经济财富进行交换，因此必须由规范的制度加以限制。

此种人性预设决定了西方的法治传统和三权分立的政治模式。近现代以来的西方政治制度的建构和变迁基本上都内含着人性恶的预设。下面以霍布斯和汉密尔顿关于人性的主要思想为例，说明人性恶的理论预设对于西方制度建构的重大影响。

17世纪英国的政治哲学家霍布斯认为人性就是自私自利和无止

---

① ［美］斯蒂芬·L.埃尔金等：《新宪政论》，三联书店1997年版，第27—28页。

② ［美］亚历山大·汉密尔顿等：《联邦党人文集：关于美国宪法的论述》，程逢如等译，商务印书馆1980年版，第264页。

③ ［法］孟德斯鸠：《论法的精神》，张雁深译，商务印书馆1961年版，第154页。

境的欲望。他讲道："我首先作为全人类共有的普遍倾向提出来的便是，得其一思其二、死而后已、永无休止的权势欲。造成这种情形的原因，并不永远是人们得陇望蜀，希望获得比现在已取得的快乐还要更大的快乐，也不是他满足于一般的权势，而是因为他不事多求就会连现在的权势以及取得美好生活的手段也保不住。"①

不仅人性是恶的，并且人们在追求自己利益、荣誉时是平等的，这就造成了人与人之间像狼一样，陷入一种"一切人反对一切人"的战争状态。"在没有一个共同权力使大家慑服的时候，人们便会处在所谓的战争状态下。"② 为了摆脱这种状态，人们需要运用理智设立"可以使人同意的方便易行的和平条件"。这些"和平条件"就是"自然律"或"自然法"。可见，对人性"恶"的设定是霍布斯政治思想的基础。18世纪美国的政治思想家亚历山大·汉密尔顿更是笃信"性恶论"。他曾经指出："从人类历史来判断，我们将被迫得出结论说：战争的愤怒和破坏性情感在人的心目中所占的支配地位远远超过和平的温和而善良的情感。"③ 人性的恶、自私、爱好权力、渴望出人头地获得统治权导致了人与人之间的争斗。为了限制这些植根于人性之中的破坏作用就需要用制度来限制和制约。以此为基础，汉密尔顿提出建立以代议制为基础、以分权制衡为原则的联邦制共和政体。

以上所举霍布斯和汉密尔顿建基于人性恶之上的政治思想，虽然不足以涵盖所有的西方政治思想，却相当有代表性，能够说明整个西方政治制度的变迁立基于"人性恶"的预设之上。

"人性恶"的预设用一种温和的表达就是：人性是有缺陷的、不完美的，具有自己的局限性。认为人性有限的文化基因是西方市场经

---

① ［英］霍布斯：《利维坦》，黎思复、黎廷弼译，商务印书馆1985年版，第72页。

② 同上书，第94页。

③ ［美］亚历山大·汉密尔顿等：《联邦党人文集：关于美国宪法的论述》，程逢如等译，商务印书馆1980年版，第164页。

济制度得以源发于西方的文化前提之一。西方的自由主义经济学家就是以此来论证市场经济制度的合理性的。最早可追溯到亚当·斯密的自由放任经济原则。他认为，人类的认知能力是有限的，没有任何个人和任何"委员会"能够知晓一切情况，掌握一切信息，能够制定出可以指导所有人的经济活动的合理计划，所以国家和政府不应该干预经济活动。良好的法令和干预手段并不能帮助经济制度的有效运转。实际上，市场会解决一切问题[1]。"如果政治家企图指导私人应如何运用他们的资本，那不仅是自寻烦恼地去注意最不需要注意的问题，而且是僭取一种不能放心地委托给任何人、也不能放心地委之于任何委员会或参议院的权力，把这种权力交给一个大言不惭地、荒唐地自认为有资格行使的人，是再危险也没有了。"[2] "走向地狱的道路是用良好愿望铺成的。"[3] 继亚当·斯密之后的许多自由主义经济学家，如弗里德利希·冯·哈耶克，路德维希·冯·米塞斯等，都坚持人的理性的有限性，主张自由竞争的市场经济制度，反对计划经济。斯密及其后的经济学家基于人性有限而主张自由竞争的市场经济制度，以及作为其对立面为避免市场制度的弊端而生的凯恩斯主义，二者皆有自身的局限性，合理的经济制度应当是市场制度和国家宏观调控的有机结合。这些此处暂不多论，想说明的一点就是：西方市场经济制度的演变和发展有其文化上的根基，"人性恶"或人性局限性的预设是孕育市场经济制度的文化基因之一。

人的理性之所以是有限的，在于信息的不充分。完全的理性需要完全的信息。而这在实际上是不可能的。因为有些信息具有私人性；有些信息是非真实的、被歪曲的；有些信息在传播的过程中已被歪曲。此外，收集信息还有时空限制，还需要综合加工整理以备决策使

---

① ［美］萨缪尔森：《经济学》（下），高鸿业译，商务印书馆1991年版，第290页。

② ［英］亚当·斯密：《国民财富的性质和原因的研究》（下），郭大力、王亚男译，商务印书馆1988年版，第27—28页。

③ ［美］萨缪尔森：《经济学》（下），高鸿业译，商务印书馆1991年版，第291页。

用。人的理性是有限的，还在于知识不全面。任何人的知识都不可能是全面的。信息的不足、经验的缺乏、知识结构本身的缺陷以及大脑储存能力的限制都是导致知识不全面的原因。在多种因素的制约下，人的理性是有限的、有缺陷的、不完美的，具有自己的局限性。

第四章

中国制度变迁的现实与趋势

　　时代给中国的制度建设提供了历史机遇，我们和西方发达国家的制度理念及模式共处于一个时代之中，世界范围内经济、政治和文化交往日益频繁和密切，许多合理价值的共享程度的日益提高，使得全球政治、经济和文化的发展呈现出空前密切的相关性和更高程度的相互依存性。落实到现实的制度建构和实践中，我们理应充分利用历史赋予我们的发展契机，批判地吸收、借鉴西方国家的制度理念、制度模式的优点，在立足本国国情，广泛学习吸收世界各国包括西方发达国家制度建设的优秀成果和有益经验的基础上，形成具有中国特色的制度模式。那么，未来中国的制度变迁将呈现怎样一种发展趋势，我们又将选择何种制度发展模式呢？下面将对当下中国制度变迁的现实与未来中国制度变迁的发展趋势作出分析。

第一节　中国经济制度变迁的现实与趋势：社会主义市场经济制度的不断完善

　　历史发展到今天，建立社会主义市场经济制度是中国历史的现实，继续完善社会主义市场经济制度是未来中国经济制度的发展趋势和方向。市场经济制度对于整个人类历史的发展而言，是不可逾越的历史阶段，是历史之链的必要一环。这一点，马克思早已于一百多年前就指出。从历时性的关系看，社会主义只是市场经济充分发展的产物，是在市场经济充分发展的基础上形成的，二者非绝对排斥、水火不容的关系，而是历史发展的自然演进过程，社会主义以扬弃的方式包含着市场经济的肯定成果；从共时性的关系看，社会主义和市场经济在世界历史的条件下，不再是历时性的，而是共时性的，市场经济与社会主义的结合方式具有了新特点和新变化。这需要人们对社会主义的本质、市场经济制度的本质以及二者的关系进行重新认识。

一　市场经济制度和社会主义的历时性关系

马克思认为，市场经济是人类历史发展不可逾越的阶段。社会主义作为市场经济之后的发展阶段，必然建立在市场经济提供的现实基础之上。马克思把人类社会发展划分为三大历史形态："人的依赖关系（起初完全是自然发生的），是最初的社会形态，在这种形态下，人的生产能力只是在狭窄的范围内和孤立的地点上发展着。以**物的**依赖性为基础的人的独立性，是第二大形态，在这种形态下，才形成普遍的社会物质变换，全面的关系，多方面的需求以及全面的能力的体系。建立在个人全面发展和他们共同的社会生产能力成为他们的社会财富这一基础上的自由个性，是第三个阶段。""第二个阶段为第三个阶段创造条件。"① 以个人的全面发展、人类彻底解放为最终目标的社会主义——共产主义制度的建立必须以市场经济的充分发展为现实基础才可能真正地建立起来。这也是科学社会主义和空想社会主义的根本区别所在。

首先，社会主义制度目标的实现"只有通过社会的物质活动才有可能，而绝不能把它理解为用一种范畴代替另一种范畴"。它需要保存"以往发展的全部财富"。市场经济本身是以利益为驱动力的经济运行机制，这就为社会生产力的发展提供了内在动因，从而为人的全面发展奠定了历史基础。人要实现自由、全面的发展必须克服社会分

---

① 《马克思恩格斯全集》第 46 卷（上），人民出版社 1979 年版，第 104 页。

工造成的异化，必须能够既按照事物的外在尺度又依据自身的内在尺度进行生产，创造实现自我的物质条件和社会基础。这些都有赖于市场经济对物质生产力的巨大解放作用。

其次，"个人的全面性不是想象的或设想的全面性，而是他的现实关系和观念关系的全面性"。① 市场经济在开放的格局中使人突破自身的空间限制，确立起全面的、日益丰富的社会联系，最终进入"世界历史"。

基于以上两点，我们可以说，社会主义和市场经济不是水火不容的矛盾对立关系，社会主义以扬弃的方式包含了市场经济创造的肯定性成果。二者是一种历史的辩证关系。

二 市场经济制度和社会主义的共时性关系

中国的历史现实没有经过市场经济的充分发展直接进入了社会主义阶段，从而使历史具有了跨越性的特征。这与马克思提出的社会主义必须建立在市场经济充分发展的前提和现实基础之上是否相矛盾呢？正确认识这个问题需要对马克思提出的历史发展阶段及历史发展规律作进一步深入、全面的认识。

马克思晚年对东方社会和史前社会进行了研究，发现了东方社会结构的特殊性，他愈来愈重视各个民族历史发展进程的模式问题，并考虑落后国家充分利用资本主义所创造的肯定成果，跨越"资本主义卡夫丁峡谷"，直接进入社会主义的可能性。他开始从共时态上强调前资本主义和资本主义的关系。马克思从"世界历史"这样一个宏观角度使普遍性的历史规律变得更丰富、更完善。"世界历史"的崛起使人类历史的发展呈现出多样化的形态，是"世界历史"重构了人类的存在方式并改变了历史规律的实现方式。在前"世界历史"的格局下，个体与类及个体之间的交往还局限在各民族及狭隘的地域之内，尚不能在全球范围内普遍地实现。"世界历史"的形成使人类的交往

---

① 《马克思恩格斯全集》第 46 卷（下），人民出版社 1980 年版，第 36 页。

获得了充分的实现，人的类与个体之间的互动具有了在这个人类范围内得以普遍表达的可能性。在这种格局下，历史规律本身也变成历史的了。"世界历史"出现之前，不同地区、不同民族、各个国家的文化呈现为自发的演进过程和没有外来干预的自然的存在状态，它们在各自孤立的条件下普遍地重演着人类历史的规律性。而"世界历史"的崛起中断了人类历史的规律性在不同民族、不同国家、不同地域的这种普遍的、线性的表征。在"世界历史"格局下，一切国家和地区的发展都被纳入到一个整体系统中，从而消解了各自在孤立状态下的独立发展，确立起一种超越时间的、非线性的空间结构，亦即空间关系的时间化。这种由"世界历史"实现的时空转换格局，大大拓宽了人类社会发展的可供选择的空间，使人类发展实现从单线进化论模式向多元复线进化模式的转变成为可能。

如果说马克思提出的历史发展一般规律蕴涵着社会主义与市场经济的历时性关系，表明社会主义只能在市场经济充分发展的现实基础上得以建立，那么，历史发展的普遍规律在"世界历史"的背景下具有了新的特点。在"世界历史"的背景下，像中国这样的后发展国家获得了历史赋予的跨越式发展契机。中国有可能跨越"资本主义卡夫丁峡谷"，不必经受资本主义带来的历史阵痛，"不必自杀就能获得新的生命"①。当然，这种跨越式的发展不是无条件的，"吸取资本主义制度所取得的一切肯定成果"是实现跨越式发展的绝对前提。有学者认为，虽然马克思并未指明"一切肯定成果"具体包含哪些内容，但是市场经济应该是其中的重要方面。中国后来的社会主义实践从正反两个方面证明了这一点。而且，市场经济和资本主义具有天然的亲缘关系，资本主义生产是商品生产的最高形式。所以，我们今天建立的社会主义的历史前提，即市场经济的充分发展，只能从资本主义生产这一市场经济的最高历史形式那里获得横向借鉴和移植。② 这就是我

---

① 《马克思恩格斯全集》第 19 卷，人民出版社 1963 年版，第 451 页。

② 参见何中华《对社会主义市场经济的几点哲学思考》，载《文史哲》1993 年第 4 期。

们今天建立社会主义市场经济制度的理论根据和现实可能性。

三　对社会主义和市场经济本质与关系的认识

如何认识社会主义和市场经济的本质，如何认识市场经济和资本主义、社会主义的关系，关涉到社会主义能否和市场经济相结合，社会主义能否搞市场经济的重大问题。

市场经济不等同于资本主义。人们习惯于把市场经济与资本主义等同起来。西方一些经济学家常常从社会基本制度的角度，把市场经济看作是一种以私有制为基础的、完全由市场自发调节的经济运行制度。例如在《简明不列颠百科全书》中，资本主义被定义为"自由市场经济"，提出在市场经济中"生产资料大都为私所有，主要是通过市场的作用来指导生产和分配收入的"[①]。《现代日本经济事典》提出作为一种经济制度的市场经济具有私有财产制度、契约自由原则和自我负责原则三个基本原则，而其中"私有财产制度是市场经济制度中最具有代表性的制度"[②]。奥地利经济学家路德维希·冯·米塞斯在《社会主义制度下的经济核算》一文中更明确地提出："市场是资本主义制度的核心，是资本主义制度的本质，只有在资本主义条件下它才是可行的；在社会主义条件下，它是不可能被'人为地'仿制的。"他认为，市场本身不可能与生产资料私有制分开，"如果没有企业家（包括股票持有者）对利润、地主对地租、资本家对利息和劳动者对工资的追求，那么整个市场机制就不可能成功地运转"。社会主义与市场经济二者之间是非此即彼的关系，"要么是社会主义，要么是市场经济"。[③]把市场经济等同于资本主义，并把私有制看成是市场经济

---

① 中美联合编审委员会：《简明不列颠百科全书》第9卷，中国大百科全书出版社1986年版。

② 中国社会科学院工业经济研究所、日本总合研究所编辑：《现代日本经济事典》，中国社会科学出版社1982年版，第149页。

③ ［奥］路德维希·冯·米塞斯：《社会主义制度下的经济核算》，载《经济社会体制比较》1986年第3期。

的本质特征是西方传统经济学的基本信条之一。

人们将市场经济与资本主义画等号是有原因的。从发生学的意义上说，市场经济与资本主义具有一种天然的联系，二者具有不解之缘。可以说，市场经济与资本主义是一同发展起来的，二者在历史发展过程中是"同路人"，这是历史的事实。正因为此，人们才习惯于将市场经济与资本主义相等同。但实际上，市场经济与资本主义是同路人却不是一个人，二者在社会中解决不同的问题。市场经济作为一种资源配置方式解决的是生产力的发展问题，解决如何把资源配置到效率最好的部门中去；资本主义作为社会基本制度解决的是生产资料归谁所有、产品如何分配的问题。二者不能等同。

从价值论的角度而言，市场经济具有价值中立的社会属性，既能被资本主义社会所用，也能在社会主义社会发挥作用。资本主义则是"一种社会理论或一种政治经济学的整体大纲"，"它代表一个完整的社会制度，这个社会制度是由市场经济、私有财产和经济个人主义（作为经济目的的个人利益和收益最大值）来决定的"①。这就是说，市场经济作为配置资源的一种经济体制，构成整个资本主义社会制度的一部分。法国著名史学家、年鉴学派的代表人物费尔南·布罗代尔（Fernand Braudel）对此问题作了分析。他说："人们通常对资本主义和市场经济不加区分，这是因为二者自中世纪以来始终齐步前进，因为人们往往把资本主义当作推动经济进步的动力或经济进步的结果。其实，物质生活是一切的基础：一切进步取决于物质生活的膨胀，市场经济本身也是依赖物质生活而迅速膨胀，并扩展与外界的联系。在这一扩展中，得益的始终是资本主义。"② 对于传统观念把市场经济与资本主义等同起来，布罗代尔无可奈何地说道："今天，无论在资本主义世界或社会主义世界，人们都不愿把资本主义与市场经济区分开

---

① 转引自万俊人《道德之维：现代经济伦理导论》，广东人民出版社2000年版，第67页。

② ［法］费尔南·布罗代尔：《资本主义论丛》，顾良、张慧君译，中央编译出版社1997年版，第93页。

来；作为普通人，我对此感到遗憾。"①

人们将市场经济和资本主义相等同，还缘于资本主义在市场经济发展到"世界市场"的历史过程中所起的积极推动作用。对于资产阶级（资本主义的代言人）在历史上所起的积极作用，马克思、恩格斯在《共产党宣言》中说道："资产阶级在历史上曾经起过非常革命的作用。"②"资产阶级，由于开拓了世界市场，使一切国家的生产和消费都成为世界性的了。使反动派大为惋惜的是，资产阶级挖掉了工业脚下的民族基础。古老的民族工业被消灭了，并且每天都还在被消灭。它们被新的工业排挤掉了，新的工业的建立已经成为一切文明民族的生命攸关的问题；这些工业所加工的，已经不是本地的原料，而是来自极其遥远的地区的原料；它们的产品不仅供本国消费，而且同时供世界各地消费。旧的、靠本国产品来满足的需要，被新的、要靠极其遥远的国家和地带的产品来满足的需要所代替了。过去那种地方的和民族的自给自足和闭关自守状态，被各民族的各方面的互相往来和各方面的互相依赖所代替了。"③"资产阶级，由于一切生产工具的迅速改进，由于交通的极其便利，把一切民族甚至最野蛮的民族都卷到文明中来了。它的商品的低廉价格，是它用来摧毁一切万里长城、征服野蛮人最顽强的仇外心理的重炮。它迫使一切民族——如果它们不想灭亡的话——采用资产阶级的生产方式；它迫使它们在自己那里推行所谓的文明，即变成资产者。一句话，它按照自己的面貌为自己创造出一个世界。"④"资产阶级在它的不到一百年的阶级统治中所创造的生产力，比过去一切世代创造的全部生产力还要多，还要大。自然力的征服，机器的采用，化学在工业和农业中的应用，轮船的行驶，铁路的通行，电报的使用，整个整个大陆的开垦，河川的通航，

---

① ［法］费尔南·布罗代尔：《资本主义论丛》，顾良、张慧君译，中央编译出版社1997年版，第118页。

② 《马克思恩格斯选集》第1卷，人民出版社1995年版，第274页。

③ 同上书，第276页。

④ 同上。

仿佛用法术从地下呼唤出来的大量人口，——过去哪一个世纪料想到在社会劳动里蕴藏有这样的生产力呢？"① 资本主义之所以能够创造出如此巨大的社会生产力，其秘密主要在于它充分发挥了市场经济的作用。

承认市场经济与资本主义制度的亲缘关系，不能成为否定市场经济与其他社会制度相结合的可能性的理由和根据。正确理解社会主义与市场经济相结合的理论和现实可能性，还有赖于深化对市场经济和社会主义及二者的关系的认识。

市场经济和市场具有必然的联系，市场经济是市场发展的必然产物。然而市场经济不等于市场，市场经济的指称和意义要远远大于和多于市场。市场的内涵是商品交换的场所和行为。而市场经济就是以价格为杠杆协调生产者与消费者之间的关系以期达到生产与消费、供给与需求均衡的经济机制，是一种资源配置方式。市场经济以私人利益作为最根本的驱动力配置自然资源、社会资源和人力资源。这种资源配置方式具有无法比拟的高效率。"看不见的手"在背后操纵市场经济的高效运转。西方有一些经济学家把市场经济和计划经济理解为资源配置方式和经济运行的调节方式，并在此基础上提出市场经济和计划经济可以与不同的社会经济制度相结合。

瑞典经济学家克拉斯·埃克隆德在《瑞典经济——现代混合经济的理论与实践》一书中指出，"在资本主义和社会主义之间以及在计划经济和市场经济之间有许多结合的方式"，比如，私有制与市场经济相结合是资本主义市场经济，公有制与市场经济相结合是社会主义市场经济，私有制与计划经济相结合是资本主义计划经济，公有制与计划经济相结合是社会主义计划经济。他明确提出资本主义不等于市场经济的主张，并认为"人们可以坚决地反对资本主义，但却不必因此而不要市场经济。同样，计划经济和社会主义也绝非是等同的。因此，为社会主义而奋斗，绝非等于争取实行更多的调节和计划经济"。"'资本主义'和'社会主义'的概念并非取决于市场经济的程度，而

---

① 《马克思恩格斯选集》第 1 卷，人民出版社 1995 年版，第 277 页。

是由所有制的状况而决定。"① 此外，波兰经济学家奥斯卡·兰格也最早提出了市场社会主义或社会主义市场经济的概念。他认为，社会主义可以和市场经济相结合，并且社会主义可以利用市场经济的积极方面，同时又消除其消极因素。在社会主义条件下，不仅市场可以同公有制相兼容，而且计划可以同市场并存，效率同平等相一致。②

国内关于社会主义、市场经济本质及其关系的认识有一个发展变化过程。党的十一届三中全会以前，国内理论界根据马克思、恩格斯关于发达资本主义国家无产阶级革命胜利并进入发达的社会主义社会以后，应该消灭商品货币关系、实行产品经济的理论，认为我国进入社会主义初级阶段之后，应该实行计划经济，计划经济才是社会主义经济的本质特征。市场经济作为资本主义特有的、与私有制相结合的经济形式应当消除。③

邓小平最先突破了对市场经济的传统认识。1979 年 11 月，邓小平指出："说市场经济只存在于资本主义社会，只有资本主义的市场经济，这肯定是不正确的。""市场经济，在封建社会时期就有了萌芽。社会主义也可以搞市场经济。"④ 1980 年，邓小平在《目前的形势和任务》的讲话中提到要实行"计划调节和市场调节相结合"。1982 年 10 月，邓小平在同当时国家计委负责同志的谈话中又提出了如何处理好计划和市场的关系问题。他说："社会主义同资本主义比较，它的优越性就在于能做到全国一盘棋，集中力量，保证重点。缺点在于市场运用得不好，经济搞得不活。计划与市场的关系问题如何解决，解决得好，对经济的发展就很有利，解决不好，就会糟。"1985 年 10 月，邓小平会见美国时代公司组织的美国高级企业家代表

---

①　转引自吴易风《西方市场经济理论和政策》（上），载《环球视野》总第17 期。

②　章伟国、刘红：《社会主义市场经济理论的创立与发展》，载《复旦学报》2004 年增刊。

③　参见赵家祥《社会主义初级阶段理论的形成和发展》，载《北京大学学报》（哲学社会科学版）2004 年第 5 期。

④　《邓小平文选》第 2 卷，人民出版社 1994 年版，第 236 页。

团时指出："社会主义和市场经济之间不存在根本矛盾。问题是用什么方法才能更有力地发展社会生产力。我们过去一直搞计划经济，但多年的实践证明，在某种意义上说，只搞计划经济会束缚生产力的发展。把计划经济和市场经济结合起来，就更能解放生产力，加速经济发展。"① 1987 年 2 月党的十三大召开前夕，邓小平明确提出计划和市场都是发展生产的方法。他指出："为什么一谈市场就说是资本主义，只有计划才是社会主义呢？计划和市场都是方法嘛。只要对发展生产力有好处，就可以利用。它为社会主义服务，就是社会主义的；为资本主义服务，就是资本主义的。"② 1990 年 12 月，邓小平进一步明确指出计划和市场不是区分社会主义和资本主义的标准。他说："我们必须从理论上搞懂，资本主义与社会主义的区分不在于是计划还是市场这样的问题。社会主义也有市场经济，资本主义也有计划控制。资本主义就没有控制，就那么自由？最惠国待遇也是控制嘛！不要以为搞点市场经济就是资本主义道路，没有那么回事。计划和市场都得要。不搞市场，连世界上的信息都不知道，是自甘落后。"③ 1991 年 1 月，邓小平视察上海时说："不要以为，一说计划经济就是社会主义，一说市场经济就是资本主义，不是那么回事，两者都是手段，市场也可以为社会主义服务。"④ 1992 年，在南方视察谈话中，邓小平又进一步重申和规范了这一看法："计划多一点还是市场多一点，不是社会主义与资本主义的本质区别。计划经济不等于社会主义，资本主义也有计划；市场经济不等于资本主义，社会主义也有市场。计划和市场都是经济手段。"⑤

市场经济是一种发展生产力的方法，作为一种方法，资本主义可以运用，社会主义也可以运用。强调市场的功能性作用，主旨是为了

---

① 《邓小平文选》第 3 卷，人民出版社 1993 年版，第 148—149 页。
② 同上书，第 203 页。
③ 同上书，第 364 页。
④ 同上书，第 367 页。
⑤ 同上书，第 373 页。

说明作为一种配置资源的方式，市场和计划一样都不带有社会基本制度的性质，与社会基本制度没有必然或等同的关系。以市场作为资源配置手段，不会影响我们的社会主义基本制度，这是解决当下面临的问题所需要的视角和模式，将人们的思想从市场与社会主义不相容的思想苑囿中解放了出来。进言之，以市场为主导方式进行资源配置的市场经济制度也仅仅是一种经济制度，并不能代表整个社会的制度体系和社会的基本性质。正如有学者指出的："一种经济制度只能是社会制度的一个部分，甚至按严格的区分，它也仅仅是社会制度意义上的一个具体化的制度层次——其根本性质必须取决于某一政治社会或国家的根本制度即宪法，因之它并不具有决定整个社会制度性质的力量和特性。"[1]

　　对社会主义的本质的认识也有一个历史的突破。经典社会主义理论往往把社会主义与计划经济紧密结合。邓小平在这个问题上同样解放了人们的思想。他说："社会主义是共产主义的初级阶段，共产主义的高级阶段要实行各尽所能、按需分配，这就要求社会生产力高度发展，社会物质财富极大丰富。所以社会主义阶段的最根本任务就是发展生产力，社会主义的优越性归根到底要体现在它的生产力比资本主义发展得更快一些、更高一些，并且在发展生产力的基础上不断改善人民的物质文化生活。"[2]"贫穷不是社会主义"[3]，"社会主义的本质，是解放生产力，发展生产力，消灭剥削，消除两极分化，最终达到共同富裕"[4]。邓小平明确指出，像我国这样贫穷落后的状况，"按照社会主义的标准来要求，这是很不够的"。"现在虽说我们也在搞社会主义，但事实上不够格。只有到了下世纪中叶，达到了中等发达国家的水平，才能说真的搞了社会主义，才能理直气壮地说社会主义优

---

　　① 万俊人：《义利之间——现代经济伦理十一讲》，广东人民出版社2000年版，第39—40页。

　　② 《邓小平文选》第3卷，人民出版社1993年版，第63页。

　　③ 同上书，第225页。

　　④ 同上书，第373页。

于资本主义。"① 随着社会主义实践的深入,人们对社会主义本质的认识也不断深化。"三个代表"重要思想丰富发展了社会主义本质论,科学发展观提出"社会和谐是中国特色社会主义的本质属性",这体现了人们对社会主义本质认识的深化与创新。有学者认为这种深化和创新体现在三个视角:一是从目的的角度深化和创新了对社会主义本质的认识;二是从基本制度的角度深化和创新了对社会主义本质的认识;三是从属性或要求的角度深化和创新了对社会主义本质的认识。上述三个方面从不同角度概括和反映了社会主义的本质。②

马克思曾在《资本论》第一卷第一章指出,市场经济只要求商品属于不同的所有者,而不论生产该商品的要素归谁所有。这样,市场经济既可与要素的资本主义私有制结合,也可与要素的社会主义公有制结合。这就为邓小平提出建立社会主义与市场经济相结合的社会主义市场经济制度提供了可靠的理论依据③。关于社会主义和市场经济的关系,邓小平也早在 1979 年 11 月会见美国《不列颠百科全书》出版公司编委会副主席吉布尼和加拿大麦吉尔大学东亚研究所主任林达光时就指出,"说市场经济只存在于资本主义社会,只有资本主义的市场经济,这肯定是不正确的"④。

对市场经济与社会主义关系的正确认识,为我们建立和完善社会主义市场经济制度提供了理论合法性。其实仅仅从西方市场经济模式自身的演变也可以看出,市场经济只是一个相对的概念,因为在人类社会中既不存在纯粹的市场经济,也不可能只有一种市场经济模式。从亚当·斯密的自由放任式的市场经济模式到凯恩斯的国家干预式的市场经济模式;从古典自由主义市场经济模式到新自由主义市场经济模式;从新古典主义理论中的"普通均衡的机械论模型"到奥地利学

---

① 《邓小平文选》第 3 卷,人民出版社 1993 年版,第 225 页。

② 张宇、傅勇:《60 年的实践,我党获得对社会主义本质的新认识》,载《北京日报》2009 年 6 月 1 日。

③ 陈承明、凌宗诠编著:《〈资本论〉与社会主义市场经济》,学林出版社 2003 年版,第 75 页。

④ 《邓小平文选》第 2 卷,人民出版社 1994 年版,第 236 页。

派的"行为间模型"，可以看出资本主义市场经济的模式本身也在不断发生变化，是一个相对概念。只要整个社会是以市场作为基本的资源配置方式，那么就可以说是实行了市场经济制度。有了这样一个理念，我们就完全可以在坚持以市场作为基本的资源配置方式的前提下，依据自身的社会条件和历史可能性发展和完善我们自己的市场经济制度。

第二节　中国政治制度变迁的现实与趋势：中国特色社会主义民主政治制度的不断完善

在经历了几千年的封建君主专制制度与近代资产阶级共和制度的失败之后，中国人民深刻认识到，要实现民族独立、人民解放和国家富强、人民幸福，就必须彻底推翻剥削阶级统治广大人民群众的政治制度，建立全新的人民民主的政治制度，真正由人民当家做主。1949年9月新中国成立前夕召开的中国人民政治协商会议第一届全体会议通过了《中国人民政治协商会议共同纲领》，这部重要文献具有临时宪法的地位。在这部文献中明确规定了新中国将要实行的政权性质：即中华人民共和国的国家政权属于人民；人民行使国家政权的机关为各级人民代表大会和各级人民政府。1953年，中国在全国范围内进行了历史上第一次空前规模的普选，在此基础上自下而上逐级召开了人民代表大会，从而为全国人民代表大会的成立奠定了法律基础和组织基础。1954年9月15日，第一届全国人民代表大会第一次会议在北京召开，标志着人民代表大会制度在全国范围内建立起来。[①]

六十多年来，中国特色社会主义民主政治制度的发展和完善始终围绕着社会主义民主政治这条主线。不断推进社会主义民主成为发展

①　参见胡锦涛《在中国照搬西方的政治制度是行不通的》，http：//news. xinhuanet. com/newscenter/2004—09/15/content_1984205. htm。

和完善中国特色社会主义民主政治制度的核心任务。未来中国的政治制度变迁只有沿着中国特色社会主义民主政治制度的发展和完善这一方向才能为中国特色社会主义伟大事业提供可靠的政治保障，才能为中国的发展赢得未来。这是社会主义制度的内在属性，是发展和完善社会主义市场经济制度的客观要求，是破除普世民主迷信之后的正确选择。

一　社会主义民主是社会主义制度的内在属性

民主是社会主义的本质要求和内在属性。这一点马克思、恩格斯在《共产党宣言》中已经指出，他们认为工人革命的第一步就是使自己上升为统治阶级，争得民主。此后，恩格斯在《英国状况　英国宪法》中又指出："英国的最近将来是民主制。"[①] "然而是哪一种民主制呢？不是过去那种同君主制和封建制度对立的法国大革命的民主制，而是现在**这种**同资产阶级和财产对立的民主制。以往的全部发展证明着这一点。资产阶级和财产统治着一切；穷人是无权的，他们备受压迫和凌辱，宪法不承认他们，法律压制他们；在英国，民主制反对贵族制的斗争就是穷人反对富人的斗争。英国所趋向的民主制是**社会的民主制**。"[②] "单纯的民主制并不能治愈社会的痼疾。民主制的平等是空中楼阁，穷人反对富人的斗争不能在民主制或单是政治的基础上完成。因此这个阶段只是一个过渡，只是最后一种纯粹政治的手段，这一手段还需要加以试验，但从其中马上就会发展出一种新的因素，一种超出现行政治范围的原则。"[③] "这个原则就是社会主义的原则。"[④]

列宁后来在此基础上系统阐述了民主与社会主义的内在联系。他

---

① 《马克思恩格斯全集》第 1 卷，人民出版社 1956 年版，第 705 页。
② 同上。
③ 同上。
④ 同上。

说："没有民主就不可能有社会主义，这包括两个意思：（1）无产阶级如果不通过争取民主的斗争为社会主义革命作好准备，它就不能实现这个革命；（2）胜利了的社会主义如果不实行充分的民主，就不能保持它所取得的胜利，并且引导人类走向国家的消亡。"①

我们党自诞生之日起就以实现和发展人民民主为己任，充分认识到人民民主对于推翻人压迫人、人剥削人的社会制度，建立人民当家做主的政权的重要意义。毛泽东是中国共产党人民民主的倡导者，他创建了中国共产党的民主政治理论。党内民主、民主集中制、群众路线等都是中国共产党民主政治理论的重要内容。早在 1945 年 7 月，毛泽东与赴延安考察访问的民主人士黄炎培进行了一次具有历史意义的谈话。毛泽东问及其考察延安的感想，黄炎培坦率地说："我生六十多年，耳闻的不说，所亲眼看到的，真所谓'其兴也浡焉'，'其亡也忽焉'，一人，一家，一团体，一地方，乃至一国，不少单位都没能跳出这周期率的支配力。"② 他希望中国共产党建立的政权能够跳出这个历史周期率的支配，而这也正是毛泽东在革命即将成功之际所考虑的问题。毛泽东在回答周期率问题时坚定地说：我们已经找到新路，我们能跳出这个周期率，这条新路，就是民主。只有让人民来监督政府，政府才不敢松懈。只有人人起来负责，才不会人亡政息。社会主义制度的建立，为我国发展人民民主，实现人民当家做主创造了根本前提。

改革开放以来，我们党进一步深化了对社会主义民主与社会主义制度关系的认识，明确提出没有民主就没有社会主义，就没有社会主义现代化，从而表明了我们党发展社会主义民主的坚定立场和鲜明态度。"没有民主就没有社会主义"的论断揭示了民主作为社会主义的本质要求，二者具有不可分割的内在联系。第一，社会主义以生产资料公有制为主体，以最终实现共同富裕为社会发展目的，这些反映在政治层面，必然要求无产阶级和劳动群众在政治上当家做主，享有管

---

①　《列宁选集》第 2 卷，人民出版社 1995 年版，第 782 页。
②　黄炎培：《八十年来》，文史资料出版社 1982 年版，第 148 页。

理国家事务和社会事务的民主权利。第二，从国体的角度而言，社会主义国家的国体是人民民主专政及无产阶级专政，这种专政是绝大多数人对极少数实行统治的新型专政。邓小平说："我们已经作了大量的宣传，说明无产阶级专政对于人民来说就是社会主义民主，是工人、农民、知识分子和其他劳动者所共同享受的民主，是历史上最广泛的民主。"[①] 人民民主专政的国体内在地要求政体必须实行社会主义民主政治制度。第三，从社会主义制度与资本主义制度的优越性来看，社会主义制度应该比资本主义制度更先进、更文明、更合理、更优越，如果社会主义不能够建立和发展一种比资本主义民主更优越的民主，社会主义制度的优越性就难以体现出来，所以，社会主义与民主是不可分割的。[②]

经过几十年社会主义革命、建设、改革实践，我们党在争取社会主义民主、建设社会主义民主、维护社会主义民主、发展社会主义民主等方面所做的工作卓有成效。人民民主不断扩大，人民权益得到保障，人民政治参与积极性、主动性不断提高，社会主义民主显示出旺盛的生命力。在社会主义民主进程不断推进的背景下，党的十七大报告又提出"人民民主是社会主义的生命"、"人民当家做主是社会主义民主政治的本质和核心"[③] 的论断，力求通过继续加强社会主义民主制度建设，完善社会主义民主的体制、机制、程序和规范，最广泛地动员和组织人民依法管理国家事务和社会事务、管理经济和文化事业，更好地保障人民民主权利，发挥人民创造精神，维护社会公平正义。

社会主义制度从根本上规定着中国特色社会主义民主的性质。社会主义民主与资本主义民主有着本质上的区别，即社会主义民主具有真实性和大众参与性。而资本主义民主只是形式上的民主，其实质是

---

① 《邓小平文选》第 2 卷，人民出版社 1994 年版，第 168 页。

② 参见刘俊杰《走向政治文明的民主——民主发展与政治文明》，江西高校出版社 2004 年版，第 18 页。

③ 胡锦涛：《高举中国特色社会主义伟大旗帜，为夺取全国建设小康社会新胜利而奋斗——在中国共产党第十七次全国代表大会上的报告》，人民出版社 2007 年版，第 28、29 页。

少数资产阶级享有的民主，更确切地说是资本的民主。造成这种区别的根源在于社会基本制度的差异。

在资本主义制度下，一切都按照资本的逻辑运行。资产阶级作为资本的人格化身，其行为的最终逻辑也依照资本的逻辑。如此，资本主义制度下的民主只能是由少数资产阶级享有的、对广大人民而言是残缺不全的民主。并且，在资本主义制度下，没有具体的人民的概念，只存在抽象的个体以及基于此上的个人主义价值观；只存在法律意义和形式上的公民、民众等，不存在具体的、真实的人民群体。而在社会主义制度下，"人民至上"成为民主政治制度最核心的价值观。"人民至上"就是把人民群众的整体利益放在第一位。人民拥护不拥护、赞成不赞成、高兴不高兴、答应不答应是各项方针政策的出发点和落脚点。在社会主义制度之前的其他任何社会制度都不可能在制度上真正保障人民群众的利益。

二　中国特色社会主义民主政治制度是发展和完善社会主义市场经济制度的客观要求

如上所论，市场经济制度的建立、发展与完善是实现现代化不可逾越的历史阶段。尽管经济制度和政治制度作为协调经济领域、政治领域中人们行为的规则，各自有自身的运行机制和发展规律，但是二者却不能截然分开。就二者之间的关系而言，经济制度无疑是第一位的、具有决定性的因素，而政治制度相对于经济制度而言，是一种上层建筑，按照马克思的历史唯物主义观点：经济基础与上层建筑是相互制约的，只有当政治制度和社会意识形态与经济基础相适应时，社会才能持续发展。当传统经济制度改革不断推进，社会主义市场经济制度不断发展和完善时，必然会对政治制度改革提出要求。社会主义市场经济制度和社会主义民主政治制度之间的关系只不过是一般意义上的经济与政治之关系的具体化。邓小平指出："经济体制改革每前进一步，都深深感到政治体制改革的必要性。不改革政治体制，就不能保障经济体制改革的成果，不能使经济体制改革继续前进，就会阻碍生产力的发展，阻碍四个现代化的实现。"① 随着社会主义市场经济体制改革的不断深入发展，相应的政治体制改革日益重要，如果不加强政治体制改革，不仅会严重制约经济制度的进一步发展和完善，成为制约中国未来发展的最大制度瓶颈，还将影响改革事业的最终成功和中国特色社会主义事业的发展。这一点邓小平早已有深刻认识，他指出："政治体制改革同经济体制改革应该相互依赖，相互配合。只搞经济体制改革，不搞政治体制改革，经济体制改革也搞不通……我们所有的改革最终能不能成功，还是决定于政治体制的改革。"②

所以，中国经济制度的发展现状和趋势决定了中国未来的政治制度发展趋势和方向。未来中国的经济制度发展趋势是继续完善社会主义市场经济制度，始于十一届三中全会的这场以经济建设为中心，建立并不断发展完善社会主义市场经济制度的改革"符合党心民心、顺应时代潮流，方向和道路是完全正确的，成效和功绩不容否定，停顿和倒退没有出路"③。那么，未来中国政治制度的变迁一定是继续完善社会主义市场经济体制，沿着顺应改革方向和潮流的方向进行。

社会主义市场经济制度内在地要求社会主义民主政治制度。社会主义市场经济就其内在本性来说，是一种民主经济，自由竞争、平等参与、公平交易是其基本特征。因为参与市场经济活动的各个市场主体只有具备了独立性、自主性、积极性、主动性，才能在市场经济中平等地进行交换，自由地展开竞争，从而得到自我完善和自我发展。这种平等、自由在政治上的保障形式就是民主。邓小平曾指出："就

---

① 《邓小平文选》第3卷，人民出版社1993年版，第176页。

② 同上书，第164页。

③ 胡锦涛：《高举中国特色社会主义伟大旗帜，为夺取全国建设小康社会新胜利而奋斗——在中国共产党第十七次全国代表大会上的报告》，人民出版社2007年版，第10页。

国内政策而言，最重大的有两条，一条是政治上发展民主，一条是经济上进行改革。"① 只有建立社会主义民主政治制度才能满足社会主义市场经济的发展要求。

社会主义市场经济制度内在地要求法治。市场经济不仅是民主经济，而且是法治经济。市场经济离不开法律和法制，凡是商品经济发达的地方，必定是一种法治经济。在市场经济社会，由于各个商品生产经营者都是独立的利益主体，一方面为了追求各自的利益，都要按自己的意愿行动；另一方面，为了自身利益不受侵犯，又要求法律的保护。这样，要使市场真正发挥优化资源配置的功能，就必须用法律来规范政府的干预行为和市场主体的经济行为，维护市场秩序和各方面的权利、利益，以形成公平竞争的环境。实际上，在市场经济条件下，经济主体的自主性、经济活动的契约性、经济往来的信用性，经济的竞争性、统一性、国际性及经济裁判和仲裁活动的必要性等都需要用法律进行规范和保护，以建立一个秩序稳定的经济社会。

社会主义市场经济制度的建立客观上要求社会主义民主政治制度的建立，因为政治制度必须与经济制度互相匹配、互相支持才能使社会正常运转。此外，我们也不能忽视另外一个方面，即市场经济制度与民主政治制度内在价值的一致性，这也是我们建立社会主义市场经济制度后要不断发展完善社会主义民主政治制度的原因所在。市场经济制度和民主政治制度的价值共享性体现在：二者都是以人的自由和平等为核心价值理念的，市场经济制度要求每一个经济主体都是独立的、自由的，并遵守平等交易的市场经济原则，民主政治制度也以自由、平等为其基本价值理念和内在要求，强调权利和义务的平等。诚然，经济平等较之政治平等而言更具有根本性的意义，人的经济平等和独立是政治平等和独立的前提和基础，但此处就二者的基本价值要求而言，不涉及二者的优先性问题。既然二者具有价值共享性，那么作为价值观念外化的制度体系显然也具有一致性，那就是建立公平合

---

① 《邓小平文选》第 3 卷，人民出版社 1993 年版，第 116 页。

作和平等参与的社会基本制度体系。经济上的平等与自由，政治上的平等与自由关键就在于公民的公平合作和平等参与。市场经济制度和民主政治制度的价值共享性是决定我国必须建立完善社会主义民主政治制度的另一个重要理论根据。

由于我国实行的是社会主义市场经济制度，所以它要求建立的民主政治制度必然是社会主义民主政治制度，其实质是人民当家做主，而且这种民主又必须是同社会主义法制相结合的民主。这就决定了我国政治体制改革的目标是建立社会主义民主政治制度。

政治体制改革的这一目标和任务有一个不断丰富和完善的过程。党的十一届三中全会最早指出："实现四个现代化，要求大幅度地提高生产力，也就必然要求多方面地改变同生产力发展不适应的生产关系和上层建筑，改变一切不适应的管理方式、活动方式和思想方式。"这可以看做伴随社会主义经济体制改革的开始，政治体制改革也拉开了序幕。后来，针对政治体制中暴露出的权力过分集中、官僚主义等弊端，邓小平提出以民主和法制为主要内容的政治体制改革。邓小平指出："民主和法制，这两个方面都应该加强，过去我们都不足。要加强民主就要加强法制。没有广泛的民主是不行的，没有健全的法制也是不行的。"[1] 1980 年 2 月，邓小平进一步提出："发扬社会主义民主，健全社会主义法制，两方面是统一的。"他强调："为了保障人民民主，必须加强法制。必须使民主制度化、法律化，使这种制度和法律不因领导人的改变而改变，不因领导人的看法和注意力的改变而改变。"[2] 1980 年 8 月邓小平在《党和国家领导制度的改革》的讲话中，把政治体制改革作为一项重要任务提出来，并提出中国在政治上要创造比资本主义国家的民主更高、更切实的民主。1982 年党的十二大报告不仅提出中国经济建设的目标，而且提出继续改革和完善政治体制，建设高度的社会主义民主是中国共产党的根本目标和根本任务之一。1987 年党的十三大把政治体制改革提到全党的工作日程上来，

---

① 《邓小平文选》第 2 卷，人民出版社 1994 年版，第 189 页。
② 同上书，第 146 页。

提出政治体制改革的长期目标是建立高度民主、法制完备、富有效
率、充满活力的社会主义政治体制。党的十四大报告提出，要积极推
进政治体制改革，使社会主义民主和法制建设有一个较大发展。要下
决心进行行政管理体制和机构改革，切实做到转变职能、理顺关系、
精兵简政、提高效率。党的十五大报告提出，在坚持四项基本原则的
前提下，继续推进政治体制改革，进一步扩大社会主义民主，健全社
会主义法制，依法治国，建设社会主义法治国家。从制度上和法律上
保证党始终发挥总揽全局、协调各方的领导核心作用。党的十六大报
告提出，发展社会主义民主政治，建设社会主义政治文明，是全面建
设小康社会的重要目标。并特别指出，政治体制改革是社会主义政治
制度的自我完善和发展。发展社会主义民主政治，最根本的是要把坚
持党的领导、人民当家做主和依法治国有机统一起来。党的十七大报
告进一步提出"人民民主是社会主义的生命"的科学论断，提出政治
体制改革作为我国全面改革的重要组成部分，必须随着经济社会发展
而不断深化，与人民政治参与积极性不断提高相适应；提出深化政治
体制改革，必须坚持正确的政治方向，以保证人民当家做主为根本，
以增强党和国家活力、调动人民积极性为目标，扩大社会主义民主，
建设社会主义法治国家，发展社会主义政治文明。

　　可以说，不断推进政治体制改革，完善中国特色社会主义民主政
治制度是与社会主义市场经济制度改革相伴随的一个过程。中国改革
的方向和道路不会变，未来中国必将继续沿着中国特色社会主义道路
发展，必将继续发展和完善社会主义市场经济制度，在坚持社会主义
基本经济制度的基础上建立现代市场体系。与此相适应，"以保证人
民当家做主为根本，以增强党和国家活力、调动人民积极性为目标"
的政治体制改革也将不断深化。

三　破除"普世民主"的理论幻象与实践陷阱

　　中国特色社会主义民主政治制度是中国未来政治制度变迁的大趋
势，这是中国共产党带领中国人民在深刻总结近代中国政治发展经验

与教训的基础上探索建立的符合中国国情的社会主义民主政治制度，也是中国特色社会主义伟大事业取得胜利的根本政治制度保障。党的十七大报告中已经明确了在新的历史起点上，指导未来中国发展的理论方向和发展道路问题，可谓旗帜鲜明，道路明确，但是围绕"民主"问题始终争论不休。当前出现的"普世价值"、"普世民主"的争论实际上是一些人蓄意挑起的干扰中国特色社会主义民主政治发展的议题，以达到改变中国政治制度的性质。实际上，"普世价值"、"普世民主"并不是新近出现的思潮，2005 年，境内外敌对势力和"自由派知识分子"就开始散播"普世民主"的言论，例如，流亡美国的敌对分子胡平在其《简评中共民主白皮书》中宣称："民主就意味着政党轮替，民主就意味着领导权的开放竞争"，"中共一方面承认民主是普世价值，另一方面却又把民主的公认定义和标准撇在一旁而自己提出一套截然不同的定义和标准，这实际上是否认民主的普适性，也就是否认民主本身"。也有一些媒体声称，"不同的国情，有着同样的民主要求，也要有同样的建设努力。国情性的特色路径，最终是要走向普适的民主"，"世界发展到今天，我们应该有已经被绝大多数国家接受实行的民主，有这里所说的普世价值的民主"。[①] 2008 年，借北京举办奥运会和纪念改革开放三十年等一系列重大活动的时机，一些媒体又开始大肆宣扬"普世价值"和"普世民主"，攻击和否定我国的社会主义民主政治建设。

这种争论的本质是西方殖民渗透的一种方式，冷战的结束以及和平与发展时代主题的确立，迫使西方采取更为隐蔽的文化殖民战略。而意识形态渗透始终是文化殖民的核心环节，西方利益集团企图通过这场"无硝烟的战争"实现资本对中国经济、政治、文化的控制，维护西方统治集团的垄断利益。

"普世民主"的争论不能阻挡未来中国的政治发展沿着中国特色社会主义民主政治制度变迁。真理越辩越明，通过辩论破除"普世民

---

① 转引自王一程《马克思主义是剖析"普世价值"问题的科学思想武器》，载《思想理论教育导刊》2008 年第 11 期。

主"的理论虚幻性，揭露其设置的实践陷阱，将有助于坚定中国特色社会主义民主政治制度的发展方向。

关于"普世民主"的理论虚幻性。谈及自由、民主、平等、人权等价值观念，似乎无法否认它们代表了不同时代、不同国度的人们对人类未来社会的美好构想，可以说，这些价值观念体现了人类社会进步的共同价值取向。从这个意义上讲，民主观念具有了共同的意义，是人类政治文明的共有成果。也正是在这个意义上，我国第一个关于民主的白皮书开篇讲到："民主是人类政治文明发展的成果。"2007年温家宝总理在答记者问时也明确提出，"民主、自由、人权，是人类共同追求的价值观"。那么，人类的共同价值与普世价值之间是否可以画等号？这是需要深入思考的问题。

通过分析我们将不难发现普世民主的提出绝不是为了表达人们对人类共同价值的美好追求，作为西方资产阶级意识形态，它恰恰利用了人们把民主当做人类美好价值加以追求的愿望，运用普世民主这种非政治性话语达到某种政治意图。① 在本质上普世民主是西方主流意识形态的表达，是西方国家通过控制意识形态领域的话语霸权，对目标国家实施价值渗透，维护、扩张本国霸权的工具。普世民主的理论具有虚幻性，可从以下几个方面进行分析：

第一，普世民主是资产阶级意识形态，根源于西方文化中心主义与抽象人性论的理论预设。

与自由、平等、人权一样，民主也是资产阶级意识形态之一。资产阶级意识形态是为特定阶级、特定集团服务的，是为了维护特定阶级集团的利益和统治，这是意识形态的功能性特征之一。而之所以将民主冠以普世之名，是因为意识形态自身性质的需要。按照马克思关于意识形态的基本观点，意识形态都是一定集团利益的观念表达，但是实际上只有将一定阶级的意识形态虚幻为全人类的共同的利益表达，为本来是狭隘的、片面的属于某个阶级的意识形态穿上"普遍

---

① 参见侯惠勤《"普世价值"的理论误区和实践陷阱》，载《马克思主义研究》2008年第9期。

性"外衣，才能使意识形态更具穿透力和影响力，其实这也是意识形态虚假性的基本特征。① 马克思曾说道："每一个企图取代旧统治阶级的新阶级，为了达到自己的目的不得不把自己的利益说成是社会全体成员的共同利益，就是说，这在观念上的表达就是：赋予自己的思想以普遍性的形式，把它们描绘成唯一合乎理性的、有普遍意义的思想。"②

普世民主之所以能成为资产阶级意识形态，进而演化成为西方国家战略的核心内容，有更深层的文化根源与理论预设。其中，西方文化中心主义、宗教救赎情结与抽象人性论的理论预设是重要的三个方面。

一些西方国家将民主、平等、人权、自由加以普世化的行为，源于西方文化中心主义。简单地讲，西方文化中心主义认为西方文化优于非西方文化，西方文化的特征、价值或理想带有某种普遍性，从而代表非西方文化未来的发展方向，非西方文化应该被西方文化同化。西方文化中心主义认为人类文化发展遵循单线进化的模式，人类民族文化都是各自在孤立、封闭的范围内独立演进发展的。但实际上，文化单线进化发展的模式是片面的，不能全面概括人类文化发展的过程和模式。在历史向"世界历史"转变之前，单线进化确实是各民族文化演化发展的基本模式（虽然其间也有各文化之间的交流，但孤立发展是基本模式）。正如西方学者雅斯贝尔斯指出的，公元前500年前后古希腊、以色列、印度和中国几乎同时出现了伟大的思想家，独立发展的各民族文化形成了各自不同的文化传统，进入"文化轴心时代"。但是近代以来，伴随着现代化进程在世界范围的展开，孕育了资本主义精神和现代化的西方文化也获得了其强势地位。历史发展的必然性赋予西方文化在众多文化中的"领袖地位"，"西方与所有已经存在过的文明显然是不同的，因为它已经对公元1500年以来存在着

---

① 参见侯惠勤《构建社会主义核心价值体系是我国意识形态建设的第二次战略性飞跃》，载《马克思主义研究》2008年第7期。

② 《马克思恩格斯选集》第1卷，人民出版社1995年版，第100页。

的所有文明都产生了势不可当的影响。它开创了在世界范围内展开的现代化和工业化的进程"①。这种"领袖地位"在世界历史时代便催生了西方文化中心主义的膨胀，在实践层面表现为文化帝国主义。马克思、恩格斯早在《共产党宣言》中就对西方文化的世界性前景作了精辟描绘："资产阶级，由于开拓了世界市场，使一切国家的生产和消费都成为世界性的了。……物质的生产是如此，精神的生产也是如此。各民族的精神产品成了公共的财产。民族的片面性和局限性日益成为不可能，于是由许多种民族的和地方的文学形成了一种世界的文学。"②"资产阶级，由于一切生产工具的迅速改进，由于交通的极其便利，把一切民族甚至最野蛮的民族都卷到文明中来了。它的商品的低廉价格，是它用来摧毁一切万里长城、征服野蛮人最顽强的仇外心理的重炮。它迫使一切民族——如果它们不想灭亡的话——采用资产阶级的生产方式；它迫使它们在自己那里推行所谓的文明，即变成资产者。一句话，它按照自己的面貌为自己创造出一个世界。"③

　　但是西方文化的"领袖地位"随着现代化的扩展和世界历史的到来会不断丧失。亨廷顿的"文明冲突论"实际上是对西方文化一统天下地位式微的"担忧"。他说："所有其他文明的社会都一直试图在财富和现代化方面赶上西方。……西方始于20世纪初的逐渐且无规律的衰落，可能会持续几十年，甚至几百年。或者，西方可能经历一个复兴阶段，扭转它对世界事务影响力下降的局面，再次确立它作为其他文明追随和仿效的领袖的地位。"④ 亨廷顿基于西方文化中心论，担心非西方文化的彰显会导致对西方文化认同的丧失，关于民主制度的共识将会发生分歧。这种基于西方文化中心论对西方文化的担忧直接

---

　　① ［美］塞缪尔·亨廷顿：《文明的冲突与世界秩序的重建》，周琪、刘绯等译，新华出版社1998年版，第348页。

　　② 《马克思恩格斯选集》第1卷，人民出版社1995年版，第276页。

　　③ 同上。

　　④ ［美］塞缪尔·亨廷顿：《文明的冲突与世界秩序的重建》，周琪、刘绯等译，新华出版社1998年版，第348页。

影响国家文化战略策略的制定。因为担心多元文化削弱西方文化的中心地位，美国在文化上制造"假想敌"，以增强人民对西方文化的认同，消除对自由民主制度的分歧。显然，普世民主是达此目的的重要手段。

一些西方国家将民主、平等、人权、自由加以普世化的行为还源于西方宗教的救赎情结。"普世"概念本来就是一个宗教术语，与基督教有关系。"普世"概念的意思是强调社会与人类共同遵守的价值观念。在基督教那里，上帝被认为是世界上唯一的神，所以那些超越尘世具有真理性的普世价值只能来自上帝的启示。一些西方人以上帝的选民自居，认为自己有义务、有责任将所谓的"自由、民主、人权"等普世价值传播到世界每一个角落，在全世界实现自由民主。其中，美国就有着深厚的选民救赎情结。大部分美国人都是或自称是基督徒。艾森豪威尔曾说："承认上帝的存在是美国精神的第一个也是最基本的一个表现。没有上帝就不会有美国式的政体，也不会有美国的生活方式。"① 美国人深信自己是上帝的选民和天之骄子，将自己的价值观与政治制度推广到全球，认为帮助那些不民主的国家走上民主之路是上帝赋予他们的神圣使命。正是秉承着这样的宗教救赎信念，美国才不断地为美国式的民主披上普世民主的虚幻外衣，以确保民主在全世界的通行无阻，建立美国统治下的国际新秩序。

一些西方国家将民主、平等、人权、自由加以普世化的行为还源于对人性的抽象设定。他们不从现实出发，而从普遍意义的"人"出发，认为存在共同人性，并以共同人性为根据断言人类社会存在自由、平等、民主、人权等"普世价值"。其实，这种所谓"人同此心，心同此理"的共同人性假定是一种理论抽象。

对于人性问题②我们要作具体分析，按照马克思的观点，人性主

---

① ［美］塞缪尔·亨廷顿：《我们是谁：美国国家特性面临的挑战》，程克雄译，新华出版社 2005 年版，第 87 页。

② 参见任洁《再论马克思人性观的科学性》，载《胜利油田党校学报》2004 年第 4 期。

要是人类及个人在后天的社会实践和社会生活中逐渐形成和生成的，不是天赋的、神赐的。不是人性决定社会的发展变化，而是社会的发展变化决定人性。人性是社会的、具体的、现实的。"对人性的理解如果以人这一特殊物种的某一方面的特性来规定人性，或物性或神性或理性，都只能是对人性的一种抽象，不可能获得现实的真实的人性。"① 马克思说："可以根据意识、宗教或随便别的什么来区别人和动物。一当人们自己开始**生产**他们所必需的生活资料的时候（这一步是由他们的肉体组织所决定的），他们就开始把自己和动物区别开来。"② "个人怎样表现自己的生活，他们自己也就怎样。因此，他们是什么样的，这同他们的生产是一致的——既和他们生产**什么**一致，又和他们**怎样**生产一致。"③ 马克思关于人性的表述最为经典的是："人的本质不是单个人所固有的抽象物，在其现实性上，它是一切社会关系的总和。"④ 立足实践，才能赋予人性以具体性、丰富性、现实性、社会历史性的特质；立足实践，才能彰显出人的本质、人生的意义。实践标示着人可以突破生物物种所赋予的生理限制，不再宿命地只按照自身的物种尺度来构造，而是"懂得按照任何一个种的尺度来进行生产，并且懂得处处都把内在的尺度运用于对象；因此，人也按照美的规律来构造"⑤，使人成为一种超越性的存在，使人生不再是凝固不变的程式化生存，从而具有向未来无限敞开的可能性。从此意义上说，存在主义哲学家萨特提出的人的"存在先于本质"的命题是有意义的。正因为实践的生成性特质才使人的生命有了意义，才使人性不再是抽象的理论预设。如果人的一切都像精确的公式一样，一旦具备了初始条件（人的诞生），便可精确地预测人所经历的一切，人生也就了无生趣了；立足实践，才能摆脱人性问题的抽象论争，从

---

① 高清海：《哲学的奥秘》，吉林出版社 1997 年版，第 20—21 页。
② 《马克思恩格斯全集》第 3 卷，人民出版社 1960 年版，第 24 页。
③ 同上。
④ 《马克思恩格斯选集》第 1 卷，人民出版社 1995 年版，第 60 页。
⑤ 马克思：《1844 年经济学哲学手稿》，人民出版社 2000 年版，第 58 页。

而为社会关系的变革和社会的发展进步寻求到了人性的合法根据，使社会教化成为必要和可能。

　　人在实践活动中形成两种基本的关系：人与自然的关系、人与人的关系（人与自身的关系也可归入这一层中）。人与自然的关系体现了人作为自然存在物，无论从其起源还是从其自身的生理结构看，都具有自然的特性。最一般最基本的需要当属生存，任何人都必须以物质生活资料来维持和再生产自己的生命，只有在生存需要满足的基础上，才能进行满足其他需要的活动。对此，恩格斯曾经说："正像达尔文发现有机界的发展规律一样，马克思发现了人类历史的发展规律，即历来为繁芜丛杂的意识形态所掩盖着的一个简单事实：人们首先必须吃、喝、住、穿，然后才能从事政治、科学、艺术、宗教等等。"① 人们为了能满足自己的生存和发展的需要必须与外部自然界进行物质、能量、信息的交换以维持自己的生存，这是人作为生物不可改变的自然属性。然而人与自然界发生关系却不是孤立进行的，在改造世界获取物质生活资料的同时，人与人之间还发生一定的关系。尤其在全球进入"世界历史"时代的今天，人与人、国与国、政治集团与政治集团之间的交往更是人类生存的一种基本特征，交往已成为人类生存的基本手段之一，人们为满足自己的生存、发展、繁衍的自然需求需与他人发生各种各样的交往关系，所利用的各种手段都可看做是人的社会属性的表现。

　　人性具有自然属性和社会属性两重性的事实就为一些围绕人性问题展开的论争提供了合理解释。就人的自然属性来讲，是无好坏、善恶、道德与不道德之分的。《孟子·告子上》曰"食、色，性也"；《荀子·性恶》曰"今人之性，饥而欲饱，寒而欲暖，劳而欲休，此人之情性也"，"若夫目好色，耳好声，口好味，心好利，骨体肤理好愉佚，是皆生于人之情性者也"。按照恩格斯的说法，人来源于动物界这一事实决定了人永远无法摆脱兽性，也正因为此，我们无法对人的自然属性的存在作价值评判，然而对人性的分析如果仅停

---

　　① 《马克思恩格斯选集》第 3 卷，人民出版社 1995 年版，第 776 页。

留于自然层面是毫无意义的，必须进入人的社会性层面才能凸显人性的特征。更重要的是，人之为人不在于人的自然性，而在于其社会性。

人要满足自己的需要必须具有一定的条件，采用一定的手段，与社会中的他人发生一定的关系，是损人利己式地满足还是不损人利己式地满足呢？这其中就有了价值问题。也即是说对人性问题也应该采取"是"与"应当"、"事实"与"价值"相分的划界分析。人性中属于"自然倾向"的东西，也即人性的自然属性部分，本身并不存在善恶的问题，然而一旦进入到追逐私利的过程中，就会有选择与遵从何种道德法则的问题发生，人性也就有了善恶之分。黑格尔对此问题有过明确的阐述。他用"意志的自然性"和"自由的意志"来区分人的自然属性和社会属性。他认为："自然的东西自在地是天真的，即不善也不恶。但是一旦它与作为自由的和认识自由的意志相关时，它就含有不自由的规定，从而是恶的。"① 善恶只在意志进行选择时才发生。

诚然，人的自然属性和社会属性也不是如水火般截然相分的。人的自然属性和社会属性密切相关。人首先是作为自然存在物进入社会的，人的社会属性离不开自然属性，社会属性是以自然属性为目的的，要满足人的自然需求；自然属性也离不开社会属性，人的自然需求的满足都是在"两种生产"中实现的。没有孤立、纯粹的人的自然属性，人的自然属性是人化的或者说是社会化了的自然属性，和动物的兽性虽相似却已不同。人的饮食男女不同于动物。人讲究美食烹调、讲究爱情和审美。更重要的是，人直接是社会存在物，即人生活在社会之中。当马克思说，黑人就是黑人，黑人只有在一定的社会关系中才成为奴隶，强调的就是人的本性是由人生活于其中的社会决定的，然而人的自然属性和社会属性的相关性并不妨碍人们对人性作出道德评价，恰恰由于人的自然属性是社会化了的自然属性，所

---

① ［德］黑格尔：《法哲学原理》，范扬、张企泰译，商务印书馆1961年版，第145页。

以人所具有的共同的自然属性一旦具体化便会出现分歧差异甚至对立。同样的自然属性在不同的社会历史发展阶段中，在不同的人群中不再具有共性。尤其在阶级利益对立的社会中，更不存在所谓的共同的人性。

以往的理论家在人性与社会的关系问题上常常犯因果颠倒的错误。18 世纪的资产阶级哲学家提出"人性自私论"，认为自私是与生俱来的人的本性，而且是永恒存在不可消除的。他们宣扬此种人性论有其理论目的，那就是为私有制的存在寻求人性的根据，进而认为人性不变，私有制的永恒也就顺理成章了。关于人性的可变性与不可变性和社会变革的关系，美国哲学家杜威说："我们应首先承认在某种意义上，人性并不改变。我不相信能证明：人们的固有的需要自有人类以来曾改变过，或在今后人类生存于地球上的时期中将会改变"①，但他同时又说："……文明本身便是人性的改变之结果……依我的看法，他的人性的无限制的可塑性的看法是正确的……人性不变的理论是在一切可能的学说中，最令人沮丧的和最悲观的一种学说。"② 马克思立足于人的实践，立足于人的社会现实，克服了以往抽象、静止、片面地谈论人性的理论不足。从根本上扭转了人性与社会发展变化的关系，主张不是人性决定社会的进步和历史的发展，而是相反。人性的修复和不断完善有赖于社会的改造和历史的发展。

通过对人性的这一番分析，可见普世民主的抽象、共同的人性假定是虚幻的。用共同人性来论证普世民主存在的合理性显然并不具有说服力。

第二，从共性与个性的辩证关系破除普世民主的幻象。从哲学上讲，共性寓于个性之中，没有脱离个性而独立存在的共性，共性总是与个性结合在一起，总是体现在个性之中。人们可以在思维中把不同

① ［美］约翰·杜威：《人的问题》，傅统先、邱椿译，上海人民出版社 1965 年版，第 150 页。
② 同上书，第 155 页。

事物的共同点抽象出来，形成概念，但现实生活中存在的只能是个性的东西。关于从共性与个性的辩证关系角度破除普世民主的迷思，有学者作了更具体的分析。进一步追问了共性的存在是在何种意义上确定的。共性可以是认识论意义上的共性，马克思、列宁都是从认识论的意义上考察共性与个性的辩证关系的，上面的阐述也是就此而言的。认识论意义上的共性作为观念的存在具有非实体性特征，可以没有直接对应的实体事物支撑这一观念性存在。但是除了认识论意义上的共性还存在价值论意义上的共性，它必须要有实体事物作支撑，这个实体事物是具体的利益共同体或社会生活共同体。简而言之，价值论意义上的共性就是指共同利益、共同需求和直接交往，而在存在着阶级对立和雇佣劳动的资本主义社会，就全社会而言，是不存在这样的共同体的。[①]

　　具体到普世民主，如果仅仅从认识论意义上分析，似乎无法否认民主观念的普世性，人们确实能够运用人类的抽象思维能力将各种民主形式中的共性概括、抽象出来，形成认识论意义上民主的共性，而且只要这种抽象是合理的也能够一定程度上、从某一方面反映事物的本质。即使如此，这种共性也只是一种抽象，只有通过具体的民主的具体形式表现出来，存在于各种个性民主之中。但是从价值论意义上分析，普世民主必须依赖利益一致的人类共同体，显然，在存在利益分歧、利益分化的阶级社会，这种超越国家、超越阶级的人类社会共同体是不存在的。毛泽东说过："实际上，世界上只有具体的自由，具体的民主，没有抽象的自由，抽象的民主。在阶级斗争的社会里，有了剥削阶级剥削劳动人民的自由，就没有劳动人民不受剥削的自由。有了资产阶级的民主，就没有无产阶级和劳动人民的民主。"[②] 他还指出："民主自由都是相对的，不是绝对的，都是在历

---

　　① 侯惠勤：《"普世价值"的理论误区与实践陷阱》，载《马克思主义研究》2008年第9期。
　　② 《毛泽东文集》第7卷，人民出版社1999年版，第208页。

史上发生和发展的。"① 于是普世民主的存在便成了一个无法实现的神话。

第三,从内容与形式的辩证关系破除普世民主的幻象。内容与形式之间的关系很复杂,简单地说,同一内容由于条件不同可以有多种形式,同一形式可以表现不同的内容。新内容可以通过旧形式来表达,新形式也可以表现旧内容。而且内容与形式之间有主次之分,内容居于主导地位,形式居于次要地位,内容决定形式,形式反映内容并为内容服务。内容与形式不可分割,没有不采取一定形式进行表达的内容,也没有不表达任何内容的形式,二者是统一体中互相依赖的两个方面。

对于民主问题同样也可以从内容与形式的辩证关系来分析,虽然人类自进入阶级社会以来采取的民主形式多种多样,但是我们还是可以从多种多样的民主形式中找到一些共同的东西,比如选举过程中采取的投票选举、自由表达的权利、以及协商、监督与政党制度(一党制、两党制或多党制)等都是常见的民主形式。对于这些民主形式中的共同点我们能否称之为普世民主呢?显然不能。民主的内容与形式不可能分割开来,一定社会阶段一定时代的民主的内容总是通过特定的民主形式表达出来。民主的形式是服从于民主的内容的,民主的内容决定民主的性质。仅仅从各种民主的形式中归纳出一些形式上的共同点就断言存在普世民主,似乎因为形式上有共同之处完全可以忽略内容和性质上的差异,把存在于特定时代、特定国家,具有一定阶级属性的民主视为全世界普遍适用的普世民主既不符合理论逻辑也不符合现实。

关于"普世民主"的实践陷阱。现实实践一再粉碎了人们对所谓普世民主的幻想。反观现实不难发现,在民主被大肆鼓噪的国家,政局常常处于动荡状态,战争也时有发生。21世纪之初发生在独联体等国家的一系列"颜色革命"以及美国入侵伊拉克,推进"民主"进

---

① 《毛泽东文集》第 7 卷,人民出版社 1999 年版,第 209 页。

程始终是美国发动战争、实现所谓"暴政国家"政权更迭的借口。考察那些接受美国民主的国家发展实践，发现：普世民主并不像美国标榜的那样为这些国家的发展带来繁荣和富裕，相反，却导致这些国家陷入了种种发展困境，如社会矛盾的加剧，政治的动荡和经济的衰退，人民生活水平的下降等。种种的民主化现实迫使人们深入反思普世民主背后的动机所在。

一些人热衷宣扬普世民主的根本目的在于用资产阶级民主制度取代"目标国家"的所谓不民主的政治制度。一切服从于特定集团、国家的利益需要。美国在《铸造法治之下的自由世界：21世纪美国国家安全战略》中的建议已经非常明确地指出："利用一切可行方法和手段帮助尚未达到民主标准的国家建立民主政府。"民主已经成为西方某些国家在全世界推进民主进程，促进政权更迭的政治工具和战略手段。世界被简单地分为"民主的"与"非民主的"两部分，民主已不纯粹是个国家政治制度的运行方式问题，而已经演化成为国家安全战略的核心内容。西方某些国家正是将民主这一原本不具有全民性、普遍性的资产阶级意识形态装扮成全人类共享的普世价值才更具有迷惑性，从而使民主成为西方国家尤其是美国推行霸权与强权政治的重要战略工具。

以民主作为国家战略工具意味着美国在强化经济、政治、军事竞争的同时，同样重视意识形态、核心价值乃至文化的竞争。换言之，软实力竞争已经成为美国国家战略的重要组成部分。美国之所以将软实力竞争纳入国家战略之中，有以下几个背景原因：第一，第二次世界大战之后，美国一跃成为世界头号强国，英法霸权地位式微；第二，世界反帝、反殖民的社会主义运动风起云涌，以苏联、中国等社会主义国家为代表国家的社会主义阵营形成，形成与资本主义阵营相对抗的国际格局；第三，在中心与边缘的权力结构已经形成、发达与不发达的发展格局已经确立的全球化条件下，掌握话语领导权与规则制定权是能否成为全球化赢家的关键所在。有学者将这种以意识形态斗争和代理人战争为主要形式的全球"冷战争"的实质称为第三次世界大战。① 也就是说，新的世界形势下，传统的殖民掠夺方式已经不合时宜，依靠软实力，用文化的吸引力、向心力和凝聚力达到本国战略目的是更有效的手段和方式。

美国历届总统和政要都意识到民主、自由、人权这些价值观念在维护本国政治经济利益时发挥的重要作用，尤其当军事和战争这些"硬实力"遭遇困境时更凸显出软实力的战略功效。从尼克松到福特、卡特再到老布什、小布什，他们始终把"自由、民主、人权"看做国家战略的重要工具。尼克松当选总统时，美国陷在越南战争的旋涡中已经近6年，加之1968年时的美国已经在世界上30多个国家驻军100万，对全世界近100个国家提供军事或经济援助，这使得美国财政经济状况逐渐衰落，国际收支发生危机。基于此种发展状况，尼克松希望通过和平的方式与自己的对手展开竞争。1969年，他在就职演说中说："经过一段对抗时期，我们正进入一个谈判时代"，"历史所能赐予我们的最大荣誉，莫过于和平缔造者这一称号"，"我们邀请那些很可能是我们对手的人进行一场和平竞赛"。② 之后，他在《真正的和平》中写道："我们有两种强花色牌，即在经济力量和思想力量方面……我们不应当怕搞宣传战，不管是在苏联帝国的内部，还是在世界其他地区。光是谴责共产主义的罪恶是不够的。我们还必须公开宣传自由将带来的好处……甚至在和平时期，思想战将继续进行下

---

① 何新研究员认为20世纪人类历史上实际发生了三次世界大战而不是两次世界大战。即：新、老工业化国家为争夺殖民地（人口、资源及市场）的控制权而发生的第一次世界大战；新、老工业化国家为由谁控制主宰世界而发生的第二次世界大战；1946年以后，在老工业化国家与新兴独立国家之间（美国统领的发达国家为一方，对手是苏联阵营、红色中国及第三世界），发生了以意识形态斗争和代理人战争为主要形式的全球"冷战争"——实质是第三次世界大战；21世纪未来人类可能为面临全球资源的资本控制权和全球金融的控制权而发生的资源战争和金融战争，这将是第四次世界大战。参见何新《何新论金融危机与中国经济》序，华龄出版社2009年版。

② 转引自肖黎朔《关于民主与普世民主的相关思考》，载《理论研究动态》（中国社会科学院邓小平理论和"三个代表"重要思想研究中心主办）2008年第12期。

去。我们将确保这种宣传战在铁幕的内外同时进行……我们应当充分运用作为西方文明基本特点的精神和文化价值观的影响。不管苏联人是否决意在这些领域竞争，我们都应当用我们掌握的全部力量去竞赛。"[①] 在《1999年：不战而胜》一书中，他明确指出了自由、民主、人权作为"普世价值"的作用，"在与苏联进行意识形态竞争时，我们有一手好牌。我们的自由和民主价值观在世界各地极有魅力。它们的力量在于它们并不规定人应该如何生活，而只是认为个人与民族应能自由地选择他们的生活方式。虽然不是所有的人都有民主管理自己的能力，但几乎所有人都希望民主"[②]。

继尼克松之后，福特和卡特总统又把人权作为国家外交政策的主要目标，以人权之名行干涉社会主义国家内政之实。

冷战结束后，美国极有可能成为世界上最强大的霸权国家。老布什除了继续把人权作为国家对外政策的主要目标以外，还打出了民主之牌。他说："促进自由、民主的政治体制的发展，作为人权以及经济和社会项目的最可靠的保障。"[③] 克林顿政府更是把提高美国安全、发展美国经济与在国外促进民主作为国家安全的三大目标，从而将在国外促进民主提升为国家战略的主要内容。小布什继任之后，在经历了海湾战争、南联盟战争、阿富汗战争之后，尤其是入侵伊拉克陷入僵局之后，他重新加强了对"民主"这一战略武器的重视。他在第二任期就职演讲时说："我们已明了自身的弱点，我们也深知其根源。""我们受常识的指引和历史的教诲，得出如下结论：自由是否能在我们的土地上存在，正日益依赖于自由在别国的胜利。对和平的热切期望只能源于自由在世界上的扩展。""有鉴于此，美国的政策是寻求并支持世界各国和各种文化背景下成长的民主运动，寻求并支持民主的制度化。最终的目标是终结世间的任何极权制度。""那些面对着压

---

① 辛灿主编：《西方政界人物谈和平演变》，新华出版社1989年版，第31页。

② 同上书，第48页。

③ 周琪：《美国人权外交政策》，上海人民出版社2001年版，第9页。

制、监狱和流放的民主变革的参与者应该知道，美国知道你们的潜力：你们是自由国家未来的领袖。"①

借助自由、平等、民主、人权等"普世价值"的招牌，美国等西方国家通过文化宣传、文化交流以及直接的文化商品输出对中国等非西方国家进行文化渗透，传播披着普世外衣的美国文化价值观。这种战略导致了普世价值的实践陷阱。

四　中国特色社会主义民主政治制度的坚持与完善

中国的社会主义市场经济制度的不断发展和完善客观上要求与之相适应的中国特色社会主义民主政治制度的不断发展和完善。并且，通过分析我们已经破除了普世民主的迷思，认识到任何民主政治制度只能是具体的、历史的、与本国国情、发展实践和文化状况相适应的民主政治制度。与中国国情、发展实践和文化状况相适应的民主政治制度是中国特色社会主义民主政治制度。那么，这种民主政治制度的"中国特色"具体体现在哪里呢？笔者认为，这种民主政治制度的"中国特色"主要体现在我国的根本政治制度、政党制度、民族制度与基层民主制度四个方面。人民代表大会制度是我国的根本政治制度，中国共产党领导的多党合作与政治协商制度是我国的政党制度，民族区域自治制度是我国的民族制度，基层群众自治制度是我国的基层民主制度。这四个方面既是中国共产党领导之下以人民当家做主为本质、以人民民主为社会主义的生命的社会主义民主的具体体现，也是中国特色社会主义民主政治的制度保障和特色体现。未来中国的政治制度建设依然要毫不动摇地坚持和完善这些具有中国特色的社会主义民主政治制度，将中国特色社会主义政治建设推向前进。

---

①　转引自肖黎朔《关于民主与普世民主的相关思考》，载《理论研究动态》（中国社会科学院邓小平理论和"三个代表"重要思想研究中心主办）2008年第12期。

第一，坚持和完善人民代表大会制度。

人民代表大会制度是与我国的国体相适应的根本政治制度。《宪法》规定："中华人民共和国是工人阶级领导的、以工农联盟为基础的人民民主专政的社会主义国家。"国体的性质决定了我们国家的一切权力属于人民。但中国有 13 亿人口，不可能实行人民直接管理国家的"直接民主"，而必须实行以选举为中介的间接民主。我国是通过人民代表大会这样一种组织形式实现人民对国家的管理。全国人民代表大会和地方各级人民代表大会是人民行使国家权力的机关。人民通过普遍选举产生具有广泛代表性的代表，由这些代表负责调查、了解和收集全国各族人民的各方面意见和要求，并通过人民代表大会把这些意见和建议集中起来，使之上升为法律和法令，由人民代表大会选举产生的各级人民政府负责使这些法律和法令得到贯彻实施。[①] 人民代表大会制度以民主集中制为基本原则，既能够充分尊重和反映广大人民的意愿，吸纳广大人民的意见和建议，调动广大人民的积极性和创造性；同时也能够将分散的意见和建议统一起来，形成人民的统一意志，并上升为国家法律和政策，实现人民当家做主；民主集中制还有利于保障人大代表选举产生的各级政府代表人民统一行使国家权力，有利于国家政权机关之间的分工合作与协调一致。

人民代表大会制度作为我国的根本政治制度，具有根本的优越性，比如人大代表的广泛性能够保障最广大人民参与到管理国家事务与社会经济、政治、文化等各项事务中来，充分调动他们的积极性；人民代表来源于人民、密切联系人民的运行方式比较有效地保障了人民行使当家做主的权利。人民代表大会制度的优越性通过与西方的三权分立制度作比较可以更好地凸显出来。西方的三权分立制度在历史上起到反对封建专制、削弱王权的进步作用，立法、行政、司法三权分立，客观上也确实有利于权力的互相制衡。但是，在资产阶级成为

---

① 参见中共中央宣传部理论局编《六个"为什么"——对几个重大问题的回答》，学习出版社 2009 年版，第 50 页。

统治阶级之后，所谓的三权分立演化为资产阶级内部不同利益集团之间的权力分化。为了维护各集团的利益，各权力机关互相掣肘、互相拆台，导致决策的缓慢和低效。我们的人民代表大会与"一府两院"之间不是互相拆台、互相掣肘，而是共同代表广大人民的利益协调一致工作。正是在这个意义上，邓小平说，我们"不搞多党竞选，不搞三权分立、两院制。我们实行的就是全国人民代表大会一院制，这最符合中国实际。如果政策正确，方向正确，这种体制益处很大，很有助于国家的兴旺发达，避免很多牵扯"①。"社会主义国家有个最大的优越性，就是干一件事情，一下决心，一做出决议，就立即执行，不受牵扯。"② 我们的制度是人民代表大会制度，"没有那么多互相牵扯，议而不决，决而不行。就这个范围来说，我们的效率是高的，我讲的是总的效率"③。

人民代表大会制度是人类历史上最为先进、最能体现人民民主、最能发挥人的积极性、创造性和个人主观能动性的民主制度，它为真正实现绝大多数人的民主提供了最大的可能。但是人民代表大会制度也有需要发展和完善的地方，这符合人类社会历史上各种制度发展的一般规律。坚持和完善人民代表大会制度主要就是处理好党的领导与人民代表大会履行职能的关系以及健全人民代表大会的各项制度。

从根本的政治制度安排上说，宪法规定了中国共产党在国家政治生活中的领导权，这意味着中国共产党领导包括人民代表大会在内的其他政治主体。中国共产党在国家政治生活中的领导地位是中国人民在历史发展中作出的选择和社会主义实践的需要。人民代表大会制度是我国的根本政治制度，各级人民代表大会是我国各级最高权力机关，我国的各级政府、法院、检察院都由其产生、对其负责并受其监督。既然是各级最高权力机关，就意味着人民代表大会的权力高于其

---

① 《邓小平文选》第 3 卷，人民出版社 1993 年版，第 220 页。

② 同上书，第 240 页。

③ 同上。

他任何政治主体。那么，应该如何处理中国共产党的领导与人民代表大会的关系？中国共产党的领导地位是不能动摇的，必须坚持中国共产党的领导地位。在中国这个疆域辽阔、民族众多、经济社会发展不平衡的发展中大国，建设中国特色社会主义，实现社会主义现代化需要中国共产党这一坚强领导核心。而人民代表大会是人民当家做主的最高表现形式，中国共产党对人民代表大会的领导不是具体事务性的领导，而主要是组织结构、决策方式和组织制度上的领导。党的十六大报告中指出："党的领导主要是政治、思想和组织领导，通过制定大政方针，提出立法建议，推荐重要干部，进行思想宣传，发挥党组织和党员的作用，坚持依法执政，实施党对国家和社会的领导。"[1]

健全和完善人民代表大会的各项制度。人民代表大会制度由一系列具体制度构成，人民代表大会制度的有效运行需要健全和完善各项具体制度。选举制度的完善是实现人民代表大会作为国家权力机关履行职能的合法性保障。要落实选举法的有关规定，扩大差额选举的比例，使之达到25％—50％，保障政党、团体和10人以上代表联名推荐候选人的政治权利。人大常委会和各专门委员会是人大的常设机关和主要的立法监督机关。要适当增加各专门委员会召开会议的次数；要探索实现人大常委会及专门委员的职业化、年轻化，专司立法与监督，以有效地指导和监督行政权力的运作。人大制度功能的有效发挥依靠一系列健全的制度体制，同时更取决于人大代表的素质，要提高人大代表和各委员会委员的政治素质，使代表们更好地表达人民意志和利益要求。

第二，坚持和完善中国共产党领导的多党合作与政治协商制度。

中国共产党领导的多党合作和政治协商制度，是中国特色社会主义民主政治制度的一大特色。与一党制、两党制、多党制不同，我们的政党制度是中国共产党领导下的多党合作制。这种政党制度具有两

---

① 中共中央文献研究室编：《十六大以来重要文献选编》（上），中央文献出版社2005年版，第26页。

个基本特点：一是允许多个政党的合法存在。目前在中国除了执政党
中国共产党以外，还有八个民主党派。二是其他的合法政党以民主协
商的形式参政、议政。

中国共产党领导的多党合作制的核心是中国共产党拥有政治上的
领导地位，是执政党；其他党派和工商联在中国特色社会主义建设事
业中是各自联系的一部分社会主义劳动者和拥护社会主义的爱国者的
政治联盟，是建设中国特色社会主义的政治力量。中国共产党领导的
多党合作制度是根据中国共产党领导中国人民在新民主主义革命中实
行的统一战线政策而建立的，更重要的是根据中国的具体国情以及革
命和建设的需要而建立的政党制度。有学者对西方的政党制度与我国
的政党制度作出了具有说服力的评价：

> 在政治决策中常会有不同意见，但是否任何不同意见都必须
> 通过"反对党"来公开表达却不可能有严格的逻辑证明，因此
> "反对党"对于民主的实施只能是工具性的，没有绝对的普适性。
> 通常政党政治中最大的问题是在表达不同政见和实现监督的同
> 时，形成各个政党以争相执政为目标的特殊政党利益，这使民主
> 由功能性向目的性转化，也属于异化的情形。由于"反对党"合
> 法存在，可以产生执政党和在野党的政党轮替，其理论上的优
> 点是因"做不好就下台"，会促使领导人努力去符合管理者的
> 自然标准，对增加政治透明度，实行民主监督有好处。但它同
> 时也可能形成公开掣肘，影响决策的效率。尤其在异化的情形
> 下各政党互相攻讦，模糊是非，反而影响决策的正确。其实政
> 党政见的形成多半同社会的利益集团有关，异化的情形是经常
> 发生的。[①]

坚持和完善中国共产党领导的多党合作与政治协商制度首要的是

---

① 钟学富：《物理社会学——社会现象演绎理论的探索》，中国社会科学出
版社 2002 年版，第 256—257 页。

要坚持中国共产党的领导。中国共产党的领导是保证中国政党的社会主义性质，推动中国特色社会主义民主政治健康发展的政治保障。同时，中国共产党要与其他民主党派采取民主合作、政治协商的方式，以利于实现各民主党派参政议政和民主监督。我们实行的中国共产党领导的多党合作与政治协商制度的优势就在于从根本上克服了西方两党制、多党制出于维护各自集团的利益而互相拆台、互相掣肘的弊病，各民主党派的参政议政和民主监督有利于调动各民主党派的积极性、能动性和创造性，充分发挥各民主党派的优势和特长，为社会主义建设事业献计献策，使国家的方针、政策更科学、合理、正确；能够在坚持民主集中的原则下妥善化解人民内部的各种矛盾，使人民内部的局部利益、个别利益与整体利益、根本利益相互协调；有利于国家的统一与巩固。在坚持和完善这一政党制度时，要注意总结党领导各民主党派积累的成功经验并逐渐提升为法律制度，实现党领导民主党派的制度化、规范化和程序化。同时，各民主党派也要不断提高自己参政、议政的能力，加强自身的组织制度和思想文化建设，更好地在中国共产党的领导下发挥自己政治协商和民主监督的作用，推动中国特色社会主义事业的发展。

中国共产党与各民主党派合作要坚持"长期共存、互相监督、肝胆相照、荣辱与共"的方针，作为党处理与各民主党派关系的原则，营造多党合作、政治协商与民主监督的和谐政治环境；建立健全各民主党派参政议政、政治协商、民主监督的各种渠道；建立健全各民主党派参政议政、政治协商、民主监督的法律规范和组织程序，使各民主党派发挥参政议政、政治协商、民主监督作用有章可循、有法可依，保障多党合作与政治协商渠道畅通、有序进行。[①]

第三，坚持和完善民族区域自治制度。

世界上的多民族国家各自根据本国民族情况采取不同的民族治理模式。我国采取的是民族区域自治制度。依据宪法和民族区域自治法

---

① 参见罗文东主编《中国特色社会主义理论体系新论》，人民出版社 2008 年版，第 173 页。

规定，在坚持民族平等、民族团结、共同发展、共同进步的理论前提下，实行民族自治地方的自治机关，即自治区、自治州、自治县的人民代表大会和人民政府拥有自治权，比如拥有管理本民族、本地区内部事务的权力；拥有制定自治条例和单行条例的权力；拥有使用和发展本民族语言文字的权力；拥有尊重和保护少数民族宗教信仰自由的权力；拥有在国家法律许可范围内实行具有本民族特色的经济、政治、文化制度的权力。

民族区域自治制度保障各少数民族和民族地区依法自主地管理本民族事务、民主地参与国家和社会事务管理的权力，充分调动了各少数民族和民族地区的积极性，保证了中央必要的集中、国家统一和民族团结，从而形成了各民族互帮互助、共同繁荣发展的和谐民族关系，为推进中国特色社会主义事业提供了稳定的环境。

坚持和完善民族区域自治制度重要的是中央政府要采取各项措施帮助和支持民族自治地区发展经济社会各项事业，把各民族的发展摆到更加突出的位置，优先安排和扶持民族自治地方的基础设施建设，采取规范的财政转移支付手段，加大对民族自治地方的财政投入和金融支持力度，组织引导发达地区对口扶持，帮助民族自治地方理顺资源性产品价格，重视民族自治地方的环境保护和生态文明建设，增加对民族自治地方社会事业的投入，提高他们的教育水平和生活质量；中央政府还要重视民族自治地方干部队伍的培养，这是坚持和完善民族区域自治制度的关键环节。因为制度的执行最终是通过干部队伍来贯彻落实的，素质过硬的干部能够发挥好自治机关和干部群众之间沟通纽带的作用，更好地维护民族团结和祖国统一。正如江泽民指出的："完善民族区域自治制度、全面贯彻落实《民族区域自治法》的关键，在于大力培养少数民族干部，加强民族地区的干部队伍建设。"[①] 当然，民族自治地区要实现自我发展还需要依靠自己的力量，在增加教育投入、开发优势产业群、完善各项制度法规建设等方面提

---

① 《江泽民论有中国特色社会主义》（专题摘编），中央文献出版社 2002 年版，第 360 页。

高能力，促进本地区的全面、协调、可持续发展。

第四，坚持和完善基层群众自治制度。

基层民主制度是中国特色社会主义民主政治制度的重要组成部分，基层民主制度建设是中国特色社会主义民主政治制度建设的基础性工程。在我国社会主义民主政治制度的建设和完善过程中，发扬社会主义基层民主，保证基层组织和成员直接行使民主权利，是社会主义民主最广泛的实践。我国的基层民主建设在实践中已经形成了特有的内容和形式，如农村建立的村民自治制度，城市建立的社区居民自治制度，企事业单位建立的职工代表大会制度和基层群众性社团的自治制度。这些制度构成了我国基层民主制度的主要内容。发扬社会主义基层民主，是为了充分调动人民群众的积极性、能动性和创造性，是为了真正实现人民群众当家做主，以逐步实现人民群众对基层公共事务的规范化、制度化管理，从而真正实现人民群众当家做主。因此，社会主义基层民主制度对发展中国特色社会主义民主政治制度，具有十分重要的意义。

坚持和完善农村村民自治制度。农村村民自治制度是我国基层民主制度的重要组成部分，是我国基层民主涉及范围最广、人数最多的实践形式，是巩固农村基层政权、维护广大农民当家做主民主权利的重要制度保障。经过新中国成立以来的几十年探索，农村基层民主经历了一个历史沿革过程，形成了今天的农村村民自治制度，积累了有益的经验。坚持和完善农村村民自治制度还有许多工作可做：一是完善由村民直接选举村民委员会的选举制度，实现选举的规范化、法律化，保证农民的政治参与行为朝着制度化和法制化方向发展；完善村民会议制度和村民代表会议制度，实现有关本村重大事务的决定都必须经过村民大会或村民代表会议公开讨论，集体决策，使村民拥有更多的权利和机会参与管理和制约村委会；进一步健全和完善村务公开制度，实行财务公开和政务公开，提高农村政治透明度，推进农村民主。此外，基于村民自治之上的村民委员会还应该尽力增进村民的各项利益和公共福利，提高村民的生活质量，推动农村公共利益最大化。

坚持和完善城市社区居民自治制度。社区是城市的基本单元。城市社区居民自治是城市居民群众依法直接管理所在城市社区公共事务的民主形式，是中国特色社会主义基层民主制度的重要组成部分，也是中国特色社会主义基层民主在城市中的基本形式。城市社区居民自治为实现城市居民民主管理提供了基本制度保障，对城市社会的和谐稳定、社区居民素质的提高产生了良好效果。坚持和完善城市社区居民自治制度需要重点做好以下几项工作：一是进一步健全居民委员会的组织机构建设，规范居民委员会委员的选举过程及工作制度；二是加强居民委员会的功能发挥，提高其管理社区、协调矛盾和公共服务的能力；三是全面落实各项民主制度，为将城市社区建设成为"管理有序、服务完善、文明祥和的社会生活共同体"[①] 提供基本制度保障。[②]

坚持和完善企事业单位职工代表大会制度。职工代表大会制度是中国特色社会主义基层民主制度的重要组成部分，是保障我国企事业单位的职工对本单位实行民主管理的制度载体。随着我国以公有制为主体，多种所有制形式的多样化，企业形式也出现了多样化发展，除了国有、集体企业，还有非公有制企业，企业的多样化发展使得职工的就业形式、生产生活方式和价值观念都发生了变化，这些变化需要对职工代表大会制度作进一步完善，以更好地实现企事业职工对本单位的民主管理。完善职工代表大会制度需要根据企事业单位的新变化进一步明确职工代表大会的性质和职权界定；健全职工代表大会日常民主管理制度，使其在改善职工工资、福利、劳动环境等与职工利益切实相关的事务上发挥作用；进一步使职工代表结构合理化，不断提高职工代表的民主管理素质，更好地反映职工意见，为维护职工利益

[①] 胡锦涛：《高举中国特色社会主义伟大旗帜，为夺取全面建设小康社会新胜利而奋斗——在中国共产党第十七次全国代表大会上的报告》，人民出版社2007年版，第30页。

[②] 参见罗文东主编《中国特色社会主义理论体系新论》，人民出版社2008年版，第175页。

发挥更有效作用。

　　坚持和完善基层群众性社团自治制度。随着中国现代化进程的逐步推进，中国也在经历着从传统社会向现代社会、臣民社会向公民社会的转型。群众性社团组织就是在社会转型过程中涌现和不断发展的基层自治制度形式。这种基层自治制度作为政府和社会之间的沟通桥梁，在二者之间建立起了沟通和对话机制，在促进政府职能转变的同时承接了一些服务、管理职能。但是，群众性社团组织的运作还需进一步规范化，使其活动有法可依；加强群众性社团组织的民主化管理，使其运行更加民主、透明。这是保障群众性社团组织健康有效运行的重要基础。

第五章

全球化与中国制度变迁的文化理念创新

中国未来的制度变迁将是社会主义市场经济制度与中国特色社会主义民主政治制度的不断发展和完善。制度变迁的方向是明确的，然而与制度变迁相适应的中国特色社会主义文化的建设却非一日之功。在全球化条件下，各民族文化的发展遭遇冲突与融合、霸权与主权、一元与多元、民族与时代、趋同与趋异的悖论，机遇与挑战共生，引发了人们关于文化自觉与认同、文化传承与创新的焦虑。中国文化正是在此文化发展背景下，通过分析当下中国文化发展的矛盾、反思当下中国文化的发展现状，获得了文化自觉。秉承综合创新原则，建设中国特色社会主义文化是中国文化未来发展的路径。与社会主义市场经济制度和中国特色社会主义民主政治制度相适应是中国特色社会主义文化建设的基本要求。中国特色社会主义文化对中国未来的制度变迁具有思想导引、文化认同和制度评价功能。

第一节 全球化时代人类文化发展的
新境遇：机遇与挑战并存

全球化作为一个正在进行的历史进程，是历史发展的结果，同时又构成了未来发展的历史前提。安东尼·吉登斯认为："全球化并不是我们今天生活的附属物，它是我们生活环境的转变，它是我们现在的生活方式。"① 全球化时代机遇与挑战并存，战争与对话并进，冲突与融合共生，种种矛盾使全球化成为一个充满悖论的历史现在时。在众多的问题中，文化似乎始终牵动着人们最敏感的神经，文化是各民族的安身立命之本，是人们永远的情结。全球化时代的到来不仅为人类文化的发展提供了交流平台和发展机遇，同时，亦对人类文化的未来走向构成一种挑战。它似悬在人类文化顶上的达摩克利斯之剑，福祸并存，其间的转化依赖于人类树立何种文化发展理念。

一　全球化时代民族文化发展的机遇

全球化实现了"历史向世界历史的转变"。在全球化条件下，经济、政治、文化等各个层面的交往日益突破民族国家的局限，实现世界范围的普遍交往。可以说，全球化把人类社会连成一个整体，产生了"地球村效应"。在地球村中，不同国家、不同区域、不同民族的人们紧密联系，密切交往。全球化为人类民族文化的发展提供了互相对话、交流、融合的平台。所谓全球化为民族文化的发展带来的机遇也是就此意义而言的。在全球化条件下，多种文化共存于"世界历史"之中，出现了文化多元共存的局面。从纯粹经验的意义上而言，全球化带来了"世界的压缩"②，后发展国家也因世界历史的到来得以和西方文化共存于一个历史时代，从而使后发国家可以在历史共时态并存的条件下充分吸收、借鉴人类文化发展的一切优秀成果，这是全球化带来的文化发展的机遇。

全球化所描述的人类经济、政治、文化普遍交往的事实并非自人类有史以来就存在的，而是一个历史的发展过程。历史意义上的全球

---

① 转引自薛晓源《全球化与文化战略研究》，载《马克思主义与现实》2003年第4期。

② 转引自花建等《软权利之争：全球化视野中的文化潮流》，上海社会科学院出版社、高等教育出版社2001年版，第233页。

化经历了物质、能量、信息三个层次的依次递进，分别表现为：一是肇始于 15 世纪的"地理大发现"，开启了"历史向世界历史"转变的时代，标志着全球化格局初成；二是 18 世纪始于英国的工业革命，在促进社会生产力极大提高的同时也推动了"世界市场"的形成；三是 20 世纪后半叶兴起的信息革命，开辟了人类历史的新纪元，世界一体化程度加深。① 当然，这种依次递进并不意味着在某一阶段只有单一层次的交流，人类物质、能量、信息的交流是同时存在的。三个阶段的依次递进意指在某一历史阶段以某一层面的交流为主。进入信息时代以来，出现了以信息网络技术为代表的新技术。信息网络技术是适应生产力的巨大进步和加速发展以及经济关系的商品化一资本化发展要求而产生的技术。随着从事经济、社会、文化及政治活动的各色人等之间的联系变得越来越密切，人们不得不发明新的通信技术以满足社会发展的需求。信息网络技术的问世便是这种发展需求的反映。同时，网络新技术的产生又开辟了人类文化交流的新纪元。借助信息网络这种高科技手段，人类文化交流获得了新的媒介，遍布全球的通信网络使信息传播更为迅捷，各种信息、声音和影像顷刻之间便可完成异地传递。借助信息网络技术，文化交流与传播超越时空限制，古今中外的文化资源可以共时态存在，丰富的文化资源和信息可以全球共享。比如，数字博物馆的建立便是将人类文化精髓以数字信息的形式呈现给人类，旧时受政治、经济和地理条件限制的文化元素借助数字信息技术可以较容易地获得。对于全球信息化为人类文化交流带来的此种变化，有人形象地将之比喻为：时空的距离被缩短为指尖与键盘之间的距离。可以说，在全球化条件下，尤其是进入信息时代的全球化以来，人类文化交流借助"数字"传播工具，突破旧有的阻碍文化交流和传播的壁垒，获得了空前繁荣的交流与融汇。这是全球化为人类文化发展创造的另一个机遇。

全球化刺激文化民族意识的觉醒。在全球化条件下，各民族文化

---

① 参见何中华《全球化与民族主义——何中华教授访谈录》，载《探索与争鸣》2001 年第 2 期。

独立生成、发展的线性状态被改变，各民族文化历时性的存在与共时性的存在并存，以致于出现了文化领域的"众声喧哗"局面。全球化条件下多元文化的并存对各民族文化产生了两种效应：一是"他者"文化的参照效应。各民族文化自我意识的形成除了通过自我认识之外，"他者"文化的存在也为民族文化的自我把握提供了一个必要的外在参照系。这是积极意义上全球化对文化民族意识形成的作用。二是全球化条件下产生的民族文化危机刺激了文化民族意识的觉醒。全球化条件下，各民族文化之间的交流日益普遍、频繁，但是这种交流不是平权的。

首先，文化现象不是一种独立于经济、政治、社会以外的现象，文化在国家的经济、政治、社会生活中扮演着越来越重要的角色，甚至于文化本身也成为一种生产力。文化在国家综合实力中的重要地位使得文化战略成为国家战略的重要组成部分。冷战结束以后，发达国家日益重视文化软实力的作用，企图借助文化实现本国利益集团的政治目的。文化在国家战略中的地位和角色的变化意味着全球化条件下各民族文化的交流不完全是文化意义上的交流，文化还承载着经济、政治意义。全球化就其实质而言是资本的全球化，承载着经济、政治意义的文化交流在全球化条件下不可能实现完全平等、平权的交流。

其次，由于全球化条件下的文化交流不是完全、平等的交流，所以文化有了强势、弱势的差异。处于文化弱势地位的民族对于强势文化主观上的输出与客观上造成的文化匀质化趋势产生文化认同危机和文化焦虑感。这是任何一种文化遭遇异族文化时自然的排异反应，可以说是民族文化自我防卫的生存本能。当代美国学者阿尔君·阿帕杜莱（Arjun Appadurai）明确指出：文化的趋同性在全球化的今天似乎已被强调得太多，而文化的趋异性却少有提及。"趋异"最早由莱维·斯特劳斯在批判"世界文明"、主张文化多样性时提出。他指出，人类文化演变具有双向性，即趋同和趋异，趋异是根本内在于人的本性之中的，当人类的文化交往或碰撞日益密切的时候，文化个性的意识也就会越强烈。① 亨廷顿也指出，民族的交往出现了一个共同的世界文化，然而贸易和通信的增长却并未增加相互之间的认同感，相反，却强化了对各自民族的认同。亨廷顿说："在社会心理学上，差异性理论认为，人们根据在特定的背景下用把自己区别于其他人的东西来确定自己。"② 从心理学的角度讲，全球化理论产生了类似的结论："在一个日益全球化的世界里（其特征是历史上从未有过的文明的、社会的和其他模式的相互依赖以及由此而产生的对这些模式的广泛意识），文明的、社会的和种族的自我意识加剧了。"③ 来自文化被同化、被取代的危机感很大程度上促成了民族情绪的高涨和民族意识的觉醒。这是负面意义上全球化对文化民族意识形成的作用。

二 全球化时代人类文化发展面临的挑战

伴随经济全球化而来的是各民族文化之间全面、普遍的交流。一定意义上而言，全球化、数字化、信息化促进文化多样性的发展，文化之间的互动与交流刺激并强化了民族意识的觉醒和民族文化的自觉。如托夫勒就认为："我们所面临的挑战是怎样来应付一天天发展的社会、文化、政治和技术上的多样性，而不是单一性。"④ 日本著名的国际文化理论家平野健一郎运用文化涵化理论，探讨经济全球化形势下的文化走向，得出的结论是：各种文化之间的接触越频繁，文化越趋于多样化。刺激文化自觉，从他者的文化立场上反观自身，更强化了民族文化的自觉。

但是全球化所产生的文化效应绝不仅仅是文化的多元繁荣和共同

---

① 参见陈雅飞《全球化和民族的文化个性：黄河清访谈》，载《艺术探索》2002 年第 3 期。

② ［美］塞缪尔·亨廷顿：《文明的冲突与世界秩序的重建》，周琪、刘绯等译，新华出版社 1999 年版，第 57 页。

③ 同上书，第 58 页。

④ ［美］托夫勒：《预测与前提》，粟旺译，国际文化出版公司 1984 年版，第 77 页。

发展，在为获得更多的文化交流机会而倍感欣喜的同时，人们也在"担心个别的文化会在这股信息的巨流（即全球化所形成的信息流动）中被稀释；从长远来看，这样一个进程可能导致各种地区和民族的文化混合成为一种单一的同类的全球文化"①。实际上，这种担心已经变成了现实，有例为证：

例子之一：有人把美国文化看成当今西方文化的典型代表。"美国文化的全球化被形象地概括为'三片'，即代表美国饮食文化的麦当劳'薯片'，代表美国电影文化的好莱坞'大片'，代表美国信息文化的硅谷'芯片'。"②毫不夸张地说，文化全球化的过程就是西方强势文化全球扩张的过程。

例子之二：与全球化相伴相生的信息的流通方式、数字化的生存方式是全球化的一个重要特征。数字化生存方式将整个人类带入了由二进制组成的"比特"或"原子"时代，不仅作为个体的人的个性被遮蔽，不同民族文化的特质也受到了威胁。文化多样性的危机更多地来自于信息的可复制性。文化的"克隆"不可避免地造成文化多样性的逐步消失。文化个性的丧失极大地妨碍了文化多样性的生成。

再看信息化、数字化给人类文化、弱势文化带来的影响。在人类被"Internet"一网打尽的今天，人们无法逃脱被信息包围的命运，信息的全球流通带来的不过是多样性的虚假繁荣。且不说信息的非价值中立性（信息不可避免地包含着源发地的文化价值观念），单就承载信息的语言来看，人们就能看到西方强势文化对发展中国家弱势文化的"侵蚀"。电脑网络传输信息的主要语言是英语，英语的独霸地位使得世界上原有的1.5万种语言有90％将面临消失的危机，特别

---

① ［美］欧文·拉兹洛主编：《多种文化的星球——联合国教科文组织国际专家小组的报告》，戴侃、辛未译，社会科学文献出版社2001年版，前言，第1页。

② 薛晓源：《全球化与文化战略研究》，载《马克思主义与现实》2003年第4期。

是大洋洲、亚洲、非洲少数族群使用的语言。① 据联合国教科文组织最近统计，目前全世界 6700 种语言中，其中的 20％—50％ 已经失传，有 50％ 濒临消失的危险，有 90％ 的语言将在今后 100 年消失。美国阿拉加斯加本土语言中心负责人 M. 克劳斯指出："按保守的推测，在下个世纪里，平均每年将有 20 种语言消亡。"② 语言的单一化趋势意味着人们看待世界方式多样性的日益丧失。语言是最古老也是主要的信息储存与传播工具，所有的知识都要以语言为载体进行传播；同时，语言不仅仅是一种交流工具，它还是人类存在的家园，是文化之根，是民族的遗传密码，承载着文化的命脉，保证本民族的文化传统如薪火代代相传。可见，西方语言的强势地位已经构成对发展中国家弱势文化的挑战。③

文化的多样存在是世界文化的原生态，这是被人类学考察所揭示的事实，同时也是比较成熟的发达文化之间的互相发现。联合国教科文组织在《多元文化的星球》这一报告中指出，世界文化是由欧洲文化、北美文化、拉丁美洲文化、阿拉伯文化、非洲文化、俄罗斯和东欧文化、印度和南亚文化、中国和东亚文化等不同部分构成的有序组合，以及经过整合加以平衡的多样化的产物。英国著名历史学家汤因比也从挑战和应战的分析视角将世界文化或文明划分为 21 种，认为当今世界存在着西方文明、东正教文明、伊斯兰教文明、中国文明、印度文明，这一划分也被后来的亨廷顿所认同。

文化的多样性存在本来是一个既存事实。导致文化以多样化形态存在的原因有很多，但是文化作为人与环境互动的产物，其间的差异与群体在与周围环境互动时采取的方式有关。而且，对于一种文化样态的生成，越是早期阶段，自然环境的影响作用越突出。比如，在讨

---

① 台湾《联合报》1997 年 1 月 6 日。

② 《大学生》1997 年第 11 期。

③ 参见任洁《关注科学发展观的两条主线——谈保护生物多样性与文化多样性》，载《石油大学学报》2004 年第 5 期。

论中西文化的差异时，人们往往将中国文化称为"黄色文化"，将西方文化称为"蓝色文化"。这虽然是一种比喻的说法，是从抽象概括的意义上描述中国文化是一种农业文明或农耕文化，西方文化是一种工业文明或海洋文化，但实际上，"黄色文化"与"蓝色文化"本身蕴涵着两种文化因环境不同而造成的差异。中国农耕文化安土重迁，因为土地是人们生活的全部来源，土地的颜色黄色成为在中国文化中备受推崇的颜色；西方文化靠海而生，人们必须不断进取、冒险才能生存下去，于是海洋的颜色蓝色成为西方文化的象征。这样对中西文化特点进行概括归纳虽然略显粗糙，也存在许多可推敲的地方，但至少表达了在人类文化形成的早期阶段，地理环境在塑造文化样态方面的关键性作用，揭示了文化多样性的原因之一。当然，随着生产力的不断发展，人对自然环境的直接依附程度日益降低，或者说，人在自然面前获得的自由度不断提升，人的自我意识也不断发展，于是人为选择的因素在塑造独特的文化个性方面发挥着越来越重要的作用。

既然文化多样性的存在是文化本来如此的生存样态，那么为什么在全球化背景下此种多样性遭遇了挑战？美国文化的全球落户以及民族语言种类的减少乃至灭绝只是文化多样性遭遇挑战的表征，其背后有更深层的资本逻辑和文化逻辑。

全球化条件下，文化多样性遭遇挑战有深刻的资本逻辑。虽然在"历史向世界历史"转变之前，人类文化之间也有交流、冲突与融合，但是文化匀质化趋势的加强与文化多样性遭遇的挑战却是全球化产生的历史后果之一。伴随资本的自由流动，国际贸易的日益增长以及经济全球化趋势，文化实现了全球范围内的交流与融合。与此同时，文化多样性受到损害。因为，全球化本质上是资本的全球化，全球化条件下的文化交流不是平权的，存在一个强势文化与弱势文化之间的势位差。全球化作为资本到处落户、到处安家、到处建立联系的过程和结果，必然地带有了西方扩张的味道，而伴随着经济全球化，西方的文化也以输出者和传播者的姿态在全球安家落户。这一点马克思在《共产党宣言》中早有提及："资产阶级……它迫使一切民族——如果它们不想灭亡的话——采用资产阶级的生产方式；它迫使它们在自己那里推行所谓的文明，即变成资产者。一句话，它按照自己的面貌为自己创造出一个世界。"① 这就造成了文化发展的趋同和一元化的发展趋势。

全球化条件下文化多样性遭受的损害是因为西方文化的强势，而这种强势地位的获得本质上缘于资本的控制权。也就是说，文化虽然具有相对独立性，在社会生活及人类社会发展中发挥独特的作用，但是文化却不可能完全摆脱经济的制约作用，卸载自己承担的政治使命。西方文化正是凭借经济上的优势和对资本的控制权才使得本来具有相对优越性的文化具有了绝对性的优势，实现了相对优越性的绝对化。

资本逻辑对文化多样性的损害通过全球化条件下消费文化的风行和蔓延突出地表现出来。消费本来是指经济意义上人们为了满足生产或生活需要而消耗物质财富。在马克思那里，消费作为社会生产过程的环节（生产、分配、交换、消费构成社会生产的四个环节）之一而存在。消费文化，确切地说消费主义文化已经不同于经济意义上对物品的消耗。消费主义文化是指这样一种生活方式：消费的目的不是为了满足基本的生产或生活需求，而是为了满足其他方面的需求，并且这些其他方面的需求很大程度上是被制造、被刺激出来的需求和欲望。在大众传媒的宣传和引导下，追求这些欲望的满足成为一种时尚和品位，代表了一种生活方式。换言之，在消费主义文化中，人们所消费的不是商品或服务的使用价值，而是商品或服务的符号象征价值。消费主义文化中的商品不仅具有交换价值、使用价值，还具有符号价值。生活在现代社会中的人们，在铺天盖地的宣传广告和大众传媒的引导和诱惑下，追求品位、时尚和奢侈成为人们向往的生活方式和崇尚的价值观念。比如，人们购买食物不是为了饱腹，而是为了更好地"瘦身"和"减肥"，因为瘦身和健美是时尚的体现；人们购买衣服不再是简单为了遮体避寒，而是为了展示身体的美好，以体现个

---

① 《马克思恩格斯选集》第 1 卷，人民出版社 1995 年版，第 276 页。

人独特高雅的审美情趣。①并且，消费主义文化所宣扬和引导的品位、时尚、审美情趣让越来越多的普通民众深陷其中，常常处于一种欲购情结之中，追求文化符号所代表的生活方式。这种追求本身又影响了市场的销售走向，进而主导了厂家的生产取向，从而构成现代消费社会中社会再生产的条件。

消费主义文化的兴起根源于资本的本性。就生产与消费的一般关系来讲，生产本身也是消费：一方面，生产消费劳动者的生命力和体力，消费劳动资料；另一方面，生产只有满足消费的需求，才能发展。消费也是生产，消费活动产生新的需求，产生使生产活动重新开始的动机和动力。然而，在资本主义生产条件下，不是需要刺激生产和消费，而是生产和消费刺激需要，工业资本家"千方百计在别人身上唤起某种**新的**需要，以便迫使他作出新的牺牲，使他处于一种新的依赖地位，诱使他追求新的**享受**方式，从而陷入经济上的破产"②。生产和消费的矛盾根源于资本主义生产方式的固有矛盾。以攫取最大利润为目标的过度生产和广大民众消费能力过度低下的矛盾，是资本主义生产方式本身无法克服的矛盾。为了缓解这种矛盾，一方面资产阶级（连同分享其利润的其他阶层）将消费一部分这种剩余价值，但它不可能消费全部，因为如果消费了全部就没有剩余价值可供投资。另一方面资本家必须积累。资本自身要求资本家摒弃享乐，尽可能节约，以免在他们自己的消费上"浪费"剩余价值。从这个意义上讲，禁欲节俭是促进资本主义兴起的重要因素；另外，资本必须不断外扩，以寻求新的市场和消费群体。③

资本追求剩余价值和扩张的逻辑使得主张过度消费的价值观，如个人主义、享乐主义、消费主义等就泛滥起来。马克思说："资本家

---

① 参见苏国勋、张旅平、夏光《全球化：文化冲突与共生》，社会科学文献出版社2006年版，第43页。

② 《马克思恩格斯全集》第42卷，人民出版社1979年版，第132页。

③ 参见［美］迈克尔·哈特、［意］安东尼奥·奈格里《帝国》，杨建国、范一亭译，江苏人民出版社2005年版，第264—265页。

不顾一切'虔诚的'词句，却是寻求一切办法刺激工人的消费，使自己的商品具有新的诱惑力，强使工人有新的需求等等。"① 对资本塑造人的需要，马克思有深刻的阐述，他说："资本作为孜孜不倦地追求财富的一般形式的欲望，驱使劳动超过自己自然需要的界限……这是因为一种历史形成的需要代替了自然的需要。"② 实际上，马克思区分了人的"历史形成的需要"和"自然的需要"，并揭示了二者之间存在的替代关系："由于人类自然发展的规律，一旦满足了某一范围的需要，又会游离出、创造出**新的需要**。"③ 在资本主义社会，消费是一种异化消费和非理性的消费。人成为臆想出来的欲望的奴隶，人越来越失去人的需要。西方马克思主义者也对消费主义文化塑造下的"病态的欲望"④ 进行了批判。马尔库塞在《单向度的人》一书中区分了人的"真实需要"和"虚假需要"，他认为在工业社会"大多数流行的需要，诸如按照广告的宣传去休息、娱乐、处世和消费，爱他人所爱，嫌他人所嫌，就属于这种虚假需要的范畴"⑤。这种"虚假需要"被资本所支配和控制，它导致人们只根据疯狂的消费活动来确定人的幸福；同时，资本主义生产过程使人们在"劳动中缺乏自我表达的自由和意图，会使人逐渐变得越来越柔弱并依附于消费行为"。这种消费在本质上是一种"异化消费"，是"人们为补偿自己那种单调乏味的、非创造性的且常常是报酬不足的劳动而致力于获得商品的一种现象"⑥。

　　在资本追求利润最大化和不断扩张的逻辑支配下，主张过度消费

---

① 《马克思恩格斯全集》第 46 卷（上），人民出版社 1979 年版，第 247 页。
② 同上书，第 287 页。
③ 《马克思恩格斯全集》第 47 卷，人民出版社 1979 年版，第 260 页。
④ 《马克思恩格斯全集》第 42 卷，人民出版社 1979 年版，第 133 页。
⑤ 《法兰克福学派论著选辑》（上），商务印书馆 1988 年版，第 494 页。
⑥ ［加］本·阿格尔：《西方马克思主义概论》，慎之等译，中国人民大学出版社 1991 年版，第 493、494 页。另可参见王雨辰《制度批判、技术批判、消费批判与生态政治哲学——论西方生态学　马克思主义的核心论题》，载《国外社会科学》2007 年第 2 期。

的文化价值观泛滥起来。消费主义文化观的盛行，使得消费本身不再是为了获得商品的使用价值，而是为了获取商品的文化符号意义。这种消费主义文化观的风行根源于资本自身的本性，也就是说，文化观念在社会生活中角色和功能的变化是受经济结构制约的。文化批评家詹明信曾说，在现代西方消费社会，"美感的生产已经完全被吸纳在商品生产的总体过程之中。也就是说，商品社会的规律驱使我们不断生产日新月异的货品（从服装到喷射机产品，一概得永无止境地翻新），务求以更快的速度把生产成本赚回，并且把利润不断地翻新下去。在这种资本主义晚期阶段经济规律的统辖之下，美感的创造、实验与翻新也必须受到诸多限制。在社会整体的生产关系中，美的生产也就愈来愈受到经济结构的种种规范而必须改变其基本的社会文化角色和功能"①。

大众传媒对消费主义的盛行起了推波助澜的作用。大众传媒不断诱发人们对品位、格调、审美情趣的追求，人们越来越被无穷无尽的欲望和贪欲所驱使。现代社会，凭借电影、电视、互联网、卫星通信等高科技手段，商品所负载的文化符号意义得到充分地渲染，对诸如好莱坞电影、世界名牌服饰、流行音乐、动漫的喜欢和追求，诱使人们在审美情趣、生活方式等方面产生趋同，甚至在价值观认同方面出现趋同。有人认为，现在各民族文化因素在全世界流动，美国好莱坞的电影抢占中国电影市场，影响和引导着中国大众的审美情趣；但与此同时，中国的唐装也在美国服装市场占据一席之地，中国大型新编史诗京剧《赤壁》片段也在纽约时代广场上设置的大屏幕上播出。中国人民学习英语的热情持久不衰；与此同时，西方人民学习汉语的风潮也此起彼伏。可以说，全球化条件下，各民族文化是以你中有我、我中有你的状态存在着，进言之，各民族文化本身不是静止的，正是在与异族文化交流的过程中发展着自身。但笔者一直坚持认为，虽然各民族文化通过文化交流与融会实现了本民族文化的创新和发展，并

---

① ［美］F. 詹明信：《晚期资本主义的文化逻辑》，张旭东编，陈清侨等译，生活·读书·新知三联书店1997年版，第429页。

且这也是文化生存与传承必须借助的方式，但是这并不能否定全球化
条件下，各民族文化趋同发展、匀质化发展的事实，这恰恰可以看做
文化趋同的一个外在表现。消费文化的泛滥更是对各民族文化趋同
发展的促进。因为在大众传媒的极力渲染和宣传下，人们选择了代
表潮流的商品，消费着商品所承载的文化符号意义，这实际上已经
不仅仅是对商品的消费行为，而且反映出对某种生活方式和价值观
念的认同和选择。价值观念作为文化的内核，从根本上规定着文化
的性质和生活于其中的行为主体的文化行为，价值观念作为主导性
因素渗透于社会生活的方方面面。生活方式乃至价值观念的趋同，
确切地说，向西方文化乃至美国文化的趋同严重地损害着文化多
样性。

　　文化多样性遭遇的挑战背后还有深刻的文化逻辑。文化发展一元
化的趋势有文化中心主义理论支撑。文化中心主义，确切地讲是西方
文化中心主义（现时代西方文化是强势文化，带有全球扩张的意味），
将西方文化这种本来是人类文化中的一种样态加以普遍化，认为自己
的文化是世界上唯一先进的文化，其他文化必将被同化或以此种文化
为标准而发展。这种对待文化差异的态度如果继续追溯下去又与文化
进化论思想密切相关。关于进化的思想最早可以追溯至古希腊，美国
新进化论学派的代表塞维斯（Elman Service）从词源学上考察了“进
化”的词源学含义。从词源学意义上讲，进化“来自拉丁语：evo-
lutis，即展开之意。现代不同的进化论者使用进化概念的一般含义，
通常指‘非折叠的’、‘发展的’意蕴，其核心概念指事物线性地、逐
渐和有秩序地发展状态”[①]。达尔文创立了生物进化论，这对人类学理
论的形成与发展产生了重要影响。以斯宾塞、摩尔根和泰勒为代表的
一些学者，将生物进化论的某些观点运用到人类社会和文化领域的研
究中，力图用文化类比和逻辑思辨的方法来阐明人类社会的普遍进化
规律。在他们看来，人类社会和文化的发展也遵循进化规律，即遵循

---

　　①　Stephen K. Sarderson，*Social Evolutionism*，Cambridge Mass，Basil Black-
well，1990，p. 135.

从低级到高级、从简单到复杂、从蒙昧到文明的发展规律。① 文化进化论学者认为，西方文化是文化发展的最高阶段，西方文化成为衡量其他文化高低优劣的标准。这使得文化人类学带有了浓厚的"西方中心论"倾向和种族主义色彩。

　　文化多样性的丧失所导致的后果非常严重。文化多样性在全球化条件下遭遇的挑战不再仅仅是文化领域的问题。2001 年 11 月 2 日联合国教科文组织发布的《世界文化多样性宣言》的第 1 条明确宣称："文化在不同的时代和不同的地方具有不同的表现形式。这种多样性的具体表现是构成人类的各群体和各社会的特性所具有的独特性和多样化。文化多样性是交流、革新和创作的源泉，对人类来讲就像生物多样性对维持生物平衡那样必不可少。从这个意义上讲，文化多样性是人类的共同遗产，应当从当代人和子孙后代的利益考虑予以承认和肯定。"这条宣言不仅指明了文化多样性作为人类共同遗产存在的意义，还指出了文化多样性以及保护文化多样性所具有的深层意义。《宣言》第 3 条指出："文化多样性增加了每个人的选择机会；它是发展的源泉之一，它不仅是促进经济增长的因素，而且还是享有令人满意的智力、情感、道德精神生活的手段。"世界本是丰富多彩的，文化的多样性是人类社会的基本特征，也是人类文明发展进步的动力。各国文化只能在竞争和比较中取长补短，在求同存异中共同发展。

　　与自然界的生态规律一样，文化也存在"杂交优势"的问题，存在"单一性导致脆弱性，多样性产生稳定性"的特点。文化的多样性存在是保证人类应对各种挑战，促进整个人类社会可持续发展，保持文化活力的前提。现时代，文化相对论的观点似乎更受人们的推崇，尽管与文化进化论相比，它也具有解释盲点，比如说，它就无法对当今的西方强势文化的全球流势作出合理的解释，然而人们从情感上还是倾向于此种观点。原因何在？答案恐怕能从保护文化多样性的意义这里寻得一二。有学者指出："文化的融合是从保护和发展文化的多

―――――――――

　　① 参见孙晶《文化霸权理论研究》，社会科学文献出版社 2004 年版，第202 页。

样性开始做起的。众多的、丰富多彩的民族文化是文化实现融合的基础。没有文化的多样性，也就没有文化融合可言了。"①

全球化条件下文化发展的机遇与挑战并存，说明文化发展是一个极其复杂的现象，不可能只用一种理论视角解释得清楚。任何一种对文化发展演进模式的描述都是对他种模式的遮蔽和否定。任何一种模式都有其解释盲点。文化中心主义（一元论）的成立前提即是文化的先进与落后、文明与野蛮之分，它能解释现在强势文化的输出和弱势文化的输入现象，却为文化帝国主义提供了理论根基；文化相对主义（多元论）肯定了民族文化平等存在的合法性，却又无力解释当今的文化流势。或许文化发展本身内含的悖论决定了人们不能偏执一端，既要承认文化发展在事实层面上由强到弱的发展现实，又要在价值层面上赋予文化多元平等存在的合法性。这需要人们的文化自觉意识，使人类文化发展摆脱弱者不情愿强者不如愿的文化焦虑状态，实现人类文化的共同繁荣和进步。②

第二节　文化自觉问题的缘起及其实现路径③

文化自觉问题已成为关乎中华文化、西方文化未来发展走向以及世界各民族文化能否多元共存、和谐发展的重大问题。伴随经济全球化与科学技术的突飞猛进，各民族之间的文化交流与融合获得了前所未有的深度与广度。但是，文化作为人的存在方式和民族自我认同的重要因素决定了文化冲突与文化融合、文化多元并存与一元发展、文化的民族性与时代性、文化的趋同与趋异始终是文化发展过程中的悖

---

①　张裕禾：《文化融合与文化多样性的关系》，载《人民日报》（海外版）2000年12月11日。

②　参见任洁《试析文化的相对性和绝对性》，载《天府新论》2005年第2期。

③　参见任洁《论文化自觉及其实现路径》，载《思想战线》2009年第3期。

论。既是文化发展的悖论，从根本上无法消除，但是有望通过各民族对自身文化与异族文化的自觉、对人类文化发展规律的认知与发展未来的关切，保持文化多元与一元、共性与个性、民族性与时代性之间的张力，促进多元文化的并存和人类文化的和谐发展。

一　文化自觉问题的缘起

"文化自觉"问题是费孝通先生在 1997 年北京大学举办的第二次社会学与人类学高级研讨班上明确提出的。任何一种理论思想都不可能横空出世，必然有其丰富的思想渊源。文化自觉的提出亦如此。这一点费先生自己也指出，文化自觉"思想的来源，可以追溯到的历史相当长了，我想大家都了解 20 世纪前半叶中国思想的主流一直是围绕着民族认同和文化认同而发展的。以各种形式出现的有关中西文化的长期争论，归根结底只是这样一个问题，就是在西方的强烈冲击下，现代中国人究竟能不能继续保持原有的文化认同？还是必须向西方文化认同？上两代中国的知识分子一生都被困在有关中西文化的争论之中。我们所熟悉的梁漱溟、陈寅恪、钱穆先生都在其中"[①]。

但是"文化自觉"之所以能引起学界如此广泛的关注并达成共识，是因为文化自觉是针对文化发展所处的境况及其所面临的现实问题而提出的文化发展理论，其生命力、号召力皆因它深深植根于人类发展的现实生活实践。最初，费先生有感于某些少数民族的发展现状，从对少数民族的实地研究中接触到了这个问题，进而扩展到对中华文化乃至全人类文化生存转向与未来发展的反思，提出了文化自觉问题。"其意义在于生活在一定文化中的人对其文化有'自知之明'，明白它的来历、形成的过程，所具有的特色和它的发展趋向，自知之明是为了加强对文化转型的自主能力，取得决定适应新环境、新时代

---

① 费孝通：《文化自觉的思想来源与现实意义》，载《文史哲》2003 年第 3期。

文化选择的自主地位。"① "文化转型是当前人类的共同问题", "'文化自觉'这个概念可以从小见大,从人口较少的民族看到中华民族以至全人类的共同问题"②。

文化自觉的提出有其深刻的实践基础,有重大的现实针对性。之所以呼吁文化自觉,是因为无论是国际范围,还是国内范围,文化发展都处于严重的不自觉状态。因为不自觉,所以才有了唤起文化自觉的必要性。笔者认为,当今时代文化发展的不自觉性主要体现在如下方面:

就世界范围而言,全球化时代的到来将各个民族纳入了"世界历史"的发展时空中,世界历史使各民族之间的交往超越了狭隘的民族界限、区域界限,扩展到全球范围,文化在全球化的时代语境中也获得了日益全面、深刻的交流。然而文化交流的一派繁荣景象无法掩盖其背后隐藏的问题。文化作为社会有机体构成的观念存在,必然依托于一定社会的经济和政治,为社会的政治、经济服务。这一点毛泽东在《新民主主义革命》中早已指出:"一定的文化(当做观念形态的文化)是一定社会的政治和经济的反映,又给予伟大影响和作用于一定社会的政治和经济。"③ 在西方发达国家,文化已经成为其进行全球经济、政治和军事扩张的重要手段。发达国家的政治家和军事家将文化作为国家战略问题来研究,提出一系列文化战略理论,如"文明冲突论"、"后殖民主义理论"、"历史终结论"等。文化已然成为西方发达国家新时期谋求国家霸权的工具。文化霸权主义、文化帝国主义是这一战略的具体体现。对于发展中国家和欠发达国家来说,经济、政治的弱势地位决定他们在文化上也必然处于保守、防御的姿态,这一文化姿态的极端化便是文化割据主义和文化原教旨主义。

---

① 费孝通:《关于"文化自觉"的一些自白》,载《文化自觉与社会发展——二十一世纪中华文化世界论坛论文集》,商务印书馆(香港)有限公司 2005 年版,第 5 页。

② 费孝通:《文化自觉的思想来源与现实意义》,载《文史哲》2003 年第 3 期。

③ 《毛泽东选集》第 2 卷,人民出版社 1991 年版,第 663—664 页。

　　不管是文化霸权主义、文化帝国主义，还是文化割据主义、文化原教旨主义，都是文化不自觉的表现。"文化霸权主义"者凭借自己强大的经济、政治、军事优势，企图在文化上也独霸天下，他们向其他国家和民族灌输、渗透自己的政治主张、价值观念和意识形态，认为世界上其他民族文化都是劣于自己的文化，应该被同化。他们以上帝的选民自居，认为自己有义务、有责任将所谓的"自由、民主、人权"等普世价值传播到世界每一个角落，一旦这种一相情愿落空，战争便成为必然。实际上，文化帝国主义仍然是用文化单线进化论的思想模式对待全球化时代文化发展的现实，是对现时代文化发展现实及未来发展趋势的不自觉。

　　文化割据主义、文化原教旨主义同样是文化不自觉的表现。"持有这种观点的人认为他们自己的文化绝对优越，禁止讨论其他可能存在的任何缺点；反对和其他文化交往，唯恐受到污染，采取隔绝和孤立政策；畏惧新的发展，压制不同意见，特别是扼杀本文化内部求新、求变的积极因素，以致顽固、僵化、同样趋向好战的极端。"[①] 这种文化立场以文化相对主义为其理论依据，过分强调了文化的异质性，不承认和接受各民族之间的文化交往和互相影响是文化发展的前提这个历史事实，批判和排斥一切外来文化，也同样是一种文化不自觉。

　　就国内而言，中国文化发展的历史和现状同样也处于不自觉状态。近代以来的中国文化开始和西方文化有了接触，有接触就有比较。总体来讲，在中西文化的比较过程中，中国文化的发展是处于不自觉状态的，这种不自觉表现在：

　　第一，缺乏对文化传统的正确认识。近代以来关于中国文化的论战基本上有两派主张：一派是主张复古中国固有文化，坚持文化本土化的文化保守主义，这种主张过分强调中国文化的优秀传统，漠视其

---

　　① 乐黛云：《文化自觉与文化共存》，载《文化自觉与社会发展——二十一世纪中华文化世界论坛论文集》，商务印书馆（香港）有限公司2005年版，第372页。

本身存在的不足，排斥外来文化，盲目自大；一派是积极主张全盘西化的文化激进主义，这种主张因为对本土文化过分自卑而盲目崇拜西方文化。物极必反，两极相通，这两种文化主张看似南辕北辙，实则殊途同归。两种文化主张因为缺乏对文化传统的正确认识，都陷入了文化不自觉。比较文化保守主义和文化激进主义两种文化主张，在近代中国的文化发展史上，又以否弃文化传统、盲目崇外的文化思潮居多。这一点费孝通先生指出："归结起来看，无论是'戊戌'的维新变法，'五四'的新文化运动和解放后的历次政治运动，都是在破旧立新的口号下，把'传统'和'现代化'对立了起来，把中国的文化传统当作了'现代化'的敌人。'文化大革命'达到了顶点，要把传统的东西统统扫清，使人们认为中国文化这套旧东西都没有了。"①

第二，缺乏对文化发展规律的认识。如果说在计划经济体制下，违背文化发展规律主要体现为对文化事业进行不适当行政干预的文化专制主义，那么，在市场经济体制下，对文化发展规律的违背则主要体现为视经济规律为万能规律，经济规律成为在一切社会领域包括文化领域中的支配规律。现代社会是以市场经济为基础的社会，人类社会实现了由"人的依赖关系"到"物的依赖关系"的转变，人与人的依附性也转变为人的独立性。市场经济的发展有助于人克服自身的自然局限性，突破狭隘的封闭性和地域性，为人类的全面自由发展提供必要的物质基础，这是与文化发展的最终旨归相一致的地方。但是，市场经济与文化发展遵循不同的规律，如果将市场经济规律滥用于文化领域，不仅无法解决文化问题，促进文化的发展繁荣，反而对文化发展造成极坏的影响，是一种文化不自觉的表现。

市场经济是以赢利为目的的经济，利益最大化原则是市场经济的固有本性。市场经济的利益驱动机制诱发和强化了人的物欲和贪欲，如果市场经济的这种功利性渗透到文化领域，而人们又没有相应的文

---

① 费孝通：《关于"文化自觉"的一些自白》，载《文化自觉与社会发展——二十一世纪中华文化世界论坛论文集》，商务印书馆（香港）有限公司2005年版，第4页。

化自觉，那么文化势必也成为功利主义文化。在功利主义的文化中，不仅道德、良心、信仰这些崇高美好的东西变成了商品，丧失了其应有的文化价值，而且使得承载着崇高文化价值的人文学科也面对着异化的命运和生存的危机。盲目的文化产业化和教育产业化就直接造成了文化对自身应有价值尺度的背离。日本学者池田大作曾指出："现代教育陷入了功利主义，这是可悲的事情。这种风气带来了两个弊病，一个是学问成了政治和经济的工具，失掉了本来应有的主动性，因而也失去了尊严性。另一个是认为唯有实利的知识和技术才有价值，所以做这种学问的人都成了知识和技术的奴隶。"① 正如有学者指出的，市场经济和文化发展具有不同的生产目的、不同的评价标准和不同的价值实现形式②，将文化推向市场，混淆了商品价值和文化价值的本质区别，是严重的文化不自觉。不仅使文化丧失了自身的尺度，使哲学社会科学处于尴尬的生存处境之中，而且对市场经济本身的健康发展也是一种极大的损害。

二　世界各民族文化自觉的实现路径

文化自觉的理念来源于人类文化发展的现实实践，文化发展的种种不自觉是文化自觉的理论生长点。但是仅仅提出文化自觉只是解决问题的第一步，如何真正达到文化自觉，实现文化的创新发展才是我们探讨问题的理论旨归。诚如马克思所说："哲学家们只是用不同的方式**解释**世界，而问题在于**改变**世界。"③

文化自觉的实现是一个艰巨的过程，它首先是各民族文化对自己的文化传统有明确的自我认识，其次是对异族文化有所了解，再次是

① ［英］A.J.汤因比、［日］池田大作：《展望二十一世纪——汤因比与池田大作对话录》，荀春生等译，国际文化出版公司1986年版，第61页。

② 刘奔：《关于文化自觉问题之我见》，载《文化自觉与社会发展——二十一世纪中华文化世界论坛论文集》，商务印书馆（香港）有限公司2005年版，第352—353页。

③ 《马克思恩格斯选集》第1卷，人民出版社1995年版，第61页。

在各民族文化自觉的基础上，实现人类文化的新发展。这也就是费先生所说的"各美其美，美人之美，美美与共，天下大同"的文化发展原则和未来理想。

就世界各民族文化整体发展的不自觉而言，具体说来就是针对当下的文化帝国主义和文化割据主义，欲达到文化自觉，需要各民族国家对本民族文化、对他种文化都有正确的认识，同时理性、客观地看待文化发展的历史趋势，在世界文化的交往实践中形成正确的文化发展观。

无论是文化帝国主义还是文化割据主义都漠视了人类文化发展的历史和现实。人类文化发展的里程碑是以各民族文化之间的文化交往和互相影响为前提的。[①] 历史证明：人类文化之间很早就有了交流，从上古到 19 世纪是比较文化的时期，这个时期由于多种文化之间的互相交流、激荡与影响，才有了粗浅的文化比较。一元文化独霸的文化帝国主义和排斥一切外来文化的狭隘文化心理都没有正确认识人类文化发展的历史事实。同样，这两种文化主张也不符合当今文化的发展现实和未来趋势。全球化时代，文化发展已由各民族文化的单线一元进化模式转变成各民族文化多元并存的发展局面。文化的多元发展是各民族文化获得自我文化认同和文化自觉的必要前提。因为，正如人的认识的发生总要有一个认识对象一样，文化自觉也需要借助异族文化的存在来反观自身而获得。从这个意义上讲，由文化的多元存在造成的文化之墙、文化偏见都是合法的、必要的。"一个民族要认识自己，就要走出自己的墙，从外面看。一个民族要认识别个民族，就要走进别人的墙，从里面看。其实，认识自己和认识别人是同时的。"[②] 从"他者"的角度反观自身，重新审视自己所在其中的文化，

---

① 汤一介：《文化自觉问题与当今"和平"、"发展"问题的思考》，载《文化自觉与社会发展——二十一世纪中华文化世界论坛论文集》，商务印书馆（香港）有限公司 2005 年版，第 55 页。

② 乐黛云：《独角兽与龙：在寻找中西文化普遍性中的误读》，北京大学出版社 1995 年版，第 79 页。

或许能得到对本民族文化更全面的认识和全新的阐释。

各民族文化在人类文化中都有自己应有的地位，承认各民族文化的差异、多样性是促进人类文化和谐、健康发展，共同应对人类面对的危机，解决全球问题的前提和必经之途。文化多样共存的现实决定各民族文化只有通过跨文化交流、对话，尊重异族文化，吸收异族文化发展的优秀成果为我所用才是明智之举。

三　中国文化自觉的实现路径

中国文化发展的不自觉，主要表现在对本国文化传统及异族文化缺乏正确认识、违背文化自身的发展规律等两方面。欲克服中国文化发展的不自觉状态，应着重从以下几个方面加以实践。

第一，要达到对本国文化传统的自觉。对文化传统的自觉，首先就要正确认识我们的文化传统。不论人的主观意愿如何，有史以来，任何一个民族的文化发展都必须以既有的历史成果为前提基础和条件而推展开来。人们活在"传统的掌心"之中，企图绕过文化传统的门槛寻求文化发展是不可能的。正如马克思所说："人们自己创造自己的历史，但是他们并不是随心所欲地创造，并不是在他们自己选定的条件下创造，而是在直接碰到的、既定的、从过去承继下来的条件下创造。一切已死的先辈们的传统，像梦魇一样纠缠着活人的头脑。"①人类历史发展的继承性特质决定了文化必然是在继承传统的基础上的发展和创造，传统与现实、继承与创造的关系是贯穿于人类社会历史进程中的一个永恒之维。

然而，长期以来，人们对于中国文化传统的认识却存在两个思想误区：一是赋予中国文化传统强烈的政治使命；一是将中国传统文化视作中国现代化的障碍。在五四新文化运动时期，救亡图存是中华民族面临的最重大的历史使命，救亡意识压倒启蒙意识，在经历了器物、制度变革的失败之后，五四时期的激进民主主义者期望通过人的

---

① 《马克思恩格斯选集》第 1 卷，人民出版社 1995 年版，第 585 页。

伦理革命和社会思想文化革命实现救亡目的，"从思想文化上解决问题"① 的历史方法论成为当时解决民族问题的主流方法论。与此相联系，五四时期的激进民主主义者认为中国之所以迟迟未能实现现代化的根本原因在于中国传统文化的阻碍。狭隘的功利主义倾向导致对中国传统文化的全盘否定态度。关于文化发展认识的两个思想误区在经过 20 世纪 80 年代以来的文化讨论之后得到了反思，并获得了对中国文化传统的重新认识。庞朴在《文化传统与传统文化》一文中写道："经过一个多世纪的代价巨大的社会实验，中国人终于懂得了一个道理：未来的陷阱原来不是过去，倒是对过去的不屑一顾。就是说，为了走向未来，需要的不是同过去的一切彻底决裂，甚至将过去彻底砸烂，而应该妥善地利用过去，在过去这块既定的地基上构筑未来大厦。如果眼高于顶，只愿在白纸上描绘未来，那么，所走向的决不是真正的未来，而只能是过去的某些最糟糕的角落。"②

其次，对文化传统的自觉不是为了简单地回归传统，而是为了从传统中寻找力量和支点，推进文化的发展。立足传统不意味着全盘继承传统，对传统文化还要秉持一种科学的态度，那就是批判继承的态度。中国的传统文化和世界上任何其他国家、民族的传统文化是一样的，既有精华又有糟粕；既有优秀的成分也有陈腐的因子；既有先进的一面也有落后的一面。这一点列宁在批评社会党人的错误时曾指出："每一种民族文化中，都有两种民族文化。一种是普利什凯维奇、古契柯夫和司徒卢威之流的大俄罗斯文化，但是还有一种是以车尔尼雪夫斯基和普列汉诺夫的名字为代表的大俄罗斯文化。乌克兰同德国、法国、英国和犹太人等等一样，也有**这样两种**文化。"③ 当然，就传统文化中哪些文化因子可归为精华，哪些可归为糟粕，不同的时代会有不同的标准，我们完全可以展开讨论，这里只想大概举例说明批

---

① 参见林毓生《中国意识的危机》，贵州人民出版社 1986 年版。

② 朱家桢、厉以平、叶坦：《东亚：经济社会思想与现代化》，山西人民出版社 1994 年版，第 355 页。

③ 《列宁全集》第 24 卷，人民出版社 1990 年版，第 134 页。

判地继承传统文化的原则，因此不再赘述。比如，中国传统文化中刚健有为、自强不息、忧患自省、和平安定、正道直行、舍生取义、勤劳节俭、内敛克制、艰苦奋斗等都是我们最宝贵的民族文化，而那些宗法等级观念、人情裙带关系意识、三纲五常、忽视个人、压抑个性的文化因素与现代社会格格不入，完全可视为糟粕不予继承。

再次，寻找文化传统的方法论问题。现实中人们往往把传统文化与文化传统混为一谈，其实二者之间不可简单等同。简单地说，"传统文化"是指已成的文化，是过去文化的积存，它是凝固的、有规定性的；而"文化传统"是指已成文化在现实生活中的流向，是一种活动，是处在不断变化之中的，往往表现为无规定性。以水来作比喻更能说明问题。传统文化好比是平静的积水池，而文化传统则是奔流不息的江河，有自己的原有水域，同时在前进的过程中又不断地有其他水流加入，使文化传统之河不息地流动前行，汇入海洋。从这个意义上讲，传统文化具有预成性，文化传统具有生成性。换言之，文化传统之所以是文化传统，不在于承载传统本身的文化典籍和其他物质载体，而在于它存在于人类的生活实践中，活在现实中，已经化为广大社会成员普遍的思想方式和行为规范，是一团永恒不熄的活火。应当到人类的实践中寻找我们的文化传统。

第二，达到对异族文化的自觉。在对本国文化传统有了自觉认识之后，还需要对异族文化有一个自觉认识。也就是费孝通先生所说的"美人之美"。一方面，我们既不可妄自尊大，也不可妄自菲薄，应该理性地对待外来文化。毛泽东说得好："中国应该大量吸收外国的进步文化，作为自己文化食粮的原料……这不但是当前的社会主义文化和新民主主义文化，还有外国的古代文化，例如各资本主义国家启蒙时代的文化，凡属我们今天用得着的东西，都应该吸收。"[①] 同时，对于外来文化的腐朽因子必须摒弃。实际上，西方学者对资本主义文化自身的矛盾已经作了深刻反思。比如由于个人主义的膨胀而导致的社会价值和理想的淡化，个人与社会关系的失调乃至对立；消费主义文

---

① 《毛泽东选集》第2卷，人民出版社1991年版，第706—707页。

化的泛滥使得消费的目的不是为了满足基本的生产或生活需求，而是为了满足其他方面的需求，并且这些其他方面的需求很大程度上是被制造、被刺激出来的需求和欲望。在大众传媒的宣传和引导下，追求这些欲望的满足成为一种时尚和品位，代表了一种生活方式。消费主义文化引导下的消费日益成为一种异化消费和非理性的消费，人日益沦为臆想出来的欲望的奴隶，人越来越失去人的需要。在西方学者深刻反思资本主义文化的矛盾时，我们对于西方文化的吸收和借鉴当然更应该慎之又慎。

另一方面，我们还要加强本国的文化安全战略，坚决抵制文化霸权主义。伴随着经济全球化的拓展，文化日益成为衡量一个国家综合国力的重要因素。发达国家也日益将文化提升为进行全球经济、政治和军事扩张的重要手段。发达国家的政治家和理论家们积极行动，大胆地把文化战略的研究同世界格局、国际形势的变化结合起来，倍加重视对文化的研究，提出一些文化战略理论，以期为新时期提供谋求霸权的工具。可以说，文化战略作为国家战略的重要组成部分，已经成为西方国家领导世界的一个重要方面。对此，我们也要有充分的文化自觉，增强文化安全意识，防范和警惕西方发达国家的意识形态和价值观渗透，力争在这场无硝烟的战争（文化战争）中固守自己的最后阵地，加固自己的心理防线，避免成为"文化帝国主义"的附庸。

第三，遵循文化发展规律，创造先进文化。文化有其自身的发展规律，不可将市场经济规律滥用于文化发展领域。防止和克服金钱成为衡量整个社会包括文化领域的独断尺度，防止和控制商品货币关系的"越位"，尽力把它严格控制在纯粹的经济领域，最大限度地减弱市场经济的功利性和世俗性对文化的侵蚀所产生的负面效应。这个文化自觉过程的完成需要充分发挥社会主义制度的先进性和优越性，克服市场经济的自发性、盲目性，对其进行有效的控制和干预，为文化事业形成有效的保护机制。与此同时，还要积极进行社会主义先进文化建设，引导人们树立高尚的文化价值观，自觉抵制文化领域的"物化"效应。

　　第四，思考中国文化对世界文化的贡献。在漫长的人类历史进程中，多种多样的文明形态演绎着灭绝和重生的双重变奏。而"中国"作为绵延至今的五大文明母体之一①，始终在人类文明舞台上扮演着重要角色。在全球文化多元并存的条件下，中国文明和文化仍将继续为世界贡献自己的优秀文化元素。这需要我们在对本民族文化有充分自觉的前提下，在熟悉、遵守并参与制定多元文化发展的规则和秩序的基础上，借助"他者"文化，反观自身，寻求中国文化对多元文化并存发展的意义和价值，从中发掘中国文化可能对人类文化多元和谐并存作出贡献的文化元素。

　　如果说一个民族因为有了文化自觉而具有了自知之明，那么全世界各民族将会因为有了对整个人类文化发展的自觉而使文化霸权主义、文化割据主义退出人类历史舞台。各民族文化"各美其美、美人之美、美美与共、天下大同"的美好理想将不再遥远。

四　综合创新的中国特色社会主义文化

　　在达到对本国文化传统、异族文化自觉的基础上，我们需要创造一种新的文化样态，这种文化样态运用批判继承、综合创新的方法，融汇古今、贯通中西，实现了文化的创新发展。这种崭新的文化样态便是为中国特色社会主义的发展提供思想保证、精神动力和智力支持的中国特色社会主义文化。

　　中国特色社会主义文化是文化综合创新的结果，同时，也将继续运用综合创新的方法，实现自身的发展。回眸历史，中国的文化建设经历了激进主义、自由主义的全盘西化论、保守主义的儒学复兴论等思潮的震荡，综合创新原则是在深刻反思中国历史上自16世纪以来

---

　　① 马克斯·韦伯曾经从文明母体着眼把全球分为五大历史文明，即儒家文明、佛教文明、基督教文明、伊斯兰文明、印度教文明。参见甘阳主编《"文化：中国与世界"新论》，"缘起"，生活·读书·新知三联书店2008年版，第1页。

的几次文化论争①的基础上确立的明智的文化建设原则。综合创新原则由来已久，然而从哲学的高度创立综合创新论的尝试却是由张岱年先生最先作出的。早在 20 世纪 30 年代，张岱年先生就提出了"创造的综合"、"文化的创造主义"的主张，这种主张在 20 世纪 80 年代的文化大讨论过程中得到进一步阐扬和完善，形成了"文化综合创新论"。1987 年，张岱年先生说："我反对东方文化优越论，也反对全盘西化论，主张兼取中西文化之长而创造新的中国文化。我这种主张可以称为'综合创新论'。"② 对于新的中国文化的生成，综合、创新二者皆不可偏废。从创新的角度讲，文化的生命力源自文化的创新、创造。但是，这种创新不是简单的否定、肯定，而是综合的创新。对此，张岱年先生指出："创造的综合即对旧事物加以'拔夺'而生成的新事物。一面否定了旧事物，一面又保持旧事物中之好的东西，且不惟保持之，而且提高之，举扬之；同时更有所新创，以新的姿态出现。凡创造的综合，都不只综合，而是否定了旧事物后出现的新整体。"③ 从综合的角度讲，文化的创新为文化的综合提供基础和条件，而综合就是对创新之后的文化进行批判、改造，形成新的文化体系。在阐述综合的必要性时，张岱年先生说："我所以于创造之外又言综合，因为创造不能凭空，必有所根据，我们可以根据东西两方文化的贡献，作为发展之基础。所谓创造的综合，即不止于合二者之长而已，却更要根据两方之长加以新的发展，完全成一个新的事物。"④ 后来，他还对综合的过程进行了强调："我们主张综合中西文化之长以

---

① 张岱年、程宜山认为，16 世纪以来的文化论争按其演变的线索大体可以分为四个阶段：第一阶段是从明万历、天启年间耶稣会传教士的东来到清朝的雍正元年（1723 年）；第二阶段是从鸦片战争爆发（1840 年）到五四运动前夕（1919 年）；第三阶段是从五四运动到中华人民共和国成立；第四阶段则从 1981 年开始。参见张岱年、程宜山《中国文化论争》，中国人民大学出版社 2006 年版，第 255 页。

② 张岱年：《文化与哲学》，教育科学出版社 1988 年版，自序。

③ 《张岱年全集》第 1 卷，河北人民出版社 1996 年版，第 257 页。

④ 同上书，第 244 页。

创新文化，并不是说对于中西文化可以东取一点、西取一点，勉强拼凑起来；综合的过程也即是批判、改造的过程，也就是创建新的文化体系的过程。"①

张岱年先生的"文化综合创新论"并非否定文化的主体意识，而是坚持中国文化的主体原则，是以中国文化为基础的，根据文化要素具有的可离析和可相容的特点，进行文化要素的筛选、拆解、吸取、融合，完成文化之间取长补短的综合创新。张岱年先生将这种基于中国文化基础的新文化体系称之为"中国文化的新统"。

继张岱年先生之后，方克立先生对"文化综合创新论"作了进一步界定，将之概括为"古为今用，洋为中用，批判继承，综合创新"②，被人们称为"十六字诀"。方克立先生明确提出，综合创新是20世纪以来关于文化论争的各种观点中最正确的文化主张，是马克思主义者超越中西对立、体用二元的形而上学思维方式，运用批判继承的辩证思维方式对近代以来中国文化发展走向的科学解答，适应建设中国特色社会主义文化的发展方向和要求。方克立先生进一步丰富和加深了"文化综合创新论"的内涵和认识，为中国未来的文化发展进一步提供了理论上的支持。

那么，遵循综合创新原则建设的中国特色社会主义文化要不要以某种思想为指导思想？如果需要，又以什么思想为指导思想？在这个问题上需要明确两点：第一，经综合创新之后形成的中国特色社会主义文化不简单是中国优良传统文化和西方有益文化因子的杂糅，而是一个新的文化体系。新的文化体系的形成需要运用一定的立场、思想、方法对各种创新之后的文化要素进行筛选、分析、评价，即进行综合，这需要一定的指导思想；第二，我们建设的新的文化体系是中国特色社会主义文化体系，而不是其他什么文化体系。张岱年先生曾明确指出："这个新的文化体系，是在马克思列宁主义原则的指导下，

---

① 《张岱年全集》第 7 卷，河北人民出版社 1996 年版，第 63 页。

② 方克立：《批判继承，综合创新》，见《现代新儒学与中国现代化》，天津人民出版社 1997 年版，第 490—491 页。

以社会主义的价值观，来综合中西文化之所长，而创新中国文化。它既是传统文化的继续，又高于已有的文化。这就是中国的、社会主义的新文化。"① 既然我们要建设的是社会主义的新文化，是中国特色社会主义文化，那么马克思主义自然便是这个新文化体系的指导思想。

在坚持以马克思主义作为中国特色社会主义文化的指导思想问题上，一些人仍心存困惑。这种困惑主要纠结在这样一点上：作为指导思想的马克思主义与中国传统文化之间是什么关系？马克思主义是中国特色社会主义文化的指导思想，以儒家文化为主导的中国传统文化是中国文化的主体，二者的时代性、阶级性和在社会中的功能地位是不同的。以儒家为主导的中国传统文化建立在小农经济基础之上，维护中国封建社会制度是其主要功能。但是，随着中国封建社会制度的灭亡，中国传统文化维护封建社会制度的意识形态功能已不复存在，但是中国传统文化中包含中国人民实践智慧的文化元素依然有生命力，比如关于仁爱、忠义、和谐的思想，对富国强民和崇高理想人格的倡导等，都是至今仍要继承的文化精神资源。② 马克思主义是当今中国的指导思想，它作为意识形态的主要功能是为维护社会主义制度合法性而服务的，而作为一种科学理论，它为文化的吸收和鉴别提供基本的观点和方法。运用马克思主义的立场和观点，我们从中国传统文化中继承吸收符合时代精神的、优秀的文化元素，并对之进行改造或再创造，这是建设中国特色社会主义文化必须秉承的原则和必经的路径。

那么，马克思主义何以能成为中国特色社会主义文化的指导思想？

坚持以马克思主义作为中国特色社会主义文化的指导思想，是因为中国人民在重要历史关头选择了马克思主义，并指导中国革命取得

---

① 《张岱年文集》第 1 卷，清华大学出版社 1989 年版，第 491 页。
② 参见陈先达《论"得意拜孔，失意读庄"说》，载《高校理论战线》2008年第 9 期。

了胜利。马克思主义理论以其科学性、根本性和彻底性说服了中国的广大先进知识分子，为中国的马克思主义政党——中国共产党的成立提供了指导思想，进而使马克思主义在中国得以普遍传播。从此，中国人民获得了先进的思想理论武器，对中国革命的性质与使命的认识、对资本主义与帝国主义的认识开始由感性认识上升到理性认识，将中国革命与世界革命的形势、中国人民与世界人民的命运紧密联系，探索了一条农村包围城市，依靠广大工农群众夺取革命胜利的"中国特色"革命道路。同样也是在马克思主义的指导下，中国共产党领导中国人民将马克思主义普遍原理与中国具体实际相结合，围绕"什么是马克思主义、怎样对待马克思主义，什么是社会主义、怎样建设社会主义，建设什么样的党、怎样建设党，实现什么样的发展、怎样发展"等重大理论和实际问题，探索了一条具有"中国特色"的社会主义发展道路。

坚持以马克思主义作为中国特色社会主义文化的指导思想，是由马克思主义本身的科学性决定的。马克思主义是最全面、最深刻地反映世界的本质及其发展规律的学说，是时代精神的精华，是现代文明的活的灵魂；马克思主义经典作家有极其丰富的文化思想，他们对不同历史时期、不同历史条件下人类文化产生、发展的规律，文化在人类社会生活中的地位、作用等问题作了精辟阐述，对社会主义文化的本质特征也作了科学规定，是建设中国特色社会主义文化必须坚持的理论原则；马克思主义本身是开放的、不断发展的理论体系。立足实践的特性使得马克思主义能够与时俱进，不故步自封，能根据时代和实践的变化不断推动理论发展，坚持在实践中发展自己的学说。正因为此，我们党和国家的几代领导人才始终以马克思主义作为党的指导思想，指导中国的发展和文化建设。

坚持以马克思主义作为中国特色社会主义文化的指导思想，是化解我国当前所面临的文化矛盾的需要。当前，对外开放的格局和全球化浪潮将中国文化置于与世界文化共存的文化场景之中，中国文化发展遭遇冲突与融合、霸权与主权、一元与多元等矛盾；我国经济体制深刻变革、社会结构深刻变动、利益格局深刻调整造成思想文化层面的各种矛盾。经济成分的多样化必然带来思想的多样化，在不同所有制基础上会出现不同的思想意识，这是一种规律性现象。马克思说过："在不同的占有形式上，在社会生存条件上，耸立着由各种不同的、表现独特的情感、幻想、思想方式和人生观构成的整个上层建筑"①；同时，中国独特的传统、现代、后现代的非线性发展样态又将中国抛入历时样态共时出场的文化场景之中，文化矛盾错综复杂。这些文化矛盾的存在客观上对马克思主义的文化指导地位构成挑战，化解这些文化矛盾必须坚持马克思主义在中国特色社会主义文化中的指导地位。如此，才能抵制文化霸权、维护文化主权，在多元差异的文化场景中明确自己的文化立场，占领文化阵地；才能更好地处理一元与多元的关系，坚持一元价值观引导下多层次、多样化公众价值观共存的和谐局面；才能拥有处理传统、现代、后现代的错综复杂的文化矛盾的科学理论和方法。

遵循综合创新原则建设的中国特色社会主义文化又将坚持什么发展方向呢？中国特色社会主义文化作为中国特色社会主义事业的重要组成部分，必然要坚持为社会主义、为中国特色社会主义服务的大方向。江泽民《在庆祝中国共产党成立八十周年大会上的讲话》中指出：建设有中国特色的社会主义是一项前无古人的伟业，迫切需要建设与之相适应的文化，为其提供强有力的思想保证、精神动力和智力支持。中国特色社会主义文化在激发全民族文化创造活力、提高国家文化软实力、保障人民基本文化权益、丰富人民社会文化生活、保持人民良好精神风貌等方面作用重大。具体到当前中国特色社会主义的发展阶段，改革开放是新时期最鲜明的特点，是发展中国特色社会主义、实现中华民族伟大复兴的必由之路。从制度变迁的角度说，改革开放主要是实现了从高度集中的计划经济体制到充满活力的社会主义市场经济体制的转变、从封闭半封闭到全方位开放的转变。社会主义市场经济制度与中国特色社会主义民主政治制度的不断发展和完善是改革所要达至的制度目标，也是未来中国制度改革和变迁的方向。显

---

① 《马克思恩格斯选集》第 1 卷，人民出版社 1995 年版，第 611 页。

然，中国特色社会主义文化服务于中国特色社会主义的方向在制度层面上就体现为"为社会主义市场经济制度服务"、"为中国特色社会主义民主政治制度服务"。这成为中国特色社会主义文化综合创新的方向所在。

第三节　顺应中国制度变迁的中国特色
社会主义文化建设

我们对未来中国制度变迁的趋势、方向似乎具有一定的发言权和一定的控制权，社会主义市场经济制度与中国特色社会主义民主政治制度是中国未来的制度选择。但是，文化之舟的行驶似乎不容我们去刻意操控，也许我们可以在不长的时间内建立并不断完善社会主义市场经济制度和中国特色社会主义民主政治制度，而建设与制度相适应的文化理念却非一日之功。这就要求人们对中国社会的文化问题予以更多的关注。就中国目前的现实而言，之所以把中国特色社会主义文化建设作为一项紧迫的任务提出，实是因为制度与文化之间存在着种种矛盾，才使得文化建设的重要性在当下凸显出来。在立足现实的基础上进行文化建设之所以是可能的，是因为文化作为一种社会意识除了具有反映社会现实的功能以外，还具有其自身的相对独立性。文化发展的相对独立性使得与制度相适应的中国特色社会主义文化的培育成为可能。

一　顺应社会主义市场经济制度的中国特色社会主义文化

市场经济自身要求一定的文化观念和它相适应。从源发市场经济的西方来讲，文化观念是内生的，是市场经济孕育相应的文化观念，是根据市场经济存在和发展的需要自然成长起来的。市场经济是观念性文化产生的前提和基础，观念性文化对市场经济的存在和发展起到不可分离和替代的重要作用。而对中国这样的后发国家而言，情况比较复杂，但是因为有了世界历史的前提，有了可供借鉴的参照系，我们才可以自觉地进行文化建设和中国特色社会主义文化的培育，以促进未来中国的制度变迁。

前文已经对社会主义制度与市场经济相结合的理论可能性和现实必要性作了分析，那么，应该建立何种与社会主义市场经济制度相适应的新文化呢？

首先，应该建立与市场经济相契的文化观念。市场经济作为一种经济制度包含着一系列文化价值观念，体现了现代社会的价值取向和现代人的文化要求。主要包括：

第一，平等观念。这是贯穿市场经济始终的基本观念。"商品是天生的平等派。"① 市场经济的等价交换原则为人们的社会交往提供了一个客观、平等、统一的尺度。市场经济要求每一个参与经济活动的主体必须是平等的，机会平等、竞争平等、权利与义务平等，这主要体现了人们之间关系的平等，黑格尔说："人们当然是平等的，但他们仅仅作为人，即在他们的占有来源上，是平等的。"②

第二，自由观念。参与市场经济活动的主体人身是自由的，不再从属于某一个人或某一个阶级，主体意志也是自由的，可以根据自己的兴趣爱好和个人意愿进行商品交换。马克思说："物作为商品彼此发生关系，商品监护人必须作为有自己的意志体现在这些物中的人彼此发生关系。"③ 在各种形式的商品交换中，交换双方"只取决于自己的自由意志"④。本着自由观念，经济主体自由平等地参与各种市场竞争，根据市场需要自由地进行经济活动，当然也意味着为自己的自由行为承担相应的责任，如市场交换过程中的利益得失。

---

① 《马克思恩格斯全集》第 23 卷，人民出版社 1972 年版，第 103 页。

② ［德］黑格尔：《法哲学原理》，范扬、张企泰译，商务印书馆 1961 年版，第 58 页。

③ 《马克思恩格斯全集》第 23 卷，人民出版社 1972 年版，第 102 页。

④ 同上书，第 199 页。

第三，竞争观念。市场经济是追求效率的经济，按照自由主义经济学家如亚当·斯密等的观点，每个经济行为主体都是具有经济理性①的"经济人"，在参与自由竞争的经济活动中，必然追求个人利益的最大化，为了保证自己在竞争中占有优势，达到个人利益最大化的目的，他们必然千方百计寻求最合乎经济理性即最有效的方式参与竞争。具体来讲，经济主体会在生产技术上不断创新，提高产品的科技含量，降低其生产成本和交易费用，以获取超过市场平均值的经济利润。这在客观上促进了生产工具和生产技术的革新，促成了生产的组织化、管理化的构建，有利于各种经济管理政策的制定和法制秩序的确立。现代市场经济生成以来的短短几百年时间，人类社会在生产工具、生产技术等方面的革新比过去几千年来人类的进步还要大许多。从蒸汽机的发明到核能利用，从机械力到信息网络，人类科技发展史上不断出现跨越式的发展，超出了人们的想象。于是，这种个体追求私利最大化的行为，整体上就带来了整个社会的高效率，使整个社会的资源配置趋于较优合理性，从而带来整个市场的经济增长和繁荣。这实际上是亚当·斯密所谓神奇的"看不见的手"的奇妙作用所在，也是18世纪著名哲学家曼德威尔在其《蜜蜂寓言》②中所设想的现代经济隐喻。诚然，自由主义将市场作用神圣化有其偏颇，这一点被其后的德国经济史学派、奥地利学派、制度经济学派以及新制度经济学派所纠正，他们以因

---

① "经济理性"是一种经济成本（投入、费用）与经济效率（产出、利润）的算计理性，亦即个体经济行为和市场经济体之"效用最大化"的价值逻辑。（万俊人：《义利之间——现代经济伦理十一讲》，团结出版社2003年版，第41页）

② 《蜜蜂寓言》是18世纪哲学家曼德威尔隐喻现代市场经济的一个寓言。"按照曼德威尔的描绘，每一只蜜蜂都是筑巢酿蜜的高手，只要让它们自由地采撷，蜂窝就必定会蜜流如注。这一寓言中包含着一个普遍而深刻的市场经济学原理：每一个体的自由创造和竞争是整个社会价值和财富增长的根本动力。"（万俊人：《义利之间——现代经济伦理十一讲》，团结出版社2003年版，第41—42页）

徒困境①为例指出市场经济并不只意味着竞争，人们之间还需要相互信任和团结合作，这也是社会整体获得最好利益和效果的保证。但后者的纠偏并没有否定自由主义所推崇的竞争，它仍是市场经济的基本精神之一。

第四，理性精神。经济主体在参与市场活动的过程中，要从事交换活动，必然要面对错综复杂的数量关系的计算问题，也必然要斤斤计较于自己的利益得失，这就培养了主体的计算习惯及计算所依赖的理性精神。同时，经济主体在经济竞争过程中对科学技术的研究和应用遵循精确、量化、分解、逻辑和实验的科学原则，这也是一种理性精神的培养和体现。

第五，法制观念。市场经济，尤其是现代市场经济不再是原始积累时期的市场经济，也不再是马克思所讲的为了300%的利润，不惜冒上绞首架危险的经济。现代市场经济具有相当的规范性和准则性，是法制经济、契约经济、平等竞争经济、信誉经济，它离不开法律对整个经济活动的制约和调节。市场经济中的主体都是独立平等的利益主体，必然会追求自己的利益，按照自己的意愿行为；在竞争的过程中，市场主体寻求法律对个人利益的保护。现实中的一切经济活动，包括经济往来的信用性、经济的竞争性、经济的仲裁活动等都不能离开法律的规约和调节。由此决定了市场经济是法制经济。市场经济的法制化要求参与市场活动的主体具有法制观念。

其次，社会主义市场经济制度既具有市场经济的共性，同时也具有社会主义的个性。在坚持市场经济基本的文化观念的基础上，还要充分发挥社会主义的优越性，克服市场经济文化观念的种种反主体性效应。

---

① "囚徒困境"是博弈论里最经典的例子之一，常常被用来纪实和分析市场经济中的交易行为。讲的是：两个嫌疑犯A和B作案后被警察抓住，隔离审讯，警方的政策是"坦白从宽，抗拒从严"，如果两人都坦白则各判5年；如果一人坦白另一人不坦白，坦白的判3个月，不坦白的判10年；如果都不坦白则因证据不足各判1年。

市场经济自身蕴涵着深刻的文化悖论。一方面，市场经济满足了人的物质欲望、消费欲望，从而极大地促进了社会生产力的发展；另一方面，市场经济"以物的依赖性为基础"的特性决定了市场经济不仅仅停留在满足人的欲望的层次上，还进一步激发和强化人的欲望。市场经济造成的物化世界，使得无论是人的活动及其产品，还是交换价值及货币，抑或是生产者相互之间形成的社会关系，都表现为物的东西，表现为物的社会性离开人而独立，表现为人从属于不以个人为转移而独立存在的物化的社会关系，简言之，市场经济使人依附于物，物成为人的主宰，人被物化了。"当文化的物质方面过于发达的时候，当运输和破坏的方法，以及大量生产和广告，支配着一个国家的生活的时候，整个社会便充满着穷奢极欲式的虚假和狂妄的需要的满足，到这时候整个的文明都大堪忧虑。人类历史上的现今时代便是一例。"①

物化的世界造成一种虚幻，产生了商品拜物教，引起货币的神圣化。一切都可以转化为货币，一切都可以用货币来衡量，货币成了权威尺度和终极标准。"你自己不能办到的一切，你的货币都能办到：⋯⋯**它能**为你占有这一切；它能够买这一切；它是真正的**能力**。"② "一切生活关系都以能否赚钱来衡量，凡是不赚钱的都是**蠢事**，都不切实际，都是幻想。"③ 正如罗素所说："对于金钱的崇拜：是一种信仰，认为一切价值都要用金钱来衡量，金钱是人生成功与否的最后考验。"④

个人利己主义和功利主义的泛滥。市场经济存在的两个前提是社会分工和利益分化。分工使交换成为必要，在进行市场交换时要求双方互惠互利；但利益的分化和独立又使得主体以追求个人利益最大化

---

① ［英］马林诺夫斯基：《文化论》，费孝通等译，中国民间文艺出版社1987年版，第91页。

② 《马克思恩格斯全集》第42卷，人民出版社1979年版，第135页。

③ 《马克思恩格斯全集》第2卷，人民出版社1957年版，第565页。

④ ［英］伯特兰·罗素：《社会改造原理》，张师竹译，上海人民出版社1959年版，第65页。

为目标，不顾及其他，个人利己主义由此萌生。对个人利益的追求一旦波及社会生活的其他方面，成为衡量一切的终极标准，那么个人利己主义就演化为功利主义。功利主义以个人得失和狭隘的个人利益为标准，"善良、斯文、忠诚、爱、感激等，对日常工作和公众生活而言都是无关宏旨的"，因为"除了实用之外的其他价值变得可有可无，个人德行和罪过也只是身外之物了"①。

人的异化和片面发展。市场经济是以社会分工为前提而发展起来的，其自身的发展也促进社会分工的进一步深化。市场经济越发达，社会分工就越充分、越彻底。这是由市场经济固有的竞争机制决定的。在市场经济的竞争条件下，个人能力的片面提高和畸形发展最有利于个人在竞争中获胜。"这种选择性使人们在竞争中必须放弃一切与市场需求无关的能力培养和潜能的激发，而对主体能力进行片面的塑造。"② 由于"分工使个人活动贫乏和退化"③，"人类不得不作为奴隶来发展自己能力"④。社会分工的极端发展，使人在类的层面上获得了日益深刻的全面性和丰富性，但却是以个人的片面发展为代价的。作为市场经济的一般前提，社会分工的异化性质具有超越资本主义制度这一特殊历史形式的普遍意义。尽管现代社会作为整体在征服自然的能力方面取得了长足的进步，但这却是建立在个人的片面发展基础之上的。不扬弃片面性而达到个人的全面发展，就不可能使人获得充分的主体地位和主体能力。

社会主义制度有自身的优越性。市场经济与社会主义制度的结合为克服市场经济的反主体性效应提供了制度保证。这就要求在建设与社会主义市场经济制度相适应的文化观念时，除了要建立与市场经济相契的一般文化观念，更重要的还需要体现社会主义制度的优越性，

---

① ［美］艾恺：《世界范围内的反现代化思潮——论文化守成主义》，贵州人民出版社 1991 年版，第 12 页。

② 何中华：《对社会主义市场经济的几点哲学思考》，载《文史哲》1993 年第 4 期。

③ 《马克思恩格斯全集》第 42 卷，人民出版社 1979 年版，第 149 页。

④ 同上书，第 258 页。

建立与社会主义市场经济制度相适应的文化观念。市场经济在西方社会的发展已经充分暴露了自身的局限性，我们今天在建设社会主义市场经济制度时可以最大限度地避免重蹈西方的覆辙。具体而言有这样几点：

第一，协调效率与公平的观念。市场经济本身是追求效率的经济，可以说，追求效率是市场经济的天然属性，这种天然属性对社会往往产生双重效应：一是市场经济通过竞争、价格等市场机制实现社会资源的优化配置与使用，为社会高效率地创造了财富，极大地满足了人们的物质文化需求；二是市场经济排斥收益平等是一种自发行为，如果不对它产生的后果进行自觉的调节和控制，那么，必将导致严重的社会两极分化，引起社会动荡，进而影响效率的提高。社会主义市场经济也不例外，否则就不成其为市场经济，但是在社会主义条件下，自由竞争和追求效率不是唯一的目标，并且不能把自由竞争和追求效率这些主要在经济领域中希求达到的目标扩展为整个社会的目标。

在对待效率与公平问题上，我们党的政策经历了一个发展变化的过程。改革开放之初，为打破由于平均主义大锅饭导致的低效率局面，党中央提出要优先提高效率。党的十三大报告明确提出"在促进效率提高的前提下体现社会公平"；党的十四届三中全会提出"建立以按劳分配为主体，效率优先、兼顾公平的收入分配制度，鼓励一部分地区一部分人先富起来，走共同富裕的道路"，"效率优先，兼顾公平"成为处理效率与公平问题的基本原则；党的十五大报告在坚持这一提法的同时，又强调诚实、合法致富，取缔非法收入，调节过高收入，防止两极分化；党的十六大报告提出"初次分配注重效率"，"再分配注重公平"，从不同的层面上界定了效率与公平的不同地位；党的十六届四中全会强调"注重社会公平，合理调整国民收入分配格局，切实采取有力措施解决地区之间和部分社会成员收入差距过大的问题，逐步实现全体人民共同富裕"[①]，这是在党的重大会议上第一次

[①] 中共中央文献研究室编：《十六大以来中央文献选编》（中），中央文献出版社 2006 年版，第 278 页。

提出"社会公平"概念；党的十六届五中全会提出"更加注重社会公平，使全体人民共享改革发展成果"① 的明确要求；党的十六届六中全会强调在"经济发展的基础上，更加注重社会公平"，并明确提出"社会公平正义是社会和谐的基本条件，制度是社会公平正义的根本保证"②；党的十七大报告提出"初次分配和再分配都要处理好效率和公平的关系，再分配更加注重公平"③，"实现社会公平正义是中国共产党的一贯主张，是发展中国特色社会主义的重大任务"④，从而对效率与公平的关系作了崭新的历史定位。⑤

如果说改革开放初期，邓小平在论述社会主义的本质时提出"贫穷不是社会主义"的论断意在解放生产力、发展生产力，为社会主义提供坚实的物质基础，"效率优先"具有一定的历史合理性的话，那么，在经过几十年的改革开放，社会物质财富获得极大提高、综合国力得到极大提升的情况下，"两极分化也不是社会主义"论断的意义则更为彰显。如何实现社会公平正义，如何实现发展成果由人民共享成为进一步发展中国特色社会主义的重要任务。在 2008 年 3 月召开的两会记者招待会上，温家宝总理旗帜鲜明地指出，"公平正义是社会主义制度追求的首要价值"。这符合马克思主义关于社会主义的本质规定。在马克思主义看来，社会主义之所以优越于资本主义，就在于社会主义所力求实现的人与人之间的平等以及基于平等基础上的人的自由全面发展。

---

① 中共中央文献研究室编：《十六大以来中央文献选编》（中），中央文献出版社 2006 年版，第 1064 页。

② 中共中央文献研究室编：《十六大以来中央文献选编》（下），中央文献出版社 2008 年版，第 657 页。

③ 胡锦涛：《高举中国特色社会主义伟大旗帜，为夺取全面建设小康社会新胜利而奋斗——在中国共产党第十七次全国代表大会上的报告》，人民出版社 2007 年版，第 39 页。

④ 同上书，第 17 页。

⑤ 关于效率与公平关系在我党的正式文件中的论述，参见陈志刚《公平正义是社会主义制度的首要价值》，载《重庆社会科学》2008 年第 10 期。

　　社会主义市场经济在运用市场配置资源获得效率的同时，充分发挥社会主义对社会公平正义的制度保障作用，努力建立效率与公平之间良性互动的动态平衡关系。注重效率，努力争取用较少的投入最大限度地发展生产力，符合人民的根本利益，也是实现公平的前提和基础。有了效率，经济持续稳定增长，才有高水平的公平；同时，公平可以促进效率，公平的社会制度有利于调动广大群众的积极性和创造性，发展生产力、促进经济效率的提高。实现公平有利于获取更大效率。效率与公平在社会主义条件下能够实现良性互动。

　　第二，协调个人利益与集体利益的观念。市场经济遵循价值规律，迫使任何人都会首先关注个人利益，关注自身利益如何最大化的问题。然而，社会主义市场经济在充分肯定和尊重个人正当利益的基础上，又要求人们在行为准则上超越市场法则和商品意识的局限，超越个人和狭小团体的局部利益，以集体主义的奉献精神和牺牲精神来引导人、教育人，以协调好个人利益与集体利益的关系。马克思曾指出："每个人在交易中只有对自己来说才是自我目的；每个人对他人来说只是手段；最后，每个人是手段同时又是目的，而且只有成为他人的手段才能达到自己的目的，并且只有达到自己的目的才能成为他人的手段，——这种相互关联是一个必然的事实，它作为交换的自然条件是预先存在的。"[①] 在社会主义制度下，市场经济所蕴涵的个人与集体相统一的价值原则具备了客观的实现条件。只有"意识到自己的利益和全人类的利益相一致的人"才是"真正符合'人'这个字的含义的人"，才是"为人类的进步而真诚地献出自己力量的人"[②]。马克思、恩格斯在《德意志意识形态》中指出："在共产主义社会中，即在个人的独创的和自由的发展不再是一句空话的唯一的社会中，这种发展正是取决于个人间的联系，而这种个人间的联系则表现在下列三个方面，即经济前提，一切人的自由发展的必要的团结一致以及在现

---

　　① 《马克思恩格斯全集》第 46 卷（下），人民出版社 1980 年版，第 472—473 页。

　　② 《马克思恩格斯全集》第 2 卷，人民出版社 1957 年版，第 277 页。

有生产力基础上的个人的共同活动方式。"① "一个人的发展取决于和他直接或间接进行交往的其他一切人的发展。"② 关于个人和集体的关系，马克思、恩格斯还说："只有在集体中，个人才能获得全面发展其才能的手段，也就是说，只有在集体中才可能有个人自由。"③

可见，个人利益与集体利益在内容上是相关的，在义务上是双向的。在"真实的集体中"，强调集体利益高于个人利益。因为集体利益是人类历史活动积累的结果，使社会中的个人与集体相统一的价值原则具备了客观的实现条件。"那些有时间从事历史研究的为数不多的共产主义理论家，他们的突出的地方正在于：只有他们才**发现了**'共同利益'在历史上任何时候都是由作为'私人'的个人造成的。"④

第三，协调利与义的观念。社会主义原则及其文化观念反对把金钱尺度独断化，决不允许把德行、爱情、信仰、良心变成商品。而是主张把货币关系限制在经济领域，防止"物化"倾向的僭越，最大限度地弱化、克服市场经济的负效应，以社会主义的价值观和先进文化理念塑造人、鼓舞人，提高人的精神文化品位，以抵制物化对人思想的侵蚀。从这个意义上说，社会主义制度自身的优越性和文化理念对金钱尺度的泛化、物化倾向的僭越具有有效的约束力。

二　顺应中国特色社会主义民主政治制度的中国特色社会主义文化

文化观念作为社会意识无疑是社会存在的反映，这决定了我们考察和培育社会的民主观念，必须立足现实考虑中国特色社会主义民主政治制度发展的具体途径和步骤。但是，文化观念又具有相对独立性，恩格斯在谈及近代欧洲历史时，曾不无感慨地说："经济上落后

---

① 《马克思恩格斯全集》第 3 卷，人民出版社 1960 年版，第 516 页。
② 同上书，第 515 页。
③ 同上书，第 84 页。
④ 同上书，第 275—276 页。

的国家在哲学上仍然能够演奏第一小提琴：18世纪的法国对英国来说是如此……后来的德国对英法两国来说也是如此。"① 文化具有的相对独立性使我们可以通过积极的文化建设，创造良好的文化条件，引导和促进中国特色社会主义民主政治制度的发展，充分发挥文化建设的引导作用。具体来讲，文化观念对民主政治制度的影响有这样几个方面：

第一，文化观念对民主理想、民主原则实现的影响。民主理想和民主原则是对民主政治系统化的理性认识，这是人们从事民主政治制度建设的精神支柱。如果一个国家的文化与该国的民主政治建设的原则和理想比较相符，那么这个社会的成员就会以高度的认同感，积极参与民主政治制度建设，排除各种困难，追求民主理想的实现。反之，如果一个国家的文化与该国的民主政治制度建设的原则和理想不相符，比如说在人治观念、特权观念、等级观念比较浓厚的国家搞民主政治制度，就有亵渎民主原则和理想，使民主制度流于形式的危险。

第二，文化观念对民主政治制度建设速度和步伐的影响。民主政治制度是以全体社会成员的参与为前提的。社会成员的文化观念是影响民主政治制度发展进程的重要因素。如果全体公民有饱满的民主政治情感，有正确的价值判断，就会推动民主政治制度向前发展。反之，如果全体公民对民主总是怀有不好的情感和价值判断，就必然会影响甚至阻碍民主政治制度的建设和发展。

第三，文化观念对民主政治制度功能发挥的影响。民主政治制度功能的实现依靠民主主体的作用。作为民主主体的社会成员所具有的文化观念对民主功能的发挥具有直接影响。这主要体现在对民主政治制度的评价和价值判断上。如果民主主体相信民主政治制度是人权、民主、正义、公正和效率的化身，就会自觉地按照民主政治制度的要求行事，反之，就不会关心民主政治制度的发展及其功能的发挥，而注重裙带人情关系，迷信权威，从而使民主政治制度流于形式。

———————

① 《马克思恩格斯选集》第4卷，人民出版社1995年版，第704页。

　　L. 达尔蒙德和 M. 波莱特耐尔说："当未来历史学家回首 20 世纪时，他们可能把这个世纪的最后四分之一视为现代文明史上最重要的民主躁动时期。"有的学者乐观地指出，"民主已经成为这个时代唯一受到尊重的政治制度"，"20 世纪是民主的世纪"①。在 20 世纪 70 年代以前，有部分发展中国家走上了民主道路，但大多是受到西方政治文化冲击而产生的暂时效应，或属于某种特殊历史条件的产物。这种没有深厚根基的民主或者很快就垮掉，或者难以健康地运作。而在世界民主化浪潮中，有众多的非西方国家和发展中国家实现了向民主的转变，其中多数国家向民主的转变都是自身民主化条件发育成熟的结果。它表现为：这些国家向民主的过渡多是以较和平的方式实现的，很少暴力和流血；民主政治制度建立后，很少遇到强大的反抗，基本没有反复；民主政治制度的运作较为顺利，民主政治制度和民主价值为多数国民所认同。

　　正反两方面的历史发展经验告诉中国：作为后发国家，要想建立完善的社会主义民主政治制度并使之健康地运作，必须建立与其相应的文化观念。古典和当代的民主理论都认为，民主不仅是一套制度建构，也是一整套独特的政治信仰、态度和情感的体系。国民关于政体合法性的信念和感觉是政体维持和变更的关键因素之一。当代发展中国家的民主化也证明了这一点。有学者将文化因素作为独立起作用的因素予以高度评价，甚至将其视为导致民主化的最重要的因素。R. 戈斯泰尔的结论是：在特定国家民主的存在或缺失，首先是民主及其支持概念传播的相对效果的产物。② J. 皮诺克把民主需求的各种因素分为三类：历史、社会经济秩序、政治文化。他认为，政治文化因素可能包括了民主的最好解释。③

---

　　① *Democracy and Democratization*，Edited by Geraint Parry and Michael Moran，London，Routledge，1994，p. 264.

　　② See Tatu Vanhanen，*The Process of Democratization*，*A comparative study of 147 states*，*1980－1988*，Taylor & Francis，1990.

　　③ Ibid. .

虽然将文化因素作为民主政治制度建立的最重要因素有些言过其实，但是无法否认，在后发国家，民主制度文化的培育和建立对于民主制度的建立和健康运行有重要的前提作用。民主政治制度要想稳定、有效地运行和发展，不仅仅依赖于制度本身，还依赖于人们对制度的取向，即依赖于文化。除非人们的文化观念能够支撑民主政治制度的整个系统，否则这个系统成功的机会是很渺茫的。

文化的特殊性可以为一个国家的民主政治制度及其运作着染上民族的颜色，但没有一种文化能构成实现民主的障碍。我国应该根据本国的现实条件和历史文化传统培育与社会主义民主政治制度相适合的中国特色社会主义文化观念。归结起来主要就是培养国民的民主参与意识和法治意识。

第一，培养国民的民主参与意识。民主是现代性的重要组成部分。其实质是公民对国家事务特别是政治事务的广泛参与。公民参与国家政治事务的形式是多种多样的，有选举、立法、司法、行政分权制约，以言论自由为基础的舆论监督、集会、结社自由等。然而不管方式有多么大的差别，其共性在于都承认一个基本前提，即主权在民。而中国传统文化中缺乏民主的因子，总体来讲，中国传统社会的政治文化是一种"臣属文化"[①]，人民缺乏自觉的参与政治、过问政治的政治主体意识。只有"产出取向"，即对政府措施之贤否优劣有相当的注意。[②] 古代中国缺乏民治的观念，缺少政治的自觉。中国的政治自始至终似乎只为"士"阶层所关注，是士人独占的权利和义务，绝大部分的社会群众对政治是陌生的、冷漠的。韦伯说中国人有一种浓厚的"非政治"的态度，他们实际上是"非政治动物"。然而古代中国却有"民本"思想，民本思想起源于殷周之际，形成于春秋战国时期，在汉唐时期有了进一步发展，在宋元明清时期臻于完善，达到了中国古代的最高水平。民本思想是儒家的一个基本思想，但它已经

---

① 转引自金耀基《从传统到现代》，中国人民大学出版社1999年版，第21页。

② 同上。

超越了儒家的范围，成为各家普遍关注的重要思想，也是历代统治者都普遍采用的治国之术。民本思想是中国传统政治思想的重要组成部分。民本和民主两者之间是有差别的。在民本思想中，人民只是被动地被承认自身的价值，只是作为政治客体存在，而不能自觉地作为政治主体存在。对于统治阶级而言，民本思想的确立目的在于维护统治阶级的统治。在这种思想的统治下，人民始终缺少某种途径去参与政治、过问政治。

阿尔蒙德列举了三种典型的政治文化：地域型政治文化、依附型政治文化和参与型政治文化。他认为，"在参与型政治文化中，社会成员倾向于明确地取向作为一个整体的制度，同时取向政治机构和管理机构及其程序。换句话说，就是同时取向政治制度的输入部分和输出部分两个方面。参与制政体的个体成员可能愿意或者不愿意取向政治目标的各个种类。他们在政体中倾向于适应一种自我'活动者'的角色"①。而在中国这种只有政治输出，没有政治输入，缺乏民主参与意识的传统政治文化中，中国国民安分守己地扮演着自己臣民的角色，这种角色的限定显然和现代民主政治制度的变迁趋势背道而驰。现代民主政治制度是公民积极参与决策的民主制度。这当然需要建立一系列的机制来保证公民行使自己的权利，但是仅仅有了畅通的机制和渠道对于民主法治社会仍然是不充分的，还需要公民的民主参与意识。培养国民的民主意识成为我们建设与中国特色社会主义民主政治制度相适应的中国特色社会主义文化观念之一。

第二，培养国民的法治意识。中国特色社会主义民主政治制度需要法治来保障，需要以法治国家的形式来体现，没有法治就没有社会主义民主。民主政治制度的最恰当方式就是法治国家。民主是法治之里，法治是民主之表。社会主义社会应当是法治社会，社会主义国家应当是法治国家。社会主义民主政治制度离不开社会主义法治的保

---

① ［美］阿尔蒙德、维巴：《公民文化：五个国家的政治态度和民主制》，徐湘林等译，华夏出版社1989年版，第22页。

障。民主制度如果没有法治保障，人民的权力就只是一种理论原则，缺乏实际操作的可行性。只有把民主制度化、法律化，社会主义民主才能获得法治保障。

但是，仅仅具备社会主义法治还不能保证中国特色社会主义民主政治制度的顺利运行。从我们过去几年的法制建设史来看，过去我们建立的法律不可谓不多，近年来颁布的法律法规不可谓不健全，然而却并没有如预想的那样在中国出现较好的法治局面。文化意识是法治意识缺失的原因之一。法治意识的缺失使社会主义法治的努力大打折扣，制约着法治秩序的建立。日本学者川岛武宣在研究日本法治进程后得出一个可资借鉴的结论："说法律生活的现代化，决不意味着引进近代国家的法制进行宣传"，更重要的是"把这种纸上'近代法典'变成我们生活现实中的事实"①。

西方法治社会的形成是与西方的法律文化紧密联系的。民主、法治在今日中国推行的艰难，一个重要原因就在于中西法律文化的差异。有学者比较了中西法律传统和文化，深刻地指出：

在西方发达国家，从 12 世纪初叶的罗马法复兴运动，以及其后的文艺复兴运动，思想启蒙运动，宗教改革运动，使"自由"、"平等"、"博爱"、"天赋人权"思想逐渐普遍深入人心，并最终引发资产阶级革命，形成近代西方法治国家。西方国家法治化的进程中，自始至终有一条主线贯穿其中——大力培养民族的法治精神，使其作为人们对法律现象的价值把握的理论指导，内化为个人的认识、态度、情感和组织的价值目标取向，使社会公众以强烈的主人翁意识，积极地投身于社会法治化进程中，使法治成为社会公众共同参与的正义事业。正是在这种法律文化精神氛围中，法律与人民的内在需要达到了最大限度的从内容到形式的统一，法律意识成为人性的一部分。社会公众普遍认为法律不仅仅是别人应该自觉遵守的行为规则，而且同样是自己必须自觉遵守的行为规则。

---

① ［日］川岛武宣：《现代化与法》，政武等译，中国政法大学出版社 1994 年版，第 52 页。

　　反观中国传统法律文化是不具备这种条件的。中国传统法律文化是包含了积极因素与消极腐朽因素两种成分的历史遗产。其思想底蕴是崇尚"人治"。其基本特征是重君权，无民权；重国家，轻个人；重伦理，轻法律；重贵贱尊卑区别，无平等。在两千多年封建社会中形成的人治观念、等级特权观念、崇祖守旧观念，造成了一些人讲人情不讲国法；讲等级不讲平等；讲身份不讲契约；讲特权不讲民主；讲义务不讲权利；讲家庭利益不讲社会正义。由于中国传统人文精神中缺少了独立自主精神，使其不仅丧失了评判、矫正政治现实的功能，而且也丧失了抗辩政治现实的能力，从而它也就不可能超越当时的政治社会现实，为人们确立理想的政治目标提供精神武器。相反，却寄生于现实政治社会，成为专制制度的附庸和精神支柱。从而使人们对自己主体性地位的本能追求——自由权利精神无法形成。当西方人不断高呼"为权利而斗争"、"认真对待权利"、"不自由，毋宁死"的时候，中国人却还沉浸在视"争权夺利"、"无君无父"为"大逆不道"、"十恶不赦"的传统政治法律观念之中。①

　　在中国"法治观念的养成不是一朝一夕的事情，它会伴随法治国家建设的全过程。也许只有当法治理念积淀为一种新的民族性格时，我们才可能说法治在中国的最终实现；这时，法治观念才不只是存在于少数精英先知先觉的头脑中，而是融入一般民众慎思笃行的日常生活中"。②

第四节　中国特色社会主义文化对
中国制度变迁的作用

　　理论和现实两方面的经验说明，中国制度变迁的趋势将进一步发

---

　　①　李仲达主编：《中国特色的法治国家建设研究》，法律出版社 2005 年版，第 426 页。

　　②　孙国华主编：《社会主义法治论》，法律出版社 2002 年版，第 595 页。

展和完善社会主义市场经济制度和中国特色社会主义民主政治制度。鉴于中国制度变迁的大趋势与中国特色社会主义文化的重要作用，培育与中国未来制度变迁相适应、并能促进制度变迁的中国特色社会主义文化成为一项迫切的历史任务被提上了日程。中国特色社会主义文化的建设原则和主要内容已经明确，那么，我们正在建设并不断坚持的中国特色社会主义文化对中国未来的制度变迁又具有什么作用呢？概括说来，中国特色社会主义文化对中国未来的制度变迁具有思想导引、文化认同和制度评价功能。

一　思想导引

中国特色社会主义文化为中国制度变迁的发展方向提供思想导引。中国特色社会主义文化通过对制度的指引作用，实现社会经济制度和政治制度的不断优化。实践催生制度的产生，并从最终的意义上促进制度的变迁。但从一定意义上而言，社会的制度变迁总是在一定文化观念引导下发生的，文化观念的更新先于社会的制度变革。社会的制度变迁构想总是根据一定的文化观念建构出来的，制度是文化观念的外化、固化、显化和对象化，制度无疑是文化观念的一种表达，表征着制度建构主体的理想、兴趣、愿望、目的、倾向、价值观等精神世界的构想，反映出制度主体追求什么、捍卫什么、贬斥什么、接受什么的理性思索和道德基线。

中国特色社会主义文化能够使人们自觉建构起适应社会生产力发展要求的、先进的、科学的制度。中国特色社会主义文化的这种功能主要是通过人们对制度的选择和建构而起作用的。文化直接来源于社会现实的政治和经济生活，反映着社会政治、经济的变化和阶级利益结构的变化。有什么样的文化观念，就有什么样的与之相适应的制度，在这个意义上，我们把制度看做是文化观念的物质附属物。

中国特色社会主义文化之所以能对制度变迁提供思想导引，首先是由于中国特色社会主义文化自身具有不断创新的能力。发展和创新是文化的生命之源。作为能为中国特色社会主义事业提供精神动力、智力支持的中国特色社会主义文化，其生命的灵魂和前进的动力始终在于坚持不懈地进行创新。开拓与进取、创造与升华，是中国特色社会主义文化永恒的探求主题。中国特色社会主义文化作为一个动态的系统，坚持马克思主义的指导思想，并通过对传统文化的继承与创新和对外来文化的鉴别与吸收，不断为自身的文化构成增加优秀文化因素，在丰富多彩的实践中实现自身的发展和完善。

中国特色社会主义文化的自我创新能力源于其超越现实的本性。中国特色社会主义文化的主体不满足于仅仅反映社会的现实状况，还要表达主体的利益需求、价值倾向、意志愿望、兴趣取向等。中国特色社会主义文化具有文化的基本属性，即中国特色社会主义文化也是属人的，这种属人特性赋予其超越现实的能力，使其不再仅仅局限于对现存制度是什么的事实说明，而且能够对未来的制度变迁作出应然性的判断和展望。对于文化的属人性质，马克思说过："动物只是按照它所属的那个种的尺度和需要来建造，而人却懂得按照任何一个种的尺度来进行生产，并且懂得怎样处处都把内在的尺度运用到对象上去；因此，人也按照美的规律来建造。"① 这种超越现实的能力使得中国特色社会主义文化的创新功能并不局限于自身内容的创新，它通过冲击人们的旧思想、旧观念、旧理论、旧习惯，促进新思想、新观念、新理论、新道德、新习惯和新思维方式的形成和发展。中国特色社会主义文化能够以创新的思想观念和科学理论为指导，在对社会现实认识的基础上，进而构建未来制度的蓝图。一旦社会现实条件成熟，文化观念以制度的形式外化出来就促成了制度的变迁。从这个意义上说，中国特色社会主义文化要素对社会政治制度、经济制度的确立和发展都具有推进作用，成为进步制度诞生的开路先锋，为制度变迁提供了必需的思想动力。

制度变迁作为社会变革的重要环节，在社会变革过程中起着重要作用。建立起一套公正、有效的制度将会大大推动社会主义改革的进

---

① 《马克思恩格斯全集》第 42 卷，人民出版社 1979 年版，第 97 页。

程。当前，中国的改革已进入深水区，政治、经济和文化体制的改革和创新成为制约改革进一步发展的重要因素，社会的各项制度变革能否成功、有效，如何建立适应改革发展需要的各项制度成为当前社会变革的核心环节。

中国特色社会主义文化中蕴涵的改革创新的文化精神有助于人们的观念更新和社会的制度变迁，从而推动社会主义改革的进程。恩格斯曾经指出："所谓'社会主义社会'不是一种一成不变的东西，而应当和任何其他社会制度一样，把它看成是经常变化和改革的社会。"① 社会主义社会是在改革中前进的社会，改革成为社会主义发展的直接动力，社会主义通过改革不断发展完善自己。在中国的社会主义改革过程中，观念的先行作用表现得尤为突出。在改革创新文化精神的感召和引领下，人们才逐步准确地把握了时代前进的脉搏，确立了改革的思路。中国的改革开放始于真理标准的大讨论。这次思想解放打破了"两个凡是"对个人思想的束缚，突破了"个人崇拜"的界限，开启了改革开放的序幕。这一思想解放最早是由邓小平倡导的。1977 年邓小平就指出"两个凡是"不符合马克思主义，提出要"完整的准确地理解毛泽东思想"，1978 年又倡导、支持了"实践是检验真理的唯一标准"的大讨论，这在当时解放了人们的思想，更新了人们的观念，为改革开放奠定了思想基础。邓小平指出，思想观念的解放"是个政治问题，是个关系到党和国家的前途和命运的问题"②。十六大报告指出："坚持用时代发展的要求审视自己，以改革的精神加强和完善自己，这是我们党始终保持马克思主义政党本色、永不脱离群众和具有蓬勃活力的根本保证。"十七大报告指出："实践永无止境，创新永无止境。……坚持解放思想、实事求是、与时俱进，勇于变革、勇于创新，永不僵化、永不停滞，不为任何风险所惧，不被任何干扰所惑"，才能使中国特色社会主义道路越走越宽广，让当代中国马克思主义放射出更加灿烂的真理

① 《马克思恩格斯全集》第 37 卷，人民出版社 1971 年版，第 443 页。
② 《邓小平文选》第 2 卷，人民出版社 1994 年版，第 143 页。

光芒。① 目前，我国的改革已经进入攻坚阶段和关键时期，只有继续通过进行全方位的改革，不断促进经济、政治和文化的发展，才能推动社会的全面进步。

改革创新的文化精神引领、塑造人们的观念。改革创新的文化精神对调动起亿万国民创新求变、开拓进取、与时俱进的精神，对拓深改革大业至关重要。改革创新的文化精神，是中华民族与时俱进思想品格与改革开放和现代化建设伟大实践相结合的成果，已深深融入我国经济、政治、文化、社会建设的各个方面，成为各族人民不断开创中国特色社会主义事业新局面的强大精神力量。人类社会的发展与进步，是以一定的精神支柱为动力的，一个新时代的开始离不开文化精神的驱动。只有在改革创新文化精神的引领下，广大社会成员才能采取改革的举措，消除一切影响阻碍社会发展的体制性障碍，在改革的浪潮中谋求生存和发展。

二　文化认同

总体而言，我国的制度变迁不是自发进行的，而是由中国共产党将马克思主义基本原理与中国具体实际相结合，根据中国的历史发展现实，以正确的世界观、价值观、人生观为指导自觉贯彻进行的。强制式的由上而下的制度变迁方式客观上需要中国特色社会主义文化为制度的合法性进行维护，并为制度的有效运行提供良好的文化环境。

制度的合法性需要中国特色社会主义文化来赋予。那么，什么是制度的合法性呢？政治观念意义上的制度合法性与一般字面意义上的理解不同。从字面的意义上来看，所谓制度的合法性就是建立起来的制度是合乎法律的。但在实际运用合法性时，人们更倾向于理解其为观念层面的东西，而不是法律层面的东西。在关于合法性的所有界定

---

① 参见胡锦涛《高举中国特色社会主义伟大旗帜，为夺取全面建设小康社会新胜利而奋斗——在中国共产党第十七次全国代表大会上的报告》，人民出版社 2007 年版，第 12 页。

中，马克斯·韦伯的界定得到比较广泛的认同。他认为一种秩序系统的存在取决于它是否有能力建立和培养其成员对其存在意义的普遍信念，也就是说，合法性表明秩序系统获得了该系统成员的认同和忠诚。韦伯这样界定：

> 合法的适用可能由行为者们归功于一种制度：
>
> 基于传统：过去一直存在着的事物的适用；
>
> 基于情绪的（尤其是感情的）信仰：新的启示或榜样的适用；
>
> 基于价值合乎理性的信仰：被视为绝对有效的推断的适用；
>
> 基于现行的章程，对合法性的信仰。[①]

根据韦伯对合法性的界定，我们可以推演出制度的合法性的含义。简言之，如果公民对于生活其中的制度能够认同、培养起来普遍信念并加以忠诚实施，也就是说，社会公民对制度的遵从源自内心的认同，而不是出于惧怕违反制度所受到的惩罚，那么，应该说制度的合法性就已经得到确立。[②]

中国特色社会主义文化能够赋予中国的制度以合法性，这个功能主要是由社会主义核心价值体系来承担的。社会主义核心价值体系是中国特色社会主义文化的核心部分，是社会主义社会占主导地位的观念体系，是社会主义意识形态的本质体现，是社会主义制度的内在精神。中共十六届六中全会在《中共中央关于构建社会主义和谐社会若干重大问题的决定》中首次提出建设"社会主义核心价值体系"，中共十七大报告中又明确提出"建设社会主义核心价值体系，增强社会主义意识形态的吸引力和凝聚力"的新要求。社会主义核心价值体系

---

① ［德］马克斯·韦伯：《经济与社会》（上），林荣远译，商务印书馆1997年版，第66页。

② 参见辛鸣《制度论——关于制度哲学的理论建构》，人民出版社2005年版，第201页。

包括马克思主义指导思想、中国特色社会主义共同理想、以爱国主义为核心的民族精神和以改革创新为核心的时代精神、社会主义荣辱观。建设社会主义核心价值体系从中国特色社会主义事业总体布局和全面建设小康社会全局出发，是着眼于打牢全党全国各族人民团结奋斗的思想道德基础、全面总结思想道德建设经验而作出的精辟论述。

社会主义核心价值体系为制度变迁提供基本的思想认同。在社会主义核心价值体系中，马克思主义是指导思想，这就使得中国特色社会主义文化具有了社会主义意识形态的地位。而社会主义意识形态最根本的作用就是维护我国的社会主义基本制度、社会主义经济制度和政治制度，是使社会主义基本制度、社会主义经济制度和政治制度为绝大多数人所认同并因此而巩固发展的"黏合剂"和"水泥"。中国特色社会主义文化所具有的社会主义意识形态功能要求将制度内含的种种价值理念渗透到社会成员的文化思想中去。为了维护现存的制度，它必须统一人们的信念，使整个社会的制度具有统一的舆论基础。从人们同现存社会制度的根本价值关系上说，只有统一社会的思想是"一元"的，才能产生所谓的"认同"过程。但是需要申明的是，所谓的"一元"和"认同"过程，仅指人们同现有制度的关系而言，而人们同现有制度的关系只是他们同外部世界关系的一部分，或者说，只是其"政治环境"。承认"一元"，强调人们对社会主义经济政治制度的认同和一元化，并不意味着要求人们事事、时时、处处都统一思想。

中国特色社会主义文化维护社会主义经济制度、政治制度的合法性，提供制度认同的文化心理基础，但是却并不意味着将人们的一切文化思想观念统一化。在坚持指导原则一元化的同时，中国特色社会主义文化建设遵循文化发展的规律，实行"百花齐放、百家争鸣"的基本方针，鼓励社会成员充分发挥自己的文化创造性，以促进社会主义文化的繁荣和发展。

社会主义核心价值体系为制度变迁凝聚共识。以社会主义核心价值体系为核心组成部分的中国特色社会主义文化将 13 亿中国人民团结、凝聚在一起，不断增强人民群众对中国共产党、社会主义制度、改革开放事业、全面建设小康社会目标的信念和信心。通过建设社会主义核心价值体系，巩固马克思主义在意识形态领域的指导地位，巩固全党全国各族人民团结奋斗的共同思想基础，高举中国特色社会主义旗帜，推动构建社会主义和谐社会的伟大进程，取得全面建设小康社会的新胜利。

当前，中国的改革开放已经进入深化和攻坚的阶段。改革作为深刻而全面的制度变迁过程，在这个时期非常需要凝聚共识。三十年的改革开放，成就卓著，中国的经济跨上新台阶。中国平均经济增长率超过了9％，中国已成为世界第四大经济体、第三大贸易国。温家宝总理在2008年3月5日召开的第十一届全国人民代表大会第一次会议上所作的《政府工作报告》中总结中国的改革开放和现代化建设所取得的重大成就："2007年，国内生产总值达到24.66万亿元，比2002年增长65.5％，年均增长10.6％，从世界第六位上升到第四位；全国财政收入达到5.13万亿元，增长1.71倍；外汇储备超过1.52万亿美元。……2007年进出口总额达到2.17万亿美元，从世界第六位上升到第三位。"① 除了社会生产力和综合国力显著增强，中国的民主法制建设、城乡公共文化服务体系以及社会事业也取得了新进步和全面发展。

在经济快速发展的同时，中国社会也出现了复杂而棘手的问题，例如：资源能源问题；城乡、区域、经济社会发展不平衡问题；劳动就业、社会保障、收入分配、教育卫生、居民住房、安全生产、司法和社会治安等关系群众切身利益的问题；贪污腐败问题；文化多样复杂与冲突问题等。改革是人类历史上绝无仅有的伟大的革命，最初要经历摸着石头过河的探索时期，对于改革之初出现的问题和挫折，人们尚可以理解、宽容、谅解，但是摸索了三十年之后，人们必然会对发展过程中出现的问题进行反思。比如改革的方向将指向哪里？发展的代价由谁承担？改革的成果是否实现了由人民共享？也就是说，在

---

① 温家宝：《政府工作报告——2008年3月5日在第十一届全国人民代表大会第一次会议上》，人民出版社2008年版，第2页。

经历了三十年的改革之后，人们已经由最初的对改革的欢呼雀跃转变为对改革的思考，甚至在如何改革、改革的方向等重大问题上产生分歧。改革开放的新阶段需要形成新的改革共识。社会主义核心价值体系的提出在某种程度上就是为了形成新时期新阶段的改革共识，增强人们对中国特色社会主义伟大事业的信心，以马克思主义为指导思想，以中国特色社会主义为共同理想，坚持以爱国主义为核心的民族精神和以改革创新为核心的时代精神，践行社会主义荣辱观。尽管在一些具体的改革措施上依然会有争论，而且存在争论是正常的，但是就关于改革本身的性质和前进方向等重大问题上，新的改革共识已经形成，即改革是对社会主义制度的自我发展和完善，而不是对社会主义制度的背弃。对于改革发展过程中出现的深层次矛盾和问题，只能继续坚持改革、坚持发展才能加以解决。

进入新世纪以来，我们已经开始对以前的发展模式作出全面反思，并通过一系列政策措施加强对社会主义基本制度的建设和完善。以"发展"为第一要义，以"以人为本"为核心，以"全面协调可持续"为基本要求，以"统筹兼顾"为根本方法的科学发展观的提出，构建社会主义和谐社会目标的确立，都是这种反思的结果。社会公平是社会主义和谐社会的重要特征。消除社会不公平，维护社会公平正义，是社会主义的本质属性和根本要求。从"效率优先，兼顾公平"到"更加注重社会公平"，再到"初次分配和再分配都要处理好效率与公平的关系，再分配更加注重公平"这一政策变化表明，我们党已经认识到，效率与公平之间的关系不是简单的蛋糕做大就自然能分好蛋糕的问题。"涓滴效应"不必然是有效的。再分配更加注重公平的目的是让广大农民和中低收入群体也能共享改革发展的成果。这些政策措施是对社会主义基本制度本身的建设和完善。

世界范围的社会主义实践与中国的实践已经证明并仍将继续证明：只有通过继续长期、坚定、有效地树立社会主义伟大理想，坚定社会主义信念，贯彻社会主义基本原则，执行社会主义的路线、方针和政策，才能真正解决中国特色社会主义实践中出现的一系列问题，才能为中国的发展赢得未来。①

　　中国特色社会主义文化为制度的有效运行提供文化软环境。制度的有效运行不能脱离文化思想的支持。文化是制度有效运行的深层原因。在社会通行的规范准则和行为模式中，通常总是潜藏着一整套价值观念体系，这一系统始终居于文化体系的核心部位，自觉或不自觉地支配着人们的思想和行为。中国特色社会主义文化通过思想文化道德建设和文化知识建设，切实有效地改变和提高着人们的道德觉悟和文化知识水平，一方面凝聚社会共识，把制度的具体要求内化为社会成员的文化心理，使人们自觉地维护和促进制度的有效运行；另一方面优化社会成员的文化素质，为制度的运行和发展提供智力支持。关于文化思想观念对制度有效运行的重大意义，江泽民曾经指出："强调注重思想政治建设，同打击和惩处违法犯罪，加强制度建设，是相辅相成的。……健全和完善制度是一个长期的过程。法律和制度要靠人来制定，也要靠人来具体执行和遵守。所以，人的素质也非常重要。制度好，可以使坏人无法任意横行；制度不好，可以使好人无法充分做好事。人的素质高，能够廉洁自律，做到'常在河边走，就是不湿鞋'；人的素质低，即使法律和制度完善，也会有人以身试法，铤而走险。危害国家和人民利益的事情，我们历来坚决反对，这些年来法律和制度建设又有了很大进步，但是，仍有一些人知法犯法，甚至执法犯法，就充分说明了这一点。"② 中国特色社会主义文化注重建设社会主义核心价值体系，不断增强社会主义意识形态的吸引力和凝聚力；注重建设和谐文化，培育文明风尚；注重弘扬中华文化，建设中华民族共有的精神家园；注重推进文化创新，增强文化发展活力。通过"以科学的理论武装人，以正确的舆论引导人，以高尚的精神塑造人，以优秀的作品鼓舞人"，在科技文化领域、伦理道德领域、哲

---

　　① 参见任洁《学习〈共产党宣言〉与坚定社会主义信仰问题》，载《马克思主义研究》2008年第7期。

　　② 中共中央文献研究室编：《十四大以来重要文献选编》（中），人民出版社1997年版，第1190页。

学社会科学领域和文学艺术领域倡导先进的文化价值观念，为制度运行创造了良好的文化环境。

三 制度评价

制度作为调整人与人之间关系的规则一经正式确立，便成为一种客观存在，在确定人的行为界限、稳定社会秩序、提供人的活动预期等方面发挥重要作用。可以说，制度以自己特有的稳定性、强制性、激励性功能促进社会和人类的发展。既然制度作为客观存在与人及其实践活动发生关系，那么必然存在一个被评价的问题。所谓评价，就是人们对价值和意义进行评估的认识活动。制度评价就是对制度的价值和意义进行评估的认识活动。显然，对制度的评价关涉评价主体，评价主体的利益需要、欲望兴趣、情绪情感、信念信仰这些具有主观个性色彩的主体尺度对制度评价本身产生重要影响。承认制度评价的主体性特征，并不意味着承认每个评价主体对制度作出的评价都是合理的。制度评价还涉及评价标准的问题。因为作为评价主体的人，都是历史的、具体的，处于一定阶级、阶层之中的人，而不是抽象的、虚幻的人，所以，貌似客观公正的制度评价标准实际上只是代表社会某一阶级、阶层或利益集团的愿望、兴趣、利益和需要的评价尺度。这种评价尺度因为只代表社会的某些个人或群体，不具有广泛性，因而是狭隘的。这种基于狭隘利益之上的评价标准不可能完全合理。现实生活中，狭隘的利益、需要与整个社会的利益、需要往往处于对立冲突状态，满足了狭隘的个人与特定集团的利益往往会损害整个人类社会的利益。这里不是制造个人利益与社会整体利益的对立，而是说，狭隘的、仅仅追求一己之私利的利益和需要，不可能在客观上又兼顾整个社会的利益和需要。只有那些和整个社会利益和需要相一致的个人或集团的利益需要才是合理的。也正是从这个意义上，我们虽然无法找到超越一切阶级、阶层和社会集团之上的抽象的、绝对公正无私的"人"担当制度评价的主体，但是可以相对地抽象出与社会整体相对应的"人",作为制度评价的主体,以确保制度评价的相对公允。①

人们之所以能对制度作出各种各样的评价,除了利益、需要因素的差异之外,主要取决于文化观念。文化观念因素的差异是导致制度评价差异的另一重要原因。下面从社会基本制度层面和具体制度层面来分析这个问题。

在内外交困的历史关头,中国选择了马克思主义,选择了社会主义制度。这种选择不是偶然的,而是和中国当时所处的国际国内环境、马克思主义的本质以及中国传统文化的基因等因素相关的。

1921年中国共产党诞生之时,中华民族正处于争取民族独立和人民解放的潮流与世界社会主义潮流这两大进步潮流相汇的历史时期,争取民族解放和发展的历史任务需要一种崭新的理论武器。在五四新文化运动中,通过俄国马克思主义这一中介,初习马克思主义的中国先进分子运用唯物史观的基本理论与方法,剖析中国社会历史以及中国革命的一系列问题,把马克思主义与中国具体革命实践结合起来,这种结合的一个重大成果便是中国共产党的成立。确立马克思主义为我们党的指导思想,是历史的选择,人民的选择,也是实践的要求。毛泽东曾指出:"我们说马克思主义是对的,决不是因为马克思这个人是什么'先哲',而是因为他的理论,在我们的实践中,在我们的斗争中,证明了是对的。"② 邓小平也指出:"人们提出这样一个问题,如果中国不搞社会主义,而走资本主义道路,中国人民是不是也能站起来,中国是不是也能翻身?让我们看看历史吧。国民党搞了二十几年,中国还是半殖民地半封建社会,证明资本主义道路在中国是不能成功的。中国共产党人坚持马克思主义,坚持把马克思主义同中国实际结合起来的毛泽东思想,走自己的道路,也就是农村包围城

---

① 参见辛鸣《制度论——关于制度哲学的理论建构》,人民出版社2005年版,第194—195页。

② 《毛泽东选集》第1卷,人民出版社1991年版,第111页。

市的道路，把中国革命搞成功了。"①

马克思主义自身的本质要求，奠定了马克思主义成为中国共产党指导理论的逻辑前提。马克思主义是开放的理论体系，这个理论体系从来不自诩自足完备，不以颁布绝对真理为其使命，而是一切以实践为出发点，立足实践的特性使这个理论体系具有向未来敞开的无限可能性。党的十五大报告中指出："马克思主义必定随着时代、实践和科学的发展而不断发展，不可能一成不变。"正是因为马克思主义具有的实践特性，才产生了将马克思主义基本原理与各国革命建设实践相结合的各种马克思主义形态，如苏联化马克思主义即列宁主义，中国化马克思主义即毛泽东思想、中国特色社会主义理论体系等理论成果。马克思主义的开放性特征赋予以之为指导理论的中国共产党以科学、强大的理论武器，使党始终能够立足中国革命和建设的实际，运用马克思主义的基本原理，不断解决前进道路上的重大问题，不断开辟革命和建设事业的新境界。

中国之所以选择马克思主义，而没有选择资本主义、民主社会主义，马克思主义之所以能够成为中国共产党的指导理论，还与中国传统文化的基因有关。马克思主义作为普遍真理，是整个人类文明的结晶，是世界性的理论，它与中国传统思想文化中的进步要素具有价值契合点，是马克思主义成为中国共产党指导理论的文化根据。比如，作为中国官方统治思想达两千多年的儒家文化在人与自然、人与人之间的关系，在未来社会构想方面与马克思主义有许多相契合之处。儒家文化在人与自然的关系上强调"天人合一"，在人与人的关系上要求"和睦相处"，在人与社会的关系上崇尚"合群济众"。马克思在《1844年经济学哲学手稿》中就主张实现"人和自然界之间、人和人之间的矛盾的真正解决"。恩格斯在《自然辩证法》中也揭示了自然界万事万物相互联系、相互依存的内在规律，指出人们对自然规律的认识和掌握并不意味着人们可以随心所欲地奴役自然。不尊重自然界的客观规律而实现的对自然的每一次胜利，都会遭到自然的报复和惩

①　《邓小平文选》第3卷，人民出版社1993年版，第62—63页。

罚。对此，恩格斯说："我们不要过分陶醉于我们人类对自然界的胜利。对于每一次这样的胜利，自然界都对我们进行报复。"① 他告诫"我们每走一步都要记住：我们统治自然界，决不像征服者统治异族人那样，决不是像站在自然界之外的人似的，——相反地，我们连同我们的肉、血和头脑都是属于自然界和存在于自然之中的；我们对自然界的全部统治力量，就在于我们比其他一切生物强，能够认识和正确运用自然规律。"② 人类社会演进到今天，自然生态环境已经对人类的征服行为进行了报复，严重的生态失衡和环境污染作为发展的代价惩罚着人类，验证了一百多年前恩格斯的科学预言。

在人与人关系以及未来理想社会的构建方面，儒家典籍《礼记·礼运》中描述道："大道之行也，天下为公，选贤与能，讲信修睦。故人不独亲其亲，不独子其子；使老有所终，壮有所用，幼有所长，矜寡、孤独、废疾者皆有所养；男有分，女有归。货，恶其弃于地也，不必藏于己。力，恶其不出于身也，不必为己。是故谋闭而不兴，盗窃乱贼而不作。故外户而不闭，是谓大同。"马克思在《共产党宣言》中也对未来的共产主义社会作了描述："代替那存在着阶级和阶级对立的资产阶级旧社会的，将是这样一个联合体，在那里，每个人的自由发展是一切人的自由发展的条件。"③

可见，马克思主义在中国的传播和发展，中国选择马克思主义和社会主义不是历史的偶然，而是有深刻的历史背景的，中国传统文化中进步性文化价值观与马克思主义的相契合是这种从欧洲文化土壤中土生土长的理论能为中国共产党和中国人民接受的文化根据。

追溯中国选择马克思主义、选择社会主义的历史文化背景，是为了说明对于未来中国的社会主义制度变迁，始终存在着一个终极评价标准。不管社会主义制度如何发展，其终极价值目标就是为了实现人类解放或每个人的自由而全面的发展。这是马克思终其一生都在为之

①　《马克思恩格斯选集》第 4 卷，人民出版社 1995 年版，第 383 页。

②　同上书，第 383—384 页。

③　《马克思恩格斯选集》第 1 卷，人民出版社 1995 年版，第 294 页。

奋斗的目标。这也是社会主义制度的最终目的和社会主义运动最显著的特征。也正是因为具有这样的特征，社会主义制度才能够将工人、农民以及广大的知识分子和社会精英吸引、团结到自己的行列，并成为反对剥削、压迫，争取自由平等的主要推动力量。

　　社会主义制度所要实现的终极价值目标成为人们对其改革、变迁进行评价的终极尺度。恩格斯早已指出，社会主义制度不是"一成不变的东西"，而是"应当和任何其他社会制度一样，把它看成是经常变化和改革的社会"①。社会主义者的目标是建立一个没有剥削、压迫、强权和不公正，没有任何一个人类集团明显受到歧视的社会；这是一个不以竞争、人皆为敌和个人发财致富的渴望，而是以合作和团结为社会行为的主要动因的社会②。为了达至此目标所采取的一切手段和措施，都应该为了实现这一终极目标，或者更加接近这一终极目标，而不是偏离它。

　　既然选择了社会主义制度作为我国的社会制度，并且人们从文化心理上也对之认同，那么，在建设和完善社会主义制度的过程中，人们必然会用头脑中既有的关于社会主义制度的种种文化观念来评价现实中的社会主义制度。实际上，中国的社会主义制度建设是沿着两条路径展开的：一条是强调公平正义作为社会主义制度的首要原则，发展生产力的目的要以人与人关系的公正平等为前提，生产关系与生产力相适应不仅意味着生产力发展，更重要的是要促进人的平等发展和共同富裕；另一条是强调生产力的优先地位，运用市场这一配置资源的有效手段，尊重价值规律，变革生产关系和上层建筑中一切不利于生产力发展的环节和方面。在消灭贫穷的基础上，"消灭剥削、消除两极分化，最终实现共同富裕"③。

---

　　① 《马克思恩格斯全集》第37卷，人民出版社1971年版，第443页。

　　② 参见［比］欧内斯特·芒德尔《社会主义的状况和未来》，见［俄］戈尔巴乔夫、［德］勃兰特等《未来的社会主义》，中央编译出版社1994年版，第132—171页。

　　③ 参见鲁鹏《实践与理论——制度变迁主要流派》，山东人民出版社2008年版，第400页。

不难看出，中国的社会主义制度建设所选择的两条路径实际上内含着价值和手段的矛盾，其实也就是我们正在遭遇的公平与效率的矛盾。经历过几十年的社会主义实践，人们对公平与效率关系的认识也逐渐变得辩证、合理。

对于现实社会中存在的各种具体制度，人们的评价主要围绕制度是否有效率、制度安排是否公正、制度是否具有现实操作性这样几个标准展开。比如，对于社会主义市场经济制度、社会主义民主政治制度、社会保障制度、医疗保险制度、教育制度的评价，人们总是倾向于从制度是否实现了效率的提升、是否更有利于体现权利的民主和自由、是否更能体现公平的分配这样几个方面对身处其中的各项制度安排作出评价。

从更深层的意义而言，对社会主义基本制度以及各项具体制度安排的评价来自于人们的社会主义文化观念。不管是中国传统文化基因中所包含的追求公平、正义的社会大同理想，还是中国人民选择的马克思主义对未来共产主义社会的描述，都已经内化为人们对现实中的社会主义基本制度进行评价的价值标准。

改革作为中国的"第二次革命"，是对社会主义基本制度的发展和完善，各项具体制度的变迁最终也是为了发展和完善社会主义基本制度。改革的性质和目的决定了人们对其间发生的各项制度变迁的评价标准依然根植于社会主义文化观念。党的十七大报告指出："改革开放以来我们取得一切成绩和进步的根本原因，归结起来就是：开辟了中国特色社会主义道路，形成了中国特色社会主义理论体系。"[①] 中国特色社会主义道路"就是在中国共产党领导下，立足基本国情，以经济建设为中心，坚持思想基本原则，坚持改革开放，解放和发展社会生产力，巩固和完善社会主义制度，建设社会主义市场经济、社会主义民主政治、社会主义先进文化、社会主义和谐社会，建设富强民

---

① 胡锦涛：《高举中国特色社会主义伟大旗帜，为夺取全面建设小康社会新胜利而奋斗——在中国共产党第十七次全国代表大会上的报告》，人民出版社2007年版，第11页。

主文明和谐的社会主义现代化国家。"① 显然，中国特色社会主义这项伟大事业是一项全面发展的事业，中国特色社会主义文化是这项伟大事业中的重要组成部分。社会主义先进文化在当今时代就是中国特色社会主义文化。

中国特色社会主义文化对中国当下正在进行的制度变迁作出评价，并以这种方式引导未来中国的制度变迁，使中国的制度运行更有效率，更能体现"以人为本"，保障人民行使权利的自由和平等，更能体现公平、公正，促进人的自由和全面发展。

① 胡锦涛：《高举中国特色社会主义伟大旗帜，为夺取全面建设小康社会新胜利而奋斗——在中国共产党第十七次全国代表大会上的报告》，人民出版社2007年版，第11页。

结　语

　　伴随着 20 世纪 90 年代新制度经济学理论观点的引入，制度研究在中国学界成为显学。制度逐渐成为考察历史、研究发展的一种独特视角。立足制度，通过研究制度在规范、引导、激励、惩罚人的行为活动时具有的功能，进而揭示制度在维护整个社会的稳定和秩序以及对经济社会发展的影响，此种独特的研究视角已经成为一种研究方法和研究范式，即制度理论。人们认识到制度在社会经济发展中的影响是独特的、无可替代的，因此，制度理论和制度研究便获得了巨大的理论生长空间。更由于当代的学科发展实践证明，理论创新点往往容易在学科交叉的边缘处产生。所以，如今的制度研究早已突破单纯的经济学领域而扩展到政治学、文化学、社会学、哲学等各个领域，呈现出跨学科发展的势头。制度与发展、制度哲学、制度伦理研究所取得的一些成果便是跨学科研究的成果。

　　从文化视角研究制度和制度变迁问题，一方面是为了打破传统意义上把文化作为剩余变量排除在制度分析框架之外的作法，拓展人们看待制度演化、变迁的崭新视角，以利于人们对制度变迁作更深刻和全面的把握；另一方面主要是立足于这样一个历史现实：现代化作为人类历史发展进程的必经阶段是任何社会都无法跨越的"卡夫丁峡谷"。市场化、法制化、民主化、世俗化等构成了现代社会的基本表征。反映在制度上，即是市场经济制度、民主政治制度等的确立。现代化肇始于西方，西方文化传统如个人主义文化基因、工具理性、

"人性恶"的理论预设等与市场经济制度、民主政治制度的内在精神是一致的,成为现代制度变迁的直接文化来源。西方制度变迁过程中虽然肯定会有新旧文化、新旧制度、新文化与旧制度、新制度与旧文化之间的矛盾冲突,但种种的矛盾都是制度在变迁过程中必然要经历的发展历程,不存在制度与文化的异质不相容问题。

后发国家要实现现代化,必须按照历史发展规律完成这样一个线性的历史发展过程,弥补缺失的历史发展环节,但是因其后发性,后发国家往往会以西方制度为模本进行本国的制度建设,从而出现制度变迁过程中制度与本国历史发展现实及文化传统的合辙问题。这些矛盾和冲突在近代以来的中国制度变迁过程中尤为突出。

自 1840 年以来的中国近现代史,实现现代化是继救亡图存之后的重要主题。在追求实现现代化的过程中,一方面,生产力的快速发展是促进社会发展,实现现代化的必要条件。科学技术在促进生产力发展方面作用重大。迄今为止人类社会经历的几次大的科学技术革命浪潮如农业革命、工业革命、信息革命及至最近的能源革命,促进了社会生产力的飞速发展,并深刻改变着人类生活,对世界各国经济、政治、军事、文化、社会各个领域产生了深远影响。另一方面,生产关系的变革对于整个社会的变革也举足轻重。当生产关系与生产力相适应时,毫无疑问可以促进生产力的发展。但是,生产关系与生产力之间并不完全是简单的被决定与决定、促进与被促进的关系,人们可以充分发挥主观能动性率先实现生产关系的变革,进而催生并促进新生产力的产生和发展。可以说,制度是变革生产关系,促进生产力发展的有效工具。科学技术解决的是人与自然之间的关系,制度调节的是人与人之间的关系,为社会稳定提供秩序保障。科学技术和制度分别从两个维度推进人类社会的发展。

中国近代之始的洋务运动、戊戌变法、辛亥革命作为现代化进程中的三次重大事件,使中国的现代化经历了从器物到制度的变革运动。然而,三次变革皆以失败告终。辛亥革命的失败使人们认识到文化因素在社会制度变革中的重要作用。之后进行的一系列论争便围绕着改造国民性,实现中国传统文化的变革等文化问题展开。

　　1949 年中华人民共和国的成立是中国近现代史上一次重大的制度变迁。这次制度变迁是社会基本制度的变迁。选择社会主义制度、确定走社会主义道路，既是基于中国传统文化的文化选择（社会主义制度对未来社会的价值构想与中国传统文化对未来社会的价值构想具有一致性），但更重要的是基于近现代中国所处的历史时代与国际特征以及中国共产党的性质与承担的历史使命。

　　1978 年至今的改革实践是一项没有任何现成经验可资借鉴的社会主义实践。从制度角度考察改革实践，可以说这场改革是中国历史上比较系统、集中的制度变迁。始于思想解放，经过三十多年的探索，中国已经成功建立起了社会主义市场经济制度和中国特色社会主义民主政治制度，历史和现实两方面的经验决定中国未来制度变迁的方向必将是继续完善社会主义市场经济制度和中国特色社会主义民主政治制度。

　　制度变迁的未来方向已经明确，并不意味着我们可以在制度发展的现实面前袖手旁观，坐享制度发展带来的成果。制度作为社会结构系统中的重要组成部分不是孤立的，文化在制度变迁的过程中发挥着重要作用。通过对文化在制度变迁中所起的作用、起作用的机制进行分析，我们可以充分发挥文化的作用，为未来的制度变迁提供文化支持。这在中国这样的后发现代化国家尤为重要。在后发现代化国家，制度先于文化发生变迁，并且制度变迁采取的是自上而下的强制式的变迁方式。在这种制度变迁模式中，作为社会结构系统中最深层因素的文化因其稳定性和保守性，在制度变迁过程中更多地扮演着阻力因的角色。但是我们完全可以通过文化的创新改造，使之转变成促进制度变迁的积极因素，发挥文化的思想导引、文化认同和制度评价功能，促进未来中国的制度变迁。

　　需要说明的一点是，强调文化对制度变迁的作用不是对马克思历史唯物主义的违背，恰恰是在坚持历史唯物主义的基础上对其的继承、深化和发展。首先，文化对制度变迁产生作用是在实践基础上的，制度变迁的最终动力来自现实实践，如果社会发展实践没有提出制度变迁的客观要求，那么制度不会发生变迁，即使由于领导阶层从主观理想愿望出发，依据某种文化理念设计出新制度模式，但是由于缺乏实践根基最终会以失败而告终。其次，分析文化对制度变迁的作用是对历史唯物主义的发展。由于所处的历史时代条件和所肩负的历史使命，马克思、恩格斯强调的重点是经济的最终决定作用，没有或较少地涉及文化的反作用。对文化在制度变迁中所起的作用、起作用的机制及其作用的限度作出分析，显然是对历史唯物主义基本思想的补充和发展。

　　总体上讲，从文化的视角对制度进行研究，分析文化在制度变迁过程中的作用，还是理论界尚待开发的新问题域。一则因为文化本身是极其复杂的社会现象，就此，罗威勒（A. Lawrence Lowell）说道："……我被托付一项困难的工作，就是谈文化。但是，在这个世界上，没有别的东西比文化更难捉摸。我们不能分析它，因为它的成分无穷无尽；我们不能叙述它，因为它没有固定形状。我们想用字来范围它的意义，这正像要把空气抓在手里似的：当着我们去寻找文化时，它除了不在我们手里以外，它无所不在。"[1] 二则因为对文化、制度问题进行研究需要涉及大量相关的文化人类学、制度经济学、社会学、政治学、哲学等理论知识，研究难度比较大。三则因为"文化"和"制度"在学界往往被相提并论，有文化制度、制度文化之提法，其实二者之间的关系千丝万缕，存在复杂的互动关系，甚至互为因果、互相缠绕，难以厘清。文化与制度的互相缠绕关系及文化自身的复杂性使得人们常常把文化当做"剩余变量"排斥在制度研究框架之外。

　　此一阶段的研究暂告一段落，但是关于文化与制度变迁的研究尚在途中。文化自身是复杂的，将文化界定为观念形态是合理的，但是观念层次的文化依然具有层次性，比如道德意识、价值观念、意识形态等，如何进一步细化观念形态的文化，并进而分析各个层次的观念文化对制度变迁产生的作用仍需进一步研究；文化对制度变迁产生的作用并不是孤立的，而是常常与经济、政治的作用纠结在一起，或者说，文化、经济、政治共同作用于制度变迁过程是现实中存在的常

---

　　① 　殷海光：《中国文化的展望》，上海三联书店 2002 年版，第 26 页。

态，将文化人为地割离出来只是一种理想的假设，是为了清晰地阐述文化在制度变迁中的作用及其限度；作为分析变量的文化因素本身是变动不居的，研究文化在制度变迁中的作用实际上还应研究文化变迁与制度变迁的关系，以深化对文化在制度变迁中的地位和作用的分析。此外，建设与中国未来制度变迁相适应的中国特色社会主义文化如何秉承综合创新原则实现对中国传统文化的批判继承、对西方优秀文化的借鉴吸收，还有许多研究工作尚待进一步细化深化。

参考文献

一 著作部分

《马克思恩格斯选集》第 1 卷，人民出版社 1995 年版。

《马克思恩格斯选集》第 2 卷，人民出版社 1995 年版。

《马克思恩格斯选集》第 3 卷，人民出版社 1995 年版。

《马克思恩格斯选集》第 4 卷，人民出版社 1995 年版。

《马克思恩格斯全集》第 1 卷，人民出版社 1956 年版。

《马克思恩格斯全集》第 2 卷，人民出版社 1957 年版。

《马克思恩格斯全集》第 3 卷，人民出版社 1960 年版。

《马克思恩格斯全集》第 19 卷，人民出版社 1963 年版。

《马克思恩格斯全集》第 23 卷，人民出版社 1972 年版。

《马克思恩格斯全集》第 25 卷，人民出版社 1974 年版。

《马克思恩格斯全集》第 37 卷，人民出版社 1971 年版。

《马克思恩格斯全集》第 42 卷，人民出版社 1979 年版。

《马克思恩格斯全集》第 46 卷（上），人民出版社 1979 年版。

《马克思恩格斯全集》第 46 卷（下），人民出版社 1980 年版。

《马克思恩格斯全集》第 47 卷，人民出版社 1979 年版。

《列宁选集》第 1 卷，人民出版社 1995 年版。

《列宁选集》第 2 卷，人民出版社 1995 年版。

《列宁选集》第 3 卷，人民出版社 1995 年版。

《列宁选集》第 4 卷，人民出版社 1995 年版。

《列宁全集》第 24 卷，人民出版社 1990 年版。

列宁：《哲学笔记》，中共中央党校出版社 1990 年版。

普列汉诺夫：《哲学著作选集》第 2 卷，三联书店 1961 年版。

《孙中山全集》第 6 卷，中华书局 1985 年版。

《孙中山全集》第 9 卷，中华书局 1986 年版。

《毛泽东选集》第 1 卷，人民出版社 1991 年版。

《毛泽东选集》第 2 卷，人民出版社 1991 年版。

《毛泽东选集》第 3 卷，人民出版社 1991 年版。

《毛泽东选集》第 4 卷，人民出版社 1991 年版。

《毛泽东文集》第 7 卷，人民出版社 1999 年版。

《毛泽东文集》第 8 卷，人民出版社 1999 年版。

《邓小平文选》第 2 卷，人民出版社 1994 年版。

《邓小平文选》第 3 卷，人民出版社 1993 年版。

《江泽民文选》第 2 卷，人民出版社 2006 年版。

中共中央文献研究室编：《三中全会以来重要文献选编》（上），人民出版社 1982 年版。

中共中央文献研究室编：《三中全会以来重要文献选编》（下），人民出版社 1982 年版。

中共中央文献研究室编：《十二大以来重要文献选编》（上），人民出版社 1986 年版。

中共中央文献研究室编：《十二大以来重要文献选编》（中），人民出版社 1986 年版。

中共中央文献研究室编：《十二大以来重要文献选编》（下），人民出版社 1986 年版。

中共中央文献研究室编：《十三大以来重要文献选编》（上），人民出版社 1991 年版。

中共中央文献研究室编：《十三大以来重要文献选编》（中），人民出版社 1991 年版。

中共中央文献研究室编：《十三大以来重要文献选编》（下），人民出版社 1993 年版。

中共中央文献研究室编：《十四大以来重要文献选编》（上），人民出版社 1996 年版。

中共中央文献研究室编：《十四大以来重要文献选编》（中），人民出版社 1997 年版。

中共中央文献研究室编：《十四大以来重要文献选编》（下），人民出版社 1999 年版。

中共中央文献研究室编：《十五大以来重要文献选编》（上），人民出版社 2000 年版。

中共中央文献研究室编：《十五大以来重要文献选编》（中），人民出版社 2001 年版。

中共中央文献研究室编：《十五大以来重要文献选编》（下），人民出版社 2003 年版。

中共中央文献研究室编：《十六大以来重要文献选编》（上），中央文献出版社 2005 年版。

中共中央文献研究室编：《十六大以来重要文献选编》（中），中央文献出版社 2006 年版。

中共中央文献研究室编：《十六大以来重要文献选编》（下），中央文献出版社 2008 年版。

中共中央委员会公报：《中共中央关于经济体制改革的决定》（单行本），人民出版社 1984 年版。

中央财经领导小组办公室主编：《中共中央关于国有企业改革和发展若干重大问题的决定》（单行本），人民出版社 1999 年版。

中共中央宣传部理论局编：《中国特色社会主义理论体系学习读本》，学习出版社 2009 年版。

中共中央宣传部理论局编：《六个"为什么"——对几个重大问题的回答》，学习出版社 2009 年版。

陈先达：《静园论丛》，中国人民大学出版社 2000 年版。

陈先达：《静园夜语》，中国人民大学出版社 1998 年版。

陈先达：《走向历史的深处——马克思历史观研究》，上海人民出版社 1987 年版。

邴正：《马克思主义文化哲学》，吉林人民出版社 2007 年版。

蔡俊生等：《文化论》，人民出版社 2003 年版。

曹正汉：《观念如何塑造制度》，上海人民出版社 2005 年版。

车洪波、郑俊田：《中国当代制度文化建设》，中国商务出版社 2004 年版。

陈承明、凌宗诠编著：《〈资本论〉与社会主义市场经济》，学林出版社 2003 年版。

陈筠泉、李景源：《新世纪文化走向——论市场经济与文化伦理建设》，社会科学文献出版社 1999 年版。

陈立旭：《市场逻辑与文化发展》，浙江人民出版社 1999 年版。

陈序经：《中国文化的出路》，中国人民大学出版社 2004 年版。

陈晏清主编：《当代中国社会转型论》，山西教育出版社 1998 年版。

董晓燕：《西方文明：精神与制度的变迁》，学林出版社 2003 年版。

段晓峰：《非正式制度对中国经济制度变迁方式的影响》，经济科学出版社 1998 年版。

方克立：《现代新儒学与中国现代化》，天津人民出版社 1997 年版。

费孝通、［法］德里达等：《中国文化与全球化》，江苏教育出版社 2003 年版。

费孝通：《乡土中国·生育制度》，北京大学出版社 1998 年版。

冯利、覃光广编：《当代国外文化学研究译文集》，中央民族学院出版社 1986 年版。

冯天瑜主编：《中国特色社会主义文化建设研究》，武汉大学出版社 2008 年版。

甘阳主编：《"文化：中国与世界"新论》，生活·读书·新知三联书店 2008 年版。

高清海：《哲学的奥秘》，吉林出版社 1997 年版。

郭湛：《人活动的效率》，人民出版社 1990 年版。

郭湛：《主体性哲学——人的存在及其意义》，云南人民出版社 2002 年版。

韩震主编：《社会主义核心价值体系研究》，人民出版社 2007 年版。

何萍：《马克思主义哲学与文化哲学》，武汉大学出版社 2002 年版。

何增科等：《中国政治体制改革研究》，中央编译出版社 2008 年版。

贺培育：《制度学：走向文明与理性的必然审视》，湖南人民出版社 2004 年版。

花建等：《软权利之争：全球化视野中的文化潮流》，上海社会科学院出版社、高等教育出版社 2001 年版。

黄力之、张春美主编：《马克思主义文化哲学与现代性》，上海三联书店 2006 年版。

黄力之：《先进文化论》，上海三联书店 2002 年版。

黄楠森、龚书铎、陈先达：《有中国特色社会主义文化研究》，山东人民出版社 1999 年版。

黄平：《误导与发展》，中国人民大学出版社 2006 年版。

黄平主编：《乡土中国与文化自觉》，三联书店 2007 年版。

黄淑娉：《文化人类学理论与方法研究》，广东高等教育出版社 1996 年版。

黄宗智：《民事审判与民间调解：清代的表达与实践》，中国社会科学出版社 1998 年版。

金耀基：《从传统到现代》，中国人民大学出版社 1999 年版。

乐黛云：《独角兽与龙：在寻找中西文化普遍性中的误读》，北京大学出版社 1995 年版。

李宝臣：《文化冲撞中的制度惯性》，中国城市出版社 2002 年版。

李晓东：《全球化与文化整合》，湖南人民出版社 2003 年版。

李尧：《关于解放思想》，通俗读物出版社 1958 年版。

李泽厚：《中国近代思想史论》，人民出版社 1979 年版。

李泽厚：《中国现代思想史论》，天津社会科学院出版社 2003 年版。

李仲达主编：《中国特色的法治国家建设研究》，法律出版社 2005 年版。

李宗桂：《中国文化概论》，中山大学出版社 1988 年版。

梁漱溟：《东西文化及其哲学》，上海书店 1989 年版。

梁漱溟：《中国文化要义》，上海人民出版社 2003 年版。

林毓生：《中国意识的危机》，贵州人民出版社 1986 年版。

刘俊杰：《走向政治文明的民主——民主发展与政治文明》，江西高校出版社 2004 年版。

刘森林：《发展哲学引论》，广东人民出版社 2000 年版。

卢风：《人类的家园——现代文化矛盾的哲学反思》，湖南人民出版社 1996 年版。

卢现祥：《西方新制度经济学》，中国发展出版社 1996 年版。

鲁鹏：《制度与发展关系研究》，人民出版社 2001 年版。

鲁鹏编著：《实践与理论——制度变迁主要流派》，山东人民出版社 2008 年版。

罗荣渠：《现代化新论》，商务印书馆 2004 年版。

罗荣渠主编：《从"西化"到现代化——五四以来有关中国的文化趋向和发展道路论争文选》，北京大学出版社 1990 年版。

罗文东：《中国特色社会主义文化理念论》，中国法制出版社 2003 年版。

罗文东主编：《中国特色社会主义理论体系新论》，人民出版社 2008 年版。

庞朴：《稂莠集》，上海人民出版社 1988 年版。

庞朴：《中国文化十一讲》，中华书局 2008 年版。

齐振海、贾红莲主编：《21 世纪中国文化走向——市场经济与文化建设的哲学探索》，北京师范大学出版社 2003 年版。

钱乘旦、陈意新：《走向现代国家之路》，四川人民出版社 1987 年版。

乔健：《中国人的观念与行为》，天津人民出版社 1995 年版。

秦晖：《问题与主义》，长春出版社 1999 年版。

秦亚青：《权力·制度·文化》，北京大学出版社 2005 年版。

任平：《走向交往实践的唯物主义——马克思交往实践观的历史视域与当代意义》，人民出版社 2003 年版。

盛洪主编：《现代制度经济学》，北京大学出版社 2003 年版。

司马云杰：《文化社会学》，中国社会科学出版社 2001 年版。

苏国勋、张旅平、夏光：《全球化：文化冲突与共生》，社会科学文献出版社 2006 年版。

孙国华主编：《社会主义法治论》，法律出版社 2002 年版。

孙晶：《文化霸权理论研究》，社会科学文献出版社 2004 年版。

孙隆基：《中国文化的深层结构》，广西师范大学出版社 2004 年版。

万俊人：《道德之维：现代经济伦理导论》，广东人民出版社 2000 年版。

万俊人：《义利之间现代经济伦理十一讲》，团结出版社 2003 年版。

汪丁丁、韦森、姚洋：《制度经济学三人谈》，北京大学出版社 2005 年版。

王德禄、蒋世和编：《人权宣言》，求实出版社 1998 年版。

王东：《中华文明论——多元文化综合创新哲学》（下卷），黑龙江教育出版社 2002 年版。

韦森：《经济学与哲学——制度分析的哲学基础》，上海人民出版社 2005 年版。

韦森：《文化与制序》，上海人民出版社 2003 年版。

韦政通：《中国文化概论》，吉林出版集团有限责任公司 2008 年版。

韦政通：《中国文化与现代生活》，中国人民大学出版社 2005 年版。

魏晓阳：《制度突破与文化变迁》，北京大学出版社 2006 年版。

《文化自觉与社会发展——二十一世纪中华文化世界论坛论文集》，商务印书馆（香港）有限公司 2005 年版。

吴敬琏：《何处寻求大智慧》，三联书店 1997 年版。

吴易风、丁冰、李翀主编：《经济全球化与新自由主义思潮》，中国经济出版社 2005 年版。

肖斌：《制度论》，中国政法大学出版社 1989 年版。

萧公权：《中国政治思想史》第三卷，辽宁教育出版社 1998 年版。

辛灿主编：《西方政界人物谈和平演变》，新华出版社 1989 年版。

辛鸣：《制度论——关于制度哲学的理论建构》，人民出版社 2005 年版。

许纪霖、陈达凯主编：《中国现代化史》第 1 卷，上海三联书店 1996 年版。

许明、花建主编：《文化发展论》，北京大学出版社 2005 年版。

许明、马驰主编：《马克思主义与当代文化发展》，上海社会科学院出版社 2008 年版。

薛晓源、陈家刚主编：《全球化与新制度主义》，社会科学文献出版社 2004 年版。

杨春时：《中国文化转型》，黑龙江教育出版社 1994 年版。

杨耕：《马克思的社会发展理论及其当代意义》，中共中央党校 1990 年版。

杨耕：《为马克思辩护》，黑龙江人民出版社 2002 年版。

杨光斌：《制度变迁与国家治理：中国政治发展研究》，人民出版社 2006 年版。

杨国枢：《现代化的心理适应》，台北：台北巨流图书公司 1978 年版。

杨宏雨：《中国特色社会主义现代化的多维审视》，学林出版社 2006 年版。

杨俊一等：《制度哲学导论：制度变迁与社会发展》，上海大学出版社 2005 年版。

杨哲英、关宇编著：《比较制度经济学》，清华大学出版社 2004 年版。

姚洋：《自由、公正与制度变迁》，河南人民出版社 2002 年版。

衣俊卿：《文化哲学十五讲》，北京大学出版社 2004 年版。

殷海光：《中国文化的展望》，上海三联书店 2002 年版。

殷陆君编译：《人的现代化》，四川人民出版社 1985 年版。

俞可平：《社群主义》，中国社会科学出版社 1998 年版。

余文烈主编：《当代国外社会主义流派》，安徽人民出版社 2000 年版。

袁伟时：《中国现代思想散论》，广东教育出版社 1998 年版。

翟学伟：《中国人行动的逻辑》，社会科学文献出版社 2001 年版。

张岱年：《文化与哲学》，教育科学出版社 1988 年版。

《张岱年全集》第 1 卷，河北人民出版社 1996 年版。

《张岱年全集》第 7 卷，河北人民出版社 1996 年版。

《张岱年文集》第 1 卷，清华大学出版社 1989 年版。

张立文等主编：《传统文化与现代化》，中国人民大学出版社 1987 年版。

《章诗同注》，《荀子简注》，上海人民出版社 1974 年版。

张小平：《中国之民主精神》，四川人民出版社 2000 年版。

赵旭东：《反思本土文化建构》，北京大学出版社 2003 年版。

郑大华：《梁漱溟与胡适》，中华书局 1994 年版。

周琪：《美国人权外交政策》，上海人民出版社 2001 年版。

朱家桢、厉以平、叶坦：《东亚：经济社会思想与现代化》，山西人民出版社 1994 年版。

庄锡昌等编：《多维视野中的文化理论》，浙江人民出版社 1987 年版。

邹广文：《当代文化哲学》，人民出版社 2007 年版。

邹吉忠：《自由与秩序——制度价值研究》，北京师范大学出版社 2003 年版。

〔德〕哈贝马斯：《交往与社会进化》，张博树译，重庆出版社 1989 年版。

〔德〕黑格尔：《法哲学原理》，范扬、张企泰译，商务印书馆 1961 年版。

〔德〕黑格尔：《历史哲学》，王造时译，上海世纪出版集团、上海书店出版社 2001 年版。

〔德〕黑格尔：《哲学史讲演录》第三卷，贺麟、王太庆译，商务印书馆 1956 年版。

〔德〕霍克海默、阿多尔诺：《启蒙辩证法》，杨富斌译，重庆出版社 1990 年版。

〔德〕康德：《历史理性批判文集》，何兆武译，商务印书馆 1991 年版。

〔德〕柯武刚、史漫飞：《制度经济学——社会秩序与公共政策》，韩朝华译，商务印书馆 2000 年版。

〔德〕马克斯·韦伯：《经济与社会》，林荣远译，商务印书馆 1997 年版。

〔德〕马克斯·韦伯：《儒教与道教》，洪天富译，江苏人民出版社 1993 年版。

〔德〕马克斯·韦伯：《社会科学方法论》，朱红文等译，华夏出版社 1999 年版。

〔德〕马克斯·韦伯：《新教伦理与资本主义精神》，于晓、陈维纲等译，生活·读书·新知三联书店 1987 年版。

〔法〕费尔南·布罗代尔：《资本主义的动力》，杨起译，生活·读书·新知三联书店 1997 年版。

〔法〕费尔南·布罗代尔：《资本主义论丛》，顾良、张慧君译，中央编译出版社 1997 年版。

〔法〕弗郎索瓦·佩鲁：《新发展观》，张宁、丰子义译，华夏出版社 1987 年版。

〔法〕卢梭：《爱弥尔》，李平沤译，商务印书馆 1978 年版。

〔法〕卢梭：《论人类不平等的起源和基础》，李常山译，商务印书馆 1962 年版。

〔法〕卢梭：《社会契约论》，何兆武译，商务印书馆 1980 年版。

〔法〕孟德斯鸠：《论法的精神》，张碓深译，商务印书馆 1961 年版。

〔法〕涂尔干：《社会分工论》，渠东译，生活·读书·新知三联书店 2000 年版。

〔法〕托克维尔：《论美国的民主》，董果良译，商务印书馆 1996 年版。

〔加〕本·阿格尔：《西方马克思主义概论》，慎之等译，中国人民大学出版社 1991 年版。

〔美〕B.F. 斯金纳：《超越自由与尊严》，王映桥、栗爱平译，贵州人民出版社 1988 年版。

〔美〕C. E. 布莱克：《现代化的动力》，段小光译，四川人民出版社 1988 年版。

〔美〕E. 希尔斯：《论传统》，傅铿、吕乐译，上海人民出版社 1991 年版。

〔美〕F. 普洛格、D. G. 贝茨：《文化演进与人类行为》，吴爱明、邓勇译，辽宁人民出版社 1988 年版。

〔美〕F. 詹明信：《晚期资本主义的文化逻辑》，张旭东编，陈清侨等译。生活·读书·新知三联书店 1997 年版。

〔美〕H. W. 埃尔曼：《比较法律文化》，贺卫方、高鸿钧译，生活·读书·新知三联书店 1990 年版。

〔美〕爱·麦·伯恩斯：《当代世界政治理论》，增炳钧译，商务印书馆 1983 年版。

〔美〕艾恺：《世界范围内的反现代化思潮——论文化守成主义》，贵州人民出版社 1991 年版。

〔美〕安德鲁·肖特：《社会制度的经济理论》，陆铭、陈钊译，上海财经大学出版社 2003 年版。

〔美〕奥斯特罗姆编：《制度分析与发展的反思》，王诚等译，商务印书馆 1992 年版。

〔美〕丹尼尔·贝尔：《资本主义文化矛盾》，赵一凡等译，生活·读书·新知三联书店 1989 年版。

〔美〕道格拉斯·C. 诺思：《经济史中的结构与变迁》，陈郁译，上海人民出版社、上海三联书店 1994 年版。

〔美〕道格拉斯·诺斯：《制度、制度变迁与经济成就》，刘瑞华译，上海三联书店 1994 年版。

〔美〕凡勃伦：《有闲阶级论》，蔡受百译，商务印书馆 1964 年版。

〔美〕费正清编：《中国的思想与制度》，郭小兵等译，世界知识出版社 2008 年版。

〔美〕哈罗德·丁·伯尔曼：《法律与革命：西方法律传统的形成》，贺卫方等译，中国大百科全书出版社 1993 年版。

〔美〕郝大维、安乐哲：《先贤的民主》，何刚强译，江苏人民出版社 2004 年版。

[美] 霍华德·威亚尔达主编：《民主与民主化比较研究》，榕远译，北京大学出版社 2004 年版。

[美] 基辛：《文化·社会·个人》，甘华鸣译，辽宁人民出版社 1988 年版。

[美] 加布里埃尔·A. 阿尔蒙德、西德尼·维巴：《公民文化——五国的政治态度和民主》，徐湘林等译，浙江人民出版社 1989 年版。

[美] 康芒斯：《制度经济学》（上下卷），于树生译，商务印书馆 1962 年版。

[美] 克里福德·格尔兹：《文化的解释》，纳日碧力戈等译，上海人民出版社 1999 年版。

[美] 拉里·A. 萨姆瓦、雷米·C. 简恩、理查德·E. 波特：《跨文化传通》，陈南、龚光明译，三联书店 1988 年版。

[美] 莱斯利·A. 怀特：《文化的科学——人类与文明研究》，沈原等译，山东人民出版社 1988 年版。

[美] 雷蒙德·威廉斯：《文化与社会：1780—1950》，吴松江、张文定译，北京大学出版社 1991 年版。

[美] 雷迅马：《作为意识形态的现代化——社会科学与美国对第三世界政策》，牛可译，中央编译出版社 2003 年版。

[美] 列维：《现代化的后来者与幸存者》，吴荫译，知识出版社 1990 年版。

[美] 刘易斯·A. 科瑟：《社会学思想启蒙》，中国社会科学出版社 1990 年版。

[美] 罗伯特·达尔：《民主理论的前言》，顾昕、朱丹译，三联书店、伦敦：牛津大学出版社 1999 年版。

[美] 罗兰·罗伯森：《全球化社会理论和全球文化》，梁光严译，上海人民出版社 2000 年版。

[美] 罗纳德·哈里·科斯：《财产权利与制度变迁》，上海三联书店 1991 年版。

[美] 罗纳德·哈里·科斯：《论生产的制度结构》，盛洪、陈郁

译校，上海三联书店 1994 年版。

［美］迈克尔·哈特、［意］安东尼奥·奈格里：《帝国》，杨建国、范一亭译，江苏人民出版社 2005 年版。

［美］欧文·拉兹洛主编：《多种文化的星球——联合国教科文组织国际专家小组的报告》，戴侃、辛未译，社会科学文献出版社 2001 年版。

［美］萨缪尔森：《经济学》，高鸿业译，商务印书馆 1991 年版。

［美］塞缪尔·亨廷顿、劳伦斯·哈里森主编：《文化的重要作用——价值观如何影响人类进步》，程克雄译，新华出版社 2002 年版。

［美］塞缪尔·亨廷顿：《文明的冲突与世界秩序的重建》，周琪、刘绯等译，新华出版社 1998 年版。

［美］塞缪尔·亨廷顿：《现代化：理论与历史经验的再探讨》，上海译文出版社 1993 年版。

［美］塞缪尔·亨廷顿：《我们是谁：美国国家特性面临的挑战》，程克雄译，新华出版社 2005 年版。

［美］托夫勒：《预测与前提》，粟旺译，国际文化出版公司 1984 年版。

［美］亚历山大·汉密尔顿等：《联邦党人文集：关于美国宪法的论述》，程逢如等译，商务印书馆 1980 年版。

［美］约翰·N. 德勒巴克、约翰·V. C. 奈：《新制度经济学前沿》，张宇燕等译，经济科学出版社 2003 年版。

［美］约翰·杜威：《人的问题》，傅统先、邱椿译，上海人民出版社 1965 年版。

［美］约翰·麦克里兰：《西方政治思想史》，彭淮栋等译，海南出版社 2003 年版。

［美］约瑟夫·E. 斯蒂格利茨：《全球化及其不满》，夏业良译，机械工业出版社 2004 年版。

［日］川岛武宣：《现代化与法》，政武等译，中国政法大学出版社 1994 年版。

〔日〕青木昌彦：《比较制度分析》，周黎安译，上海远东出版社
2001年版。

〔以〕S. N. 艾森斯塔德：《现代化：抗拒与变迁》，张旅平等译，
中国人民大学出版社1988年版。

〔英〕A. J. 汤因比、〔日〕池田大作：《展望二十一世纪——汤因
比与池田大作对话录》，荀春生等译，国际文化出版公司1986年版。

〔英〕伯特兰·罗素：《社会改造原理》，张师竹译，上海人民出
版社1959年版。

〔英〕弗里德利希·冯·哈耶克：《致命的自负》，刘戟锋等译，
东方出版社1991年版。

〔英〕弗里德利希·冯·哈耶克：《自由秩序原理》，邓正来译，
生活·读书·新知三联书店1997年版。

〔英〕霍布斯：《利维坦》，黎思复、黎廷弼译，商务印书馆1985
年版。

〔英〕卡·波普尔：《历史主义贫困论》，何林、赵平等译，中国
社会科学出版社1998年版。

〔英〕马尔科姆·卢瑟福：《经济学中的制度》，陈建波、郁仲莉
译，中国社会科学出版社1999年版。

〔英〕马林诺夫斯基：《科学的文化理论》，黄剑波等译，中央民
族大学出版社1999年版。

〔英〕马凌诺斯基：《文化论》，费孝通等译，华夏出版社2002
年版。

〔英〕佩里·安德森：《西方马克思主义探讨》，高铦等译，人民
出版社1981年版。

〔英〕汤因比：《历史研究》，曹未风等译，上海人民出版社1997
年版。

〔英〕特瑞·伊格尔顿：《文化的观念》，方杰译，南京大学出版
社2003年版。

〔英〕亚当·斯密：《国民财富的性质和原因的研究》（上、下
卷），郭大力、王亚男译，商务印书馆1988年版。

［英］约翰·汤姆林森：《全球化与文化》，郭英剑译，南京大学出版社 2002 年版。

二　文章部分

［奥］路德维希·冯·米塞斯：《社会主义制度下的经济核算》，《经济社会体制比较》1986 年第 3 期。

［美］阿里夫·德里克：《全球化、现代性与中国》，《读书》2007 年第 7 期。

［以］S. N. 艾森斯塔特：《迈向二十一世纪的轴心》，《二十一世纪》2000 年 2 月号。

陈学明：《中国"现代化"需要超越西方模式》，《中国社会科学院报》2009 年 5 月 12 日。

陈雅飞：《全球化和民族的文化个性：黄河清访谈》，《艺术探索》2002 年第 3 期。

程恩富：《六次思想解放与经济体制改革和发展——专访中国社会科学院马克思主义研究院程恩富研究员》，《中国社会科学院报》2008 年 10 月 9 日。

侯惠勤：《"普世价值"的理论误区和实践陷阱》，《马克思主义研究》2008 年第 9 期。

侯惠勤：《构建社会主义核心价值体系是我国意识形态建设的第二次战略性飞跃》，《马克思主义研究》2008 年第 7 期。

何中华、张晓华：《当代发展观的演变及难题》，《文史哲》1997 年第 2 期。

何中华：《"现代化"概念辨析》，《山东大学学报》（哲学社会科学版）1995 年第 1 期。

何中华：《"现代化"观念与西方文化传统》，《学习与探索》1996 年第 1 期。

何中华：《对社会主义市场经济的几点哲学思考》，《文史哲》1993 年第 4 期。

何中华：《全球化与民族主义——何中华教授访谈录》，《探索与争鸣》2001 年第 2 期。

何中华：《重读卢梭三题》，《山东大学学报》（哲学社会科学版）1999 年第 2 期。

杜丁丁：《对文化国际化趋势的思考——浅析文化国际化趋势对国际关系的影响》，《国际观察》（哲社版）1998 年第 5 期。

《俄罗斯的现代化：问题与前景》，《哲学译丛》1994 年第 2 期。

费孝通：《文化自觉的思想来源与现实意义》，《文史哲》2003 年第 3 期。

哈斯塔娜：《工具理性与实用主义之辨》，《内蒙古大学学报》（哲学社会科学版）2005 年第 4 期。

贺培育：《制度变革与文化观念更新》，《江西社会科学》1997 年第 1 期。

陈志刚：《公平正义是社会主义制度的首要价值》，《重庆社会科学》2008 年第 10 期。

胡海峰、李雯：《对制度变迁理论两种分析理路的互补性思考》，《人文杂志》2003 年第 4 期。

黄力之：《中世纪文化的终结与资本主义文化的兴起》，《上海行政学院学报》2008 年第 5 期。

黄楠森：《论文化的内涵与外延》，《北京社会科学》1997 年第 4 期。

黄显中：《个人主义与市民社会——关于个人主义的一种解释》，《探索与争鸣》2003 年第 11 期。

贾英健：《社会哲学视野中的制度创新》，《山东师范大学学报》（人文社科版）2002 年第 2 期。

梁启超：《什么是文化？》，《时事新报副刊学灯》1922 年 12 月 7 日。

刘静怡：《西方制度变迁理论的比较及对我国的启示》，《世界经济情况》2004 年第 5 期。

刘文革：《经济转轨的强制性制度变迁效应——关于俄罗斯经济

改革的制度经济学解释》,《经济学研究》2004 年第 18 期。

鲁鹏：《论生产力发展中的上层建筑分析》,《文史哲》2005 年第 1 期。

吕爱权：《中国制度变迁的"路径依赖"探析》,《山东大学学报》(哲学社会科学版) 2003 年第 1 期。

秦晖：《文化决定论的贫困：超越文化形态史观》,见赵汀阳等著,《学问中国》,江西教育出版社 1999 年版。

任洁：《关于全球化视野下人类文化生存转向的几点反思》,《理论学刊》2004 年第 10 期。

任洁：《论文化自觉及其实现路径》,《思想战线》2009 年第 3 期。

任洁：《试析文化的相对性和绝对性》,《天府新论》2005 年第 2 期。

任洁：《中国现代化进程中的文化与制度关系之探讨》,《中共福建省委党校学报》2009 年第 6 期。

宋继和、鲁鹏：《自觉与自发：以市场经济为例》,《山东大学学报》(哲学社会科学版) 2002 年第 4 期。

孙兰英：《中国现代化进程中的政治文化变迁》,《史学月刊》2004 年第 11 期。

涂成林、杨耕：《论马克思东方社会理论的生成逻辑》,《哲学研究》2007 年第 12 期。

王孝哲：《人类实践的两种最基本实践形式及其关系》,《洛阳师范学院学报》2002 年第 6 期。

王雨辰：《制度批判、技术批判、消费批判与生态政治哲学——论西方生态学马克思主义的核心论题》,《国外社会科学》2007 年第 2 期。

王振林：《交往实践的基点定位探本》,《辽宁师范大学学报》(社会科学版) 2000 年第 11 期。

魏小兰：《论价值理性与工具理性》,《江西行政学院学报》2004 年第 4 期。

吴易风：《西方市场经济理论和政策》(上),《环球视野》总第

17 期。

萧功勤、朱学勤：《文化转型是制度变迁之根?》，《社会科学报》2004 年 9 月 2 日。

肖黎朔：《关于民主与普世民主的相关思考》，《理论研究动态》（中国社会科学院邓小平理论和"三个代表"重要思想研究中心主办）2008 年第 12 期。

熊必军：《增进非正式制度变迁，完善社会主义市场经济体制》，《郴州师范高等专科学校学报》2002 年第 3 期。

薛晓源：《全球化与文化战略研究》，《马克思主义与现实》2003 年第 4 期。

杨瑞龙：《论制度供给》，《经济研究》1993 年第 3 期。

袁艳、胡汉昌：《中日近代化之制度模仿比较》，《武汉大学学报》（人文科学版）2004 年第 9 期。

曾宪义、马小红：《中国传统法的结构与基本概念辨正》，《中国社会科学》2003 年第 5 期。

曾小华：《文化制度与制度文化》，《浙江省委党校学报》2001 年第 2 期。

张汝伦：《经济全球化与价值冲突》，《哲学研究》2001 年第 2 期。

张裕禾：《文化融合与文化多样性的关系》，《人民日报》（海外版）2000 年 12 月 11 日。

张志鹏：《中国经济发展的文化解说：观点、方法与理论体系》，http：//www. huhang. cn/articles/liul/2005/02/20050215176945. html。

赵家祥：《社会主义初级阶段理论的形成和发展》，《北京大学学报》（哲学社会科学版）2004 年第 5 期。

周积明：《晚清国民性问题检讨》，《天津社会科学》2004 年第 2 期。

周建超：《论辛亥革命前的改造国民性社会思潮》，《社会科学研究》199 年第 5 期。

周思玉：《当代中国制度变迁的动因与过程分析》，《理论与改革》2001 年第 2 期。

三 外文文献

F. A. Hayek, *Individulism and Econimic Order*. Chicago: The Univ. of Chicago Pr., 1980.

F. A. Hayek, *Law, Legislation andLiberty: The Political Order of a Free People* (*III*). Chicago: The university of Chicago Press, 1979.

F. A. Hayek, *The Constitution of Liberity*. Chicago: The University of Chicago Press, 1976.

Fei-Ling Wang, *Institutions and Institutional Change inChina Premodernity and Modernization*. Macmillan Press Ltd., 1998.

Geert Hofstede, *Culture's Consequences: Comparingvalues, Behaviors, Institutions, and Organizations across Nations*. Thousand Oaks, Calif.: Sage Publications, 2001.

K. Mannheim, *Ideology and Utopia*. London: Routledge & Kegan Paul, 1960.

S. Lukes, *Individulism*. Oxford: Blackwell, 1973.

Samuel P. Huntington, *The Third Wave: Democratization in the Late Twentieth Century*. Norman: University of Oklahoma Press, 1991.

StephenK Sarderson, *Social Evolutionism*. BasilBlackwell: Cambridge Mass, 1990.

Tatu Vanhanen, *The Process of Democratization, A Comparative Study of 147 States, 1980 — 1988*. Taylor &Francis, 1990.

W. Richard Scott, *Institutions and Organizations*, Thousand Oaks, CA: Sage, 1995.

HanyC. Triandis, *Individualism and Collectivism*, Boulder: Westview, 1995.

Braudel, Fernand, 1985. *Civilization and Capitalism, 15th — 18th Century Arnold J. Toynbee, A Study of History*, Oxford University

Press，1946.

　　Gabriel A. Almond and Sidney Verba，*The Civic Culture*：*Political Attitudes and Democracy in Five Nations*，Princeton University Press，1963.

　　A. L. Kroeber and Clyde Kluckhohn，*Culture*：*A Critical Review of Concepts and Definitions*，New York：Vintage Books，1952.

后 记

本书是作者主持的国家社会科学基金青年项目"文化在制度变迁中的地位和作用——对一个重大历史唯物主义问题的研究"(项目编号：07CZX004)的结项成果，同时也是博士论文增订后的成果。

2003年，我考入中国人民大学哲学院攻读博士学位，有幸师从著名马克思主义哲学家陈先达教授。能入先生之门是我引以为豪的事情之一，我将珍藏这段宝贵的求学经历。博士论文写作期间，先生始终给予悉心指导，有问必答、有求必应，帮助我克服了写作过程中遇到的诸多难题。先生以其博学、严谨、深邃、惜时、勤奋、宽容、慈爱的人格魅力，为后学树立了良好榜样，时时鞭策着我不断努力前进！如今我已踏上工作岗位，每每遇到工作和人生的困惑，我仍习惯求助于先生，从先生那里获取思想灵感和人生智慧。先生的教诲、师母的慈爱，我将铭记在心！

感谢命运的偏爱和垂青，在漫漫求学路上，每一个阶段我都能拥有在学业、生活上真心帮助、关爱我的师长，得益于他们，我才能一步步接近自己的人生目标。回顾我的成长历程，山东大学的七年(本科、硕士)学习生活对我至关重要。我的硕士生导师商逾教授以及何中华教授、刘陆鹏教授多年来一直关心着我的学习和成长，并给予我无私温暖的帮助，在此表示衷心的感谢！

还要感谢中国社会科学院马克思主义研究院的各级领导和多位老师对我的关心和提携！工作以来结识的同事兼好友，常常能够启发我的研究思路，拓宽我的学术视野，对于诸位同仁的帮助在此一并致谢！

感谢父母对我的疼爱和无私付出，感谢爱人对我科研工作的理解和支持。

感谢国家社会科学基金对本课题的评审和资助。五位匿名评审专家的审读意见使我获益良多。本书的顺利出版还要特别感谢中国社会科学出版社赵剑英总编的赏识和大力推荐！喻苗编辑的细致工作和辛苦付出让本书更臻完善。

因本书选题较新、难度较大，诸多疏漏在所难免，敬请诸位方家指教，以促进我的进步。

任洁

中国社会科学院

2010 年 8 月